Rügens geheime Landzunge
Die Verschlußsache Bug

1 : 500 000
0 5 10 km
H.S. = Herthasee, N.P. = Nordperd
13° 30' ö.L.
Arkona
Jaromarsburg
Vitt
Putgarten
Varnkevitz
Mövenort
Baken-B.
Starrvitz
Nobbin
Altenkirchen
Tromper
Wiek
Juliusruh
Wiek
Breege
Dranske
Wieker Bodden
Dornbusch
Libben
Kloster
Grieben
Bug
Vitte
Rassower Strom
Schmanter
Breeger B.
Schaabe
Wittow Fähre
Breetzer Bodden
Vieregge
Glowe
Nardevitz
Ruschvitz
Lohme
Königsstuhl
Stubbenkammer
Nipmerow
Bobbin
Hagen
Piek-Bg.
161
122
Spycker
Polchow
Promoisel
Waldhalle
Wissower Klinken
Werder
Sagard
Säßnitz
Lancken
Hafen
Dwasieden
Jasmund
Stubnitz
Neuenkchn.
Trent
Neuendf.
Rappin
45
Retelitz
Fähr I.
Neuendf.
I. Öhe
Schaprode
Schaprod. Bodden
Udarser Wiek
Zirmoisel
Bubkevitz
Kosel
Großer Jasmunder Bodden
Lietzow
Neu Mukran
K.-d.-F.-Bad
Prorer
Wiek
Hiddensee
Gellen
Ummanz
Preßnitz
Kluis
Woorke
Ralswiek
Patzig
Ummanz
Waase
Pansevitz
Gingst
Thesenvitz
Lieschow
Gr. Kubitz
I. Pulitz
Rugard
91
Kleiner Jasmunder Bodden
Schmale Heide
BERGEN
Barhöft
Prohner
Wiek
Kubitzer
I. Liebitz
Bodden
Landow
Dreschvitz
Teschenhgn.
Mölln
Karow
Krakow
Binz
Granitzer Ort
Waldhalle
Zirkow
Granitz
107
Sellin
Sehlen
Serams
Pastitz
Lanken
Baabe
Mölln-Medow
Prohn
Bessin
Rambin
Karnitz
Vilmnitz
Seedorf
Göhren
Samtens
Putbus
Strelasund
Altefähr
Götemitz
Kasnevitz
Neuendf.
Lauterbach
Middelhgn.
Having
Nesebanz
Neukamp
Vilm
Lobbe
Dänh.
Gustow
Poseritz
Garz
STRALSUND
Swantow
66
Gr. Zicker
Mönchgut
Puddemin
Gr. Schoritz
Südperd
Thießow
Negast
Devin
Zudar
Zudar
Greifswalder
Bodden
Brandshgn.
Alt Zarrendf.
Stahlbrode
Gr. Elmenhorst
Reinbg.
Berlin
Stettin
POMMERN
Sund
54° 30'
13° 30'


INSEL RÜGEN

# Zu diesem Buch

Rügen ist nicht nur Deutschlands größte, sondern wohl auch schönste Insel. Sie wirkt wie ein riesiger naturbelassener Landschaftsgarten und zieht jedes Jahr Hunderttausende Touristen an. Viele von ihnen lockt es dabei auch an die Nordspitze zum Kap Arkona, wo der von Schinkel entworfene Leuchtturm zu besichtigen ist und die Steilküste einen weiten Blick über das Meer freigibt. Einmal in diesem nördlichen Windland (Wittow) angelangt, würden manche auch gerne noch die Landzunge Bug erkunden, von wo aus die Insel Hiddensee zum Greifen nahe scheint. Doch auf der Straße südlich von Dranske steht man plötzlich vor einer geschlossenen Schranke: Sperrgebiet. Eine Wach- und Schließgesellschaft verwehrt den Zutritt, die Idylle hat ein jähes Ende. Seit über 80 Jahren ist dem gewöhnlichen Besucher hier jede Weiterfahrt verboten, und dies wird wohl auch noch einige Jahre so bleiben. Die von der übrigen Welt weitgehend abgeschiedene Halbinsel war fast ein Jahrhundert lang geheimen militärischen Zwecken vorbehalten. Was hier geschah, ist bis heute so gut wie unbekannt.

Im vorliegenden Buch soll versucht werden, einen Blick auf die verbotene Halbinsel zu werfen und zu dokumentieren, was drei unterschiedliche Armeen an diesen Ort lockte, was in den stürmischen Jahren des 20. Jahrhunderts hier geschah und welche Spuren die europäische Zeitgeschichte hinterlassen hat. Das betrifft sowohl die Zeit der kaiserlichen Marine mit ihrem Seefliegerstützpunkt, die Jahre der Wehrmacht mit ihrer geheimen Luftrüstung und der Ausbildung von Bordschützen für den Zweiten Weltkrieg als auch die letzten Jahrzehnte der Volksmarine mit ihren Schnellbootkräften für einen möglichen Einsatz gegen die NATO.

Dabei soll es nicht nur um das Militär allein gehen, sondern auch um das dadurch geprägte Leben in den angrenzenden Ortschaften. Viele Einheimische arbeiteten als Zivilangestellte auf dem Stützpunkt, ortsansässige Handwerksbetriebe hatten dort ihren besten Kunden. Sie berichten von ihren damaligen Erfahrungen, den schwierigen Umgestaltungen seit dem Abzug der Bewaffneten 1991 und von ihren Hoffnungen auf eine zivile, touristische Nutzung. Aus der »Verschlußsache Bug« soll möglichst bald ein Seglerparadies und ein für alle zugänglicher Erholungsort auf dieser einzigartigen Halbinsel werden.

Die Halbinsel Bug von Westen aus gesehen.

# Eine Landzunge am Ende der Welt – Der Bug in der Geschichte

Das Besondere an Rügen wird bereits bei einem Blick auf die Landkarte deutlich: Deutschlands größte Insel ist sehr stark zerklüftet. Zahlreiche Halbinseln sind durch Nehrungen miteinander verbunden und schließen mehrere Bodden ein. Die nördlichste dieser Halbinseln ist Wittow, von der wiederum der Bug eine Art Anhängsel darstellt, verbunden durch den schmalen Buger »Hals«. Während die Insel selbst vor etwa 6000 Jahren als Hebung aus dem Meer entstand, bildete sich der Bug erst vor 3000–4000 Jahren heraus, und zwar als Ablagerung von Geröllabspülungen des Nordkaps.[1] Südlich von Rehbergort bei Dranske begann damals die erste Landzunge in die Ostsee hineinzuwachsen, der sich dann ein »Haken« nach dem anderen anschloß, bis schließlich der Bug in seiner heutigen Gestalt mit insgesamt neun Kilometern Länge entstand. Dabei ist der nördliche Teil klar nach Süden ausgerichtet, wohingegen der südliche Teil nach Südwesten weist, da die vorgelagerte Insel Hiddensee die Strömung und damit die Ablagerung der Gesteinsmassen entsprechend beeinflußte.[2] Im Laufe der Zeit ist dann ein Teil des nördlichen Bugs wieder abgespült und am Süden erneut angelagert worden, so daß sich der Landstrich quasi ständig in Bewegung befand. Allein innerhalb der letzten 300 Jahre wuchs die Landausdehnung auf diese Weise um 1300 Meter. Kein Wunder also, daß der Bug im Norden heute nur noch durch einen dünnen Hals mit Wittow verbunden ist, der an einigen Stellen gerade noch 40 Meter mißt. Einst dürfte die Landzunge hier über 1000 Meter breit gewesen sein.[3] Wie gefährdet der Bug dadurch ist, zeigte sich 1872 bei einer Sturmflut, als die Wassermassen den Hals durchbrachen und Teile des Boddenortes Dranske überspülten. Der daraufhin aufgeschüttete Deich zwischen Dranske und dem Bug hielt gut 30 Jahre, konnte jedoch den Fluten von 1904 nicht widerstehen. Der Hals wurde erneut überflutet, die Landzunge von der Außenwelt abgeschnitten. Nunmehr errichtete man einen Damm aus Feldsteinen, der an den Erddeich bei Dranske anschloß und bis an den Nordrand des Buges führte. Seit den dreißiger Jahren ist dann ständig am Ausbau des Schutzsystems gearbeitet worden, an besonders gefährdeten Stellen rammte man Buhnen als Wellenbrecher ins Meer. Die Abspülungen und Umlagerungen des Meeres halten jedoch ungebrochen an. Die schmale Meeresenge zur Insel Hiddensee muß regelmäßig freigebaggert werden, da sonst die Fahrrinnen schnell versanden würden. Eines Tages könnte sich ansonsten Hiddensee in ein Anhängsel des Bugs verwandeln.

## Vom Piratenversteck zum schwedischen Posthaus

Bis zum 17. Jahrhundert war der Bug eine unbewaldete Sandsteppe, die lediglich als Weideland genutzt werden konnte. Es gehörte einer alten deutschen Einwandererfamilie, die sich »von dem Bughe«, bzw. »de Buge«

nannte. Erstmals urkundlich erwähnt ist Stammvater Ritter Antonius de Buge 1284. Damals sprach man noch vom »Ländlin«, denn erst später kam die Landzunge durch den Familienamen der Eigentümer zu ihrer heutigen Bezeichnung. Des Ritters Sohn Antonius II. begründete den Wittower Zweig der Familie, der es jedoch nie zu besonderem Reichtum brachte. Die de Buges lebten von den Erträgen der Fischerei und ein wenig Vieh eher schlecht als recht. Sie sollen sich daher auch der Piraterie bedient haben, um ihr Einkommen aufzubessern. 1321 waren sie dabei, als die Stralsunder Handelsflotte südlich von Hiddensee überfallen wurde. Auf dem Bug wurde dann ein Teil der Beute versteckt. Auch der legendäre Seeräuber Klaus Störtebeker, der 1401 in Hamburg hingerichtet wurde, soll der Familie de Buge entstammen, jedoch der Ruschvitzer Linie, die auf den Bruder von Antonius II. zurückgeht. Der Überlieferung nach hat es der Wittower Zweig nicht lange auf dem abgelegenen, ständig von Sturmfluten bedrohten Boden des Windlandes ausgehalten und ist Mitte des 14. Jahrhunderts nach Südrügen übergesiedelt, wo er 1398 ausgestorben sein soll.[4] Allein der Name der Familie überstand die Jahrhunderte.

Der unwirtliche Bug »am Ende der Welt«, nahezu vollständig von der Ostsee umgeben und nur über die schmale Landzunge des Halses zu erreichen, machte die Halbinsel jedoch zu einem idealen Zufluchtsort und Versteck als auch zu einem interessanten militärstrategischen Posten. In den folgenden Jahrhunderten sollte dies das Schicksal des Landstriches entscheidend bestimmen.

Etwa hundert Jahre nach der Reformation steuerte das Deutsche Reich auf einen gewaltigen Glaubenskrieg zwischen katholischen und protestantischen Parteigängern zu. Der sogenannte Dreißigjährige Krieg (1618 bis 1648) steht als Bezeichnung für mehrere bewaffnete Konflikte um die Vorherrschaft in Europa. Die katholischen Fürsten suchten Verbündete im Ausland, so bei ihren spanischen Glaubensbrüdern, die Protestanten ließen sich von den Niederländern, Dänen und später Schweden unterstützen. Die erste Phase des Krieges war

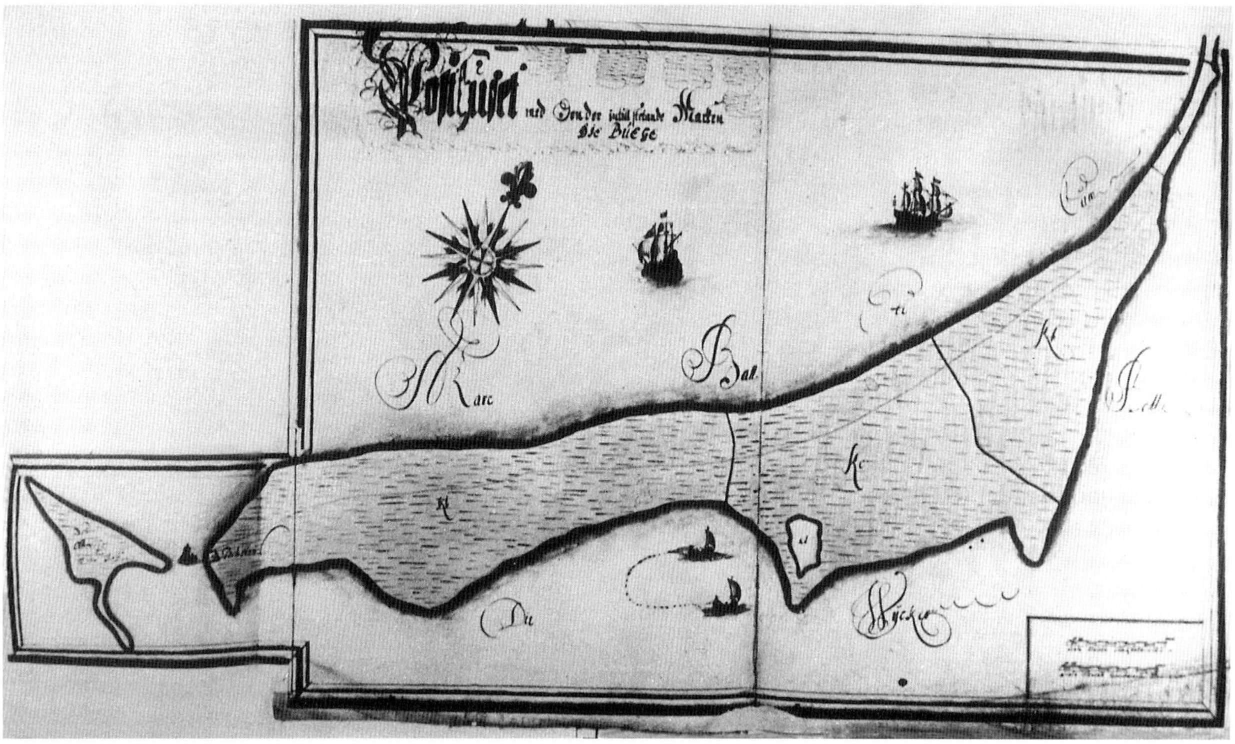

Der Bug auf einer frühen Landkarte (17. Jahrhundert).

Gustav Adolf, König von Schweden.

die Stunde der Kriegsprofiteure. Unter ihnen war auch der böhmische Adlige Albrecht von Wallenstein. Er stellte dem Kaiser Ferdinand II. aus dem Hause Habsburg ein Söldnerheer zur Verfügung. Als Oberbefehlshaber der kaiserlichen Truppen gelang Wallenstein ein triumphaler Siegeszug durch das protestantische Norddeutschland. Er eroberte Mecklenburg und erhielt es als kaiserliches Lehen. Pommern, einschließlich Rügen, mußte 1627 seinen Truppen geöffnet werden. Allein das befestigte Stralsund verteidigte sich mit schwedischer und dänischer Hilfe erfolgreich und konnte nicht eingenommen werden.

Durch die Einquartierung tausender Soldaten Wallensteins wurde auch die Insel Rügen schwer in Mitleidenschaft gezogen. Einigen Dransker Bauern gelang es, die eigenen Rinder auf dem Bug vor den gefräßigen kaiserlichen Besatzungstruppen in Sicherheit zu bringen, wodurch mehreren Familien das Überleben gesichert werden konnte.[5]

Die Angst vor einer kaiserlich-habsburgischen Vorherrschaft in Norddeutschland veranlaßte die Schweden unter ihrem König Gustav Adolf schließlich zum aktiven Eingreifen in den Dreißigjährigen Krieg. Sie landeten am 26. Juni 1630 bei Peenemünde auf Usedom. Ein Jahr später war das ganze Land von den Kaiserlichen befreit, allerdings verloren 60 Prozent der pommerschen Bevölkerung in den Kämpfen ihr Leben.[6]

In den Verhandlungen zum Westfälischen Frieden von 1648 spielte Pommern dann eine wichtige Rolle, denn mehrere europäische Mächte stritten um dieses Einflußgebiet. Als Ergebnis einigte man sich auf einen Kompromiß und teilte die Provinz. Schweden erhielt Vorpommern (die Insel Rügen eingeschlossen), Stettin, einen Landstreifen auf dem rechten Oderufer sowie die Insel Wollin. Hinterpommern ging an Brandenburg. Pommern wurde künftig auf den Reichstagen von Schweden und Brandenburg gemeinsam vertreten. Betrachteten die Schweden die Ostsee gewissermaßen als ihren Burggraben, so war Schwedisch-Pommern hinfort ihr äußerster Vorposten in Mitteleuropa.

Auf der Suche nach einem geeigneten Hafen für eine Schiffsverbindung zum Mutterland fiel die Wahl auf Stralsund. 1664 erfolgte die Eröffnung der Postlinie von Ystad nach Stralsund, zunächst ausschließlich für die Beförderung von Fracht- und Geldsendungen. Der Transport wurde von Schiffen der schwedischen Kriegsflotte übernommen. Als erstes befuhr die »Lilla Jägaren« diese Route. Ab 1673 übernahmen dann die schwedischen Postyachten »Masen« und »Posthornet« die Beförderung. Doch das Befahren der küstennahen Gewässer bei Rügen erwies sich als sehr kompliziert und bei niedrigem Wasserstand sogar als recht gefährlich. Nachdem mehrere Schiffe auf Grund gelaufen waren, entschied man sich 1683, fortan den Bug als regelmäßige Zwischenstation zu nutzen.[7] Von dort konnte Stralsund bei Gefahr auch über den Landweg erreicht werden, lediglich über den Strelasund mußte man dann noch mit dem Fährboot übersetzen.

König Karl XI. sorgte mit einem Erlaß ab 4. August 1683 für einen regelmäßigen Postverkehr auf der Strecke zwischen Rügen und Schweden, wozu künftig vier Post-

Die Postyacht »Prinz Gustav« (1778) verkehrte auf der Fährroute zwischen dem Bug und Schweden.

boote zweimal wöchentlich in jede Richtung eingesetzt werden sollten.[8] Schon am 27. August 1683 konnte der erste Fahrgast vom Bug nach Ystad übersetzen.[9]

Die Abfahrtszeiten mußten mit der Ankunft der Post auf dem Landwege aus benachbarten Regionen in Stralsund abgestimmt werden. Das Beförderungsgut wurde mit zwei gemieteten Schiffen mit geringem Tiefgang zunächst von Stralsund zum Bug gebracht. Dort lud man die Fracht dann auf die Postyachten um. Zu diesem Zwecke begann man 1684 damit, auf dem Südbug ein Posthaus aus Holz zu errichten. Es hatte vier Räume, wovon zwei für den Postillion als Wohnung und zwei für die Unterkunft und Verpflegung der Reisenden vorgesehen waren. Zugleich entstand eine Landungsbrücke, damit das Ein- und Ausladen unkomplizierter erfolgen konnte.

Erster Postillion im Wittower Posthaus wurde Diedrich Borg. Er war dafür verantwortlich, die eigens 1685 für die Strecke zwischen Bug und Stralsund gebaute flache Yacht »Delphin« zu steuern, den Passagieren bei Ankunft auf dem Bug Essen sowie warmes und trockenes Bettzeug zur Verfügung zu stellen und einen Lotsen zu beschäftigen, der das gefährliche Fahrwasser nach Stralsund kannte. Als Monatslohn erhielt er freie Logis und 10 Reichstaler. (Ein Paar Stiefel kosteten damals 2 1/3 Reichstaler.)[10]

Bei einer ersten Revision der Poststrecke, die König Karl fünf Jahre später anordnete, mußte Oberkommissar Lagerkrantz mangelnde Wirtschaftlichkeit des Betriebes feststellen. Vor allem die kostenlosen Soldatentransporte für die schwedische Armee verursachten hohe Verluste. Allein 1689 seien rund 800 Personen kostenlos befördert worden. Zudem hätte das anstößige Benehmen der Soldaten zu gehäuften Beschwerden geführt; ein Problem sei auch die Verbreitung von Kopfläusen während der Überfahrt. Man sah sich genötigt, Abhilfe zu schaffen. Sämtliche Uniformierte wurden ab sofort vor der Abfahrt in Ystad entlaust. Der dortige Bürgermeister selbst mußte sich von der »Lausfreiheit« eines jeden Soldaten überzeugen, bevor dieser an Bord gehen durfte. Um den Kontakt mit den übrigen Passagieren im »Saal«, dem größten Aufenthaltsraum auf der Yacht, zu verhindern, durfte sich das Militär auch nur noch im Laderaum aufhalten.[11]

Im übrigen werde, so Oberkommissar Lagerkrantz, die Abfahrt durch Pferdetransporte verzögert und das Platzangebot für Passagiere so eingeschränkt, daß viele von ihnen mit einem Reiseplatz auf Deck Vorlieb nehmen müßten. Hinzu käme eine unerträgliche Enge unter Deck. Sobald die Seekrankheit um sich griff, beschmutzten sich die Reisenden auf unangenehme Weise gegenseitig ihre Kleidung.[12] Was besonders unangenehm sei, wenn die Überfahrt nicht die üblichen zwölf Stunden dauere, sondern man bei schlechten Winden mehrere Tage kreuzen müsse. Besonders unangenehm könne es werden, wenn im Winter Packeis zwischen dem Bug und Hiddensee die Weiterfahrt behindere. Dann müßten die Passagiere über die Eisfläche der Ostsee nach Bug geführt werden. Dort setzten sie die Fahrt mit dem Postschlitten auf dem Landweg über Altenkirchen und einzelne Stationen auf Rügen nach Stralsund fort.[13]

Stück für Stück normalisierte sich der Seeverkehr jedoch. Im Jahre 1703 bot man eine Überfahrt auf der Fährroute Stralsund-Bug-Ystad zu folgenden Tarifen an: Ein Erwachsener zahlte zwei Taler und 36 Schillinge, für ein Pferd oder einen Ochsen waren zwei Taler 12 Schillinge, für einen Diener oder ein Dienstmädchen ebensoviel zu bezahlen. Das Übersetzen einer Kutsche kostete vier Taler, das Porto eines Briefes betrug 12 Schillinge. Mieteten Herrschaften ein Postschiff für Sonderfahrten, so waren dafür 50 Taler zu entrichten. Im Preis für die Überfahrt war die Verpflegung jedoch nicht inbegriffen. Jeder Passagier durfte einen Eßkorb, einen Koffer und Getränke mit sich führen. Dies schien angesichts der nur schwer abzuschätzenden Reisedauer auch dringend geboten.[14]

Die Reisebedingungen auf den Schiffen zwischen Vorpommern und Schweden haben sich offensichtlich im Laufe der Jahrzehnte nie wesentlich verbessert. Über hundert Jahre nach Aufnahme des Linienverkehrs klingen die Berichte der Reisenden immer noch wenig begeistert. Herzogin Hedwig Elisabeth Charlotte von Schweden beschwerte sich über eine Fahrt mit der Postyacht vom 1. September 1798: »Man kann es unmöglich unbequemer als auf so einer Postyacht haben, bei dem Hullerdibuller von Matrosen und Dienstleuten.«[15] General von Marwitz meinte am 30. November 1806: »In der schmalen Fahrrinne bis Wittow ging die Fahrt langsam, und weil ungünstiges Wetter war, mußte das Fahrzeug hier fünf Tage manövrieren, ohne selbst nach Wittow gelangen zu können. Mundvorrat mußte man selbst mitnehmen. Wer nicht genügend mitgenommen hatte, konnte eventuell hungern ...«[16]

Viele Passagiere zogen es daher vor, auf dem Bug nicht in das Schiff nach Stralsund umzusteigen, sondern die verbleibende Strecke lieber mit dem Fuhrwerk zurückzulegen. Diesen Weg nahm die Brieffracht ohnehin, was der sogenannte Postbauer aus Dwarsdorf besorgte. Er hatte auch nichts dagegen, sich durch ein paar Reisende noch etwas dazuzuverdienen. Die Betreiber der Schiffspostlinie sahen das allerdings ganz anders. Sie waren über die geringe Auslastung der Strecke Bug – Stralsund erbost und fürchteten die Konkurrenz des Postbauern. Im Falle der Personenbeförderung wurde ihm auferlegt, durch das Befahren von Umwegen die Kutschfahrt so zu verzögern, daß Stralsund keinesfalls

Das schwedische Posthaus auf dem Südbug (1688).

vor dem Einlaufen des Schiffes erreicht wurde. Die Fahrgäste wiederum waren – wenn sie denn die Postyacht zu Gunsten der Kutsche verlassen hatten – über die offensichtlichen Sonderfahrten auf Irrwegen und die verspätete Ankunft so erzürnt, daß der Postbauer hin und wieder gehörig Prügel einstecken mußte.[17]

Der Postverkehr zwischen Schweden und dem Bug wurde aber nicht nur durch die schwierigen Wetterverhältnisse, sondern wiederholt auch durch Kriegshandlungen beeinträchtigt. Während des Großen Nordischen Krieges (1700–1721) beispielsweise, in dem Dänemark, Polen und Rußland die Vormachtstellung Schwedens im Ostseeraum zu brechen suchten, mußten mehrfach die Fahrtrouten und auch die Zielhäfen geändert werden. So steuerte man 1709 vorübergehend das in Schweden weiter östlich gelegene Karlskrona an, zumal in Ystad, genau wie in weiten Teilen Pommerns, die Pest ausgebrochen war.

Nach zahlreichen Kaperattacken von dänischen Kriegsschiffen auf die schwedischen Postyachten ging man außerdem dazu über, die Schiffe zu bewaffnen. Überfahrten waren nur noch möglich, wenn es die Frontlinie auf See zuließ und genügend Männer für den Schutz zur Verfügung standen. Erst 1720, als bereits die Friedensverhandlungen liefen, konnte man die regelmäßigen Verbindungen wiederaufnehmen.[18] Da Schweden nach dem Eintritt Preußens in die antischwedische Koalition den Krieg verlor, mußte es große Teile seiner im Westfälischen Frieden 1648 erworbenen Gebiete wieder abtreten. Der wichtigste Teil Vorpommerns mit der Odermündung und dem Hafen Stettin ging an Preußen. Rügen und das Gebiet zwischen dem Darß im Westen und Wolgast im Osten blieben jedoch unter schwedischer Herrschaft. Um möglichen Angriffen in der Zukunft vorzubeugen, ließen die Schweden ihre verbliebenen Besitzungen ausbauen und besonders schützen. So errichtete man auch rund um das Wittower Posthaus 1747 eine Sternschanze.

Schlimmer noch als im Großen Nordischen Krieg kam es in den Napoleonischen Kriegen (1803–1813). Schweden gehörte an der Seite Englands zu den Widersachern der Franzosen und war daher von der 1806 durch Napoleon verhängten Kontinentalsperre besonders betroffen. Durch diese Landblockade sollte der Warenaustausch zwischen England und Schweden einerseits und dem europäischen Festland andererseits vollständig unterbunden werden. Da sich 1807 auch Dänemark mit Frankreich verbündete und die Ostseegewässer entsprechend überwachte, mußte Schweden seinen Postyachtverkehr nach Rügen zwischen 1807 und 1809 völlig einstellen. Im weiteren Verlauf des Krieges verlor die Schwedische Krone Stralsund und ganz Vorpommern einschließlich der Insel Rügen. Der preußische und der schwedische Teil Pommerns wurden von Franzosen besetzt, das Wirtschaftsleben kam zum Erliegen. Da auch die gewachsenen Handelsbeziehungen zerstört wurden, verknappten sich die Waren, und die Lebenshaltung verteuerte sich erheblich. Das Resultat war ein ausgedehnter und gewinnbringender Schmuggel, an dem sich auch die Dransker Fischer nach Kräften beteiligten. Um dieses Treiben zu erschweren, durften die Rüganer nur noch tagsüber unmittelbar an der Küste fischen. Die französischen Besatzer bestanden darauf, daß alle kleineren Boote von der Außenküste an die Binnenufer der Boddengewässer zu verbringen seien. Nun erwies sich der bisherige Nachteil schwieriger flacher Gewässer in der Umgebung als Vorteil, denn die leichten Boote der Fischer, ließen sich relativ einfach am Boddenufer an Land ziehen und verstecken, so daß man damit nachts unbemerkt in See stechen konnte. Mit den vor der Küste ankernden englischen Schiffen vollzog sich dann ein lebhafter Warenaustausch, der solche Formen annahm, daß die Franzosen in Dranske extra ein Kontrollkommando stationierten. Doch auch dieses war nicht in der Lage, den Schmuggel vollständig zu unterbinden.[19] Nachdem Rußland 1810 aus der Allianz mit Frankreich ausscherte, brach die Blockade schließlich ganz zusammen.

Das mittlerweile erweiterte Posthaus war durch eine Schanze vor Angreifern geschützt (18. Jahrhundert).

Nach den Befreiungskriegen gegen Napoleon (1813–1815) wurden auf dem Wiener Kongreß die Besitzverhältnisse in Europa neu geregelt. Dies führte dazu, daß Schwedisch-Pommern, Rügen eingeschlossen, in preußische Hoheit überging. Der preußische Gesandte Fürst Hardenberg setzte durch, daß Schweden dafür dreieinhalb Millionen Taler an Entschädigung erhielt. Am 1. Oktober 1815 entließ Schweden offiziell die Bewohner seiner Provinz Pommern nach 167 Jahren fortgesetzter Herrschaft in den preußischen Staat.[20] Dabei wurde zugleich vereinbart, daß die bisherige Postlinie von Ystad nach Stralsund aufrechterhalten werden sollte. Über die konkrete Abwicklung gab es jedoch unterschiedliche Auffassungen. Während Schweden in Stralsund ein eigenes Postamt unterhalten wollte, lehnte Preußen dies ab. Daraufhin drohte Stockholm mit der Schließung der gesamten Linie. Schließlich konnte man sich auf dem Verhandlungsweg einigen. Zwischen Preußen und Schweden wurde am 25. März 1818 vereinbart, daß beide Länder in Ystad und Stralsund eine Postagentur und jeweils zwei Paketboote betreiben sollten. Damit war die Seepostlinie gerettet.[21]

Die preußischen Behörden mußten jedoch alsbald feststellen, daß bei der bestehenden Vielzahl von Postlinien jede einzelne keineswegs rentabel und effektiv arbeiten konnte. Man kam zu dem Entschluß, von den bestehenden vier Verbindungen, die von Schweden nach Hamburg, Lübeck, Rostock und Stralsund führten, die Routen nach Lübeck und Rostock einzustellen. Dies führte alsbald zu einer verstärkten Auslastung der Postboote in Richtung Stralsund und damit zu größerer Aktivität auf dem Bug. Dies sollte sich noch durch den Einsatz von Dampfschiffen verbessern. Mit Postvertrag vom 1. März 1821 verpflichteten sich Preußen und Schweden, künftig nicht mehr jeweils zwei Yachten, sondern je ein Dampfschiff und ein Reservedampfschiff bereitzustellen. Am 1. Mai 1824 soll dann die schwedische »Constitution« als erstes Postdampfschiff im Stralsunder Hafen ihre Flagge gehißt haben, wobei nach anderen Quellen der preußische »Adler« als erster über die Ostsee gedampft sein soll.[22]

Auch wenn die neue Antriebskraft die Reisezeit erheblich verkürzte, konnte sie nicht alle Unbequemlichkeiten beseitigen, zumal in Zeiten ansteckender Krankheiten. Als 1831 beispielsweise auf Rügen eine Choleraepidemie grassierte, mußte die Postlinie vorübergehend eingestellt werden. Vor den Küsten der Insel patrouillierten Wachboote, um ein unerlaubtes Anlanden zu verhindern. Unter ihnen befanden sich auch zwei Postyachten sowie die Dampfer »Adler« und »Friedrich Wilhelm«.

Bis 1840 hielten dann ausschließlich Schiffe der schwedischen Marine die Postverbindung nach Preußen aufrecht, zumal in dieser Zeit Rügen komplett umfahren werden mußte, da der Stralsunder Hafen stark versandet war und nur Greifswald angelaufen werden konnte. Für den Bug war dies ein Jahrzehnt des Stillstands. 1839 drohte sogar das endgültige Aus, da Schweden die Linie Ystad – Greifswald zugunsten von Lübeck aufgeben wollte. Preußen sicherte jedoch in einem Vertrag den Erhalt der Postverbindung und die Ausschachtung des Stralsunder Hafens zu. Ab dem 25. Oktober 1841 konnte dieser dann wieder von schwedischen Postschiffen angelaufen werden.[23]

## Lotsenhafen, Zollposten und Seenotrettungsstation

Da der Bug im Zeitalter der Dampfschiffe nur noch gelegentlich als Postumladeplatz benötigt wurde, hier aber eine Station mit preußischen Beamten existierte, fanden sich in den folgenden Jahrzehnten allerlei neue Aufgaben, die man dem entlegenen Vorposten zudachte.

Da war zunächst eine Wetter-Beobachtungsstation, die 1833 ins Leben gerufen wurde, zeitgleich mit der in Thiessow am Südostzipfel Rügens und der am nahegelegenen Kap Arkona. Die Station auf dem Südbug stand direkt neben dem alten Posthaus. Als dann 1853 in Putbus (Südrügen) ein richtiges meteorologisches Institut ins Leben gerufen wurde, erklärte man die Station zu dessen Außenstelle. Sie war dann noch bis 1920 in Betrieb.

Als nächstes folgte der Bau einer Lotsenstation für die schwierig zu befahrene Wasserstraße zwischen Rügen und Hiddensee. Eigentlich war als Standort dafür zunächst Seehof (nördlich von Schaprode) im Gespräch, weil dies von Zentralrügen aus besser zu erreichen war, und auch Hiddensee hatte gute Chancen, doch letztlich entschied man sich aus Kostengründen am 25. Oktober

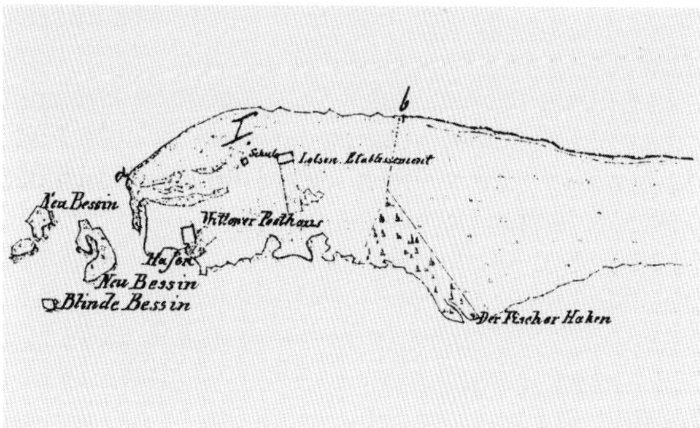


Mitte des 19. Jahrhunderts entstanden beim Wittower Posthaus eine Schule und ein »Lotsen Etablissement«.

1840 für den Bug. 1844 wurden dafür fünf neue Lotsen eingestellt.[24] In ihrem Eid hieß es: »Ich schwöre zu Gott dem Allmächtigen und Allwissenden, daß [ich], nachdem ich von der Königlichen Regierung zu Stralsund interimistisch, auf monatliche Kündigung, zum Lotsen … angenommen und bestellt worden bin, seiner Königlichen Majestät von Preußen, meinem allergnädigsten Herrn, untertänig, treu und gehorsam sein und alle mir vermöge meines Amtes obliegenden Pflichten nach meinem besten Wissen und Gewissen genau erfüllen will. So wahr mir Gott helfe.«[25]

Bis 1846 entstanden dann auf der seezugewandten Seite des Bugs ein Lotsenhafen mit Bootsschuppen, mehrere Lotsenhäuser und ein Lotsenwachturm.[26] Auch ein Schulhaus wurde gebaut. Nur leider »vergaß« der beauftragte Baumeister den dazugehörigen Klassenraum. Im Zuge von Einsparungen im Staatshaushalt sollten die Kinder einfach in der Wohnstube des Lehrers unterrichtet werden. Nach einigem Streit einigte man sich schließlich darauf, den erforderlichen Schulraum nachträglich noch an den Giebel des Gebäudes anzubauen.[27] Wurde nun vom Lotsenwachturm ein Schiff beobachtet, das die gefährlichen Fahrwasser durchqueren wollte, setzte ein Lotse über, begab sich an Bord und führte die Seeleute sicher hindurch.

Doch schon 1849 hatte man über Versandungsprobleme im Lotsenhafen zu klagen – der Bug war eben ständigen geologischen Veränderungen unterworfen. Ursache waren zum einen Stürme aus südwestlicher Richtung, die regelmäßig Sand in den Hafen trieben, zum anderen bereitete die neugebaute knapp 70 Meter lange Mole Probleme, denn sie verhinderte ein Wiederaustreten des angeschwemmten Materials aus dem Hafenbecken.[28] In den Folgejahren veränderte man dann mehrfach die Uferbefestigung, um die Meeresströmungen so zu beeinflussen, daß sie weniger Sand ablagerten, doch zumeist half das nur wenig. Die Lotsenstation hatte reichlich mit sich selbst zu tun.

1856 beschloß der Preußische Staat zusätzlich, noch eine Rettungsstation auf dem Bug einzurichten, die später von der 1865 gegründeten Deutschen Gesellschaft zur Rettung Schiffbrüchiger (DGzRS) übernommen wurde.[29]

Das Wittower Posthaus bekam am 15. Mai 1865 eine neue Funktion. Es wurde zur Telegrafenstation.[30] Hierzu diente ein sogenannter Streifenschreiber (Morseapparat). Die Verbindung führte nicht nur nach Stralsund, sondern alsbald auch über ein Seekabel nach Schweden.

Neben dieser zivilen Entwicklung geriet der Bug ab Mitte des 19. Jahrhunderts auch zunehmend in militärische Verwicklungen. Preußen hatte seinem nördlichen Vorposten während des deutsch-dänischen Krieges von 1848–1850 zunächst die Aufgabe eines Frühwarnsystems zugedacht. Da es zu dieser Zeit hier noch keine Telegrafen gab, mußten bei feindlichen Übergriffen Signalraketen abgefeuert werden, um die Festung Stralsund zu warnen.[31] Zu Kämpfen auf dem Bug kam es jedoch nicht.

Das änderte sich im deutsch-französischen Krieg von 1870/71, der mit der kurzzeitigen Besetzung von Paris und der Proklamation des Deutschen Reiches am 18. Januar 1871 im Spiegelsaal von Versailles endete. Das davon weit entfernte Rügen war ein halbes Jahr zuvor von Kampfhandlungen berührt worden. Die Franzosen drangen mit mehreren Panzerfregatten unter dem Kommando von Vizeadmiral Graf Bouet-Willaumez in die Ostsee vor, um eine Handelsblockade zu errichten und gegebenenfalls auch Städte an der Küste anzugreifen. Nachdem sie am 30. Juli Kopenhagen passiert und kurz darauf in der Bucht von Kiel Flagge gezeigt hatten, kam es am 14. August 1870 zu einem Gefecht vor der Küste Rügens. Der Posthafen von Bug fungierte dabei erstmals als Kriegshafen. Hier lagen die »Grille«, die frühere Yacht des Königs, die man zu einem leicht bewaffneten Kriegsschiff umgebaut hatte, sowie die drei Kanonenboote »Drache«, »Blitz« und »Salamander«. Sie sahen sich plötzlich einer Übermacht französischer Panzerfregatten gegenüber.

Die Dransker Schulchronik hielt diese Konfrontation fest: Am 14. August 1870, als Graf Waldersee, der Kommandant des Avisos »Grille« und der drei am Posthaus stationierten Kanonenboote, wie gewöhnlich am Morgen auf der Ostsee Ausschau nach dem Gegner hielt, sah er eine französische, aus 13 Schiffen bestehende Flotte vom Westen heranlaufen. Der gegnerische Verband nahm die »Grille« unter Beschuß, die den Angriff erwiderte. Aufgrund der Größe und der Bewaffnung der französischen Schiffe hatten die vom Bug entsandten Fahrzeuge allerdings keine Chance, das Gefecht für sich zu entscheiden. Die »Grille« fand Unterstützung durch die sie begleitenden Kanonenboote. Es war ihnen möglich, den Franzosen vorübergehend zu entkommen, und zunächst ein küstennahes Gewässer an der Insel Hiddensee als Zuflucht zu erreichen.[32] Um der Gefahr eines vernichtenden Angriffs zu entgehen, fuhren alle vier kurz darauf zurück in Richtung Posthafen. Wegen des größeren Tiefgangs der französischen Kriegsschiffe, konnten diese die seichten Boddengewässer nicht befahren. Die Verfolger begannen, das Feuer erneut zu eröffnen. Die französischen Schiffe hatten sich in einer Linie formiert. Sie beschossen die deutschen Boote über eine Stunde lang, doch war kein Bootsverlust zu beklagen. Nach dieser Attacke drehten die Franzosen ab und gingen mit ihrer Flotte bei Goos nördlich von Dranske vor Anker.

Der Befehlshaber der preußischen Truppen in der Wittower Region eilte von Altenkirchen zum Bug, um Abwehrmaßnahmen gegen eine eventuell bevorstehende Landung des Feindes einzuleiten. Wehrmänner mußten während der gesamten Nacht am Strande Wache halten. Der befürchtete Angriff blieb jedoch aus, auch auf See kam es zu keinen Kampfhandlungen mehr. Die französischen Schiffe fuhren im Morgengrauen weiter in Richtung Osten nach Danzig. Am nächsten Tag ging auf dem Südbug eine telegrafische Meldung ein: Ein französisches Schiff solle im preußischen Kugelhagel völlig vernichtet worden sein. Dieses Gefecht habe 29 Mann der geschlagenen Besatzung das Leben gekostet.[33] Am 28. August schließlich zogen sich die feindlichen Schiffe gänzlich aus der Ostsee zurück.[34]

In den folgenden Jahren galt der Kampf dann wieder mehr den Ostseewellen als feindlichen Schiffen. Am 12. und 13. November 1872 wurden Rügen und Hiddensee von einer schweren Sturmflut heimgesucht, die weite Flächen mit Salzwasser überschwemmte. Die Halbinsel Bug mit ihren 56 Bewohnern wurde zeitweilig vom angrenzenden Land abgetrennt. Man begann daraufhin mit einem umfangreichen Aufforstungsprogramm und dem Bau von Dämmen.

Das Leben in der abgeschiedenen Siedlung Wittower Posthaus/Bug begann sich schrittweise zu verändern. Nach 1871 wurde der Betrieb der Seepostlinie, der bis dahin dem Staat oblag, einer privaten Reederei aus

Lotsenturm, Lotsenwohnhaus und zugehörige Stallungen der Siedlung Wittower Posthaus auf dem Südbug (Aufnahmen um 1920). Die Zollbeamten- und Lotsenfamilien sollten einen Teil ihrer Nahrungsmittel selbst erzeugen.

Fischer aus Dranske (1895).

Stralsund übertragen. Diese kaufte von Schweden das Dampfschiff »Oskar«, das nur gelegentlich in Bug Station machte. 1874 wurde auch die Rettungsstation geschlossen, da man nördlich von Dranske eine neue errichtete, die dem stärkeren Verkehr in den dortigen Gewässern besser Rechnung trug. Was blieb, war die Zollstation.[35]

Das endgültige Aus für den Postverkehr kam 1896. Der Weg von Schweden vorbei am Bug nach Stralsund war einfach zu lang und zu unwegsam. Bei der Suche nach alternativen Routen fiel dann die Entscheidung auf Saßnitz im Nordosten von Rügen. Hier entstand ein neuer Hafen, von dem aus ab 1. Mai 1897 die Schiffe in Richtung Schweden verkehrten.[36]

Das Posthaus auf dem Bug wurde daraufhin zum Wohngebäude für die Zollbeamten. Als später ein neues zweistöckiges Zollhaus errichtet wurde, verwandelte man das ehemalige Posthaus kurzerhand in einen Rinderstall. Schließlich brauchte jede der elf Beamtenfamilien (zwei Zollbeamte, zwei Zollbootsleute, sechs Lotsen, ein Lehrer) Platz für die private Viehhaltung. Nach dem Prinzip der Selbstversorgung sollten die preußischen Beamten einen Teil ihres Nahrungsbedarfs eigenständig produzieren.

Die Lotsen gaben Anfang des 20. Jahrhunderts ihren Kampf gegen die Versandung des Hafens endgültig auf und verlegten ihn von der Seeseite auf die Boddenseite, wodurch aber der direkte Kontakt zu den Schiffen auf dem Meer verlorenging und der Sinn der Station überhaupt fraglich wurde. Genauso fraglich war auch die aus Finanzgründen erfolgte Rückverlegung der Seenotrettungsstation von Dranske auf den Südbug, da sich die meisten Schiffsunglücke vor der nördlichen Küste auf der offenen See ereigneten und nicht im Bereich des eher sicheren Boddens. Doch alle Einsprüche wurden abgelehnt.[37] Die Deutsche Gesellschaft zur Rettung Schiffbrüchiger hielt noch eine Weile an ihrem Standort fest und stellte sogar am 10. April 1913 einen neuen Bootsschuppen mit Ablaufbahn in Dienst.[38] Insgesamt hatte der Bug aber seine frühere Bedeutung als Verkehrsknotenpunkt zwischen Deutschland und Schweden verloren. Seine Zukunft war völlig ungewiß.

# Das Militär zieht auf den Bug – Die Seeflugstation der kaiserlichen Marine

1916 entdeckten die Militärs die abgeschiedene Landzunge für ihre Zwecke: Man war auf der Suche nach Standorten für küstennahe Flugplätze von denen aus die neu aufgestellten Seefliegerverbände operieren sollten. Da kam der dünn besiedelte, flache Bug gerade recht.

Der seit zwei Jahren tobende Erste Weltkrieg hatte die Entwicklung der Waffentechnik enorm beschleunigt und zur Herausbildung selbständiger Flugeinheiten geführt. Sie waren zunächst für Beobachtungs- und Aufklärungszwecke gedacht und sollten die konventionellen Streitkräfte des Heeres und der Marine bei ihren Operationen unterstützen.

Schon 1910 hatte man in Döberitz bei Berlin die erste Militärfliegerschule in Deutschland gegründet, die später zu einer Lehr- und Versuchsanstalt ausgebaut wurde. Hier probte man vor allem an Nachbauten ausländischer Luftfahrzeuge.[1] Noch 1912 war die Mehrheit der aufgestellten Luftfahrt Rekorde in französischer Hand. Erst allmählich konnten die deutschen Flugpioniere nachziehen.[2]

Da auch die Marine Aufklärungsunterstützung aus der Luft wollte, gründete man am 8. Mai 1913 eine erste Marinefliegerabteilung.[3] Ihr folgten 1914 eine zweite – stationiert waren die beiden in Kiel und Wilhelmshaven –, eine Marineluftschiffabteilung in Cuxhaven und das Freiwillige Marine-Fliegerkorps in Berlin-Johannisthal, das vor allem Nachwuchskräfte ausbilden sollte.[4] Erste Flugstationen für Seeflugzeuge befanden sich in Putzig bei Danzig, in Warnemünde bei Rostock, in Kiel-Holtenau, in Wilhelmshaven und auf Helgoland.[5]

Im August 1914 brach der Erste Weltkrieg aus, in den sich manch Europäer mit Begeisterung stürzte. Was als »Ausflug nach Paris« begann – so die Parolen deutscher Soldaten bei der Mobilmachung –, wurde jedoch bald zur Katastrophe. Vor allem auf dem westlichen Kriegsschauplatz entwickelte sich der »Spaziergang« zur Materialschlacht. Die Front war alsbald zum stehen gekom-

Deutsche Soldaten auf dem Weg zur Westfront.

Darstellung eines Luftschiffangriffs auf einer Propagandakarte aus dem Ersten Weltkrieg.

men. Seit dem Winter 1914/15 zog sich ein System von Schützengräben und Befestigungen von der Küste Flanderns bis zur Schweizer Grenze. Oft nur wenige Meter voneinander entfernt, versuchten sich die gegnerischen Soldaten mit einem immensen Aufwand an Kriegsgerät gegenseitig zu vernichten. Allein Frankreich und Deutschland hatten am Ende zusammen über drei Millionen Tote zu beklagen.

Der Krieg beschleunigte auf allen Seiten die Entwicklung der Waffentechnik – auch in der Luftfahrt. Sowohl die Leistungen der Maschinen als auch der Ausbildungsstand der Flugzeugführer wurden ständig verbessert. Hatte man anfangs noch Schwierigkeiten, aufgrund mangelnder Bewaffnung das eigene Flugzeug überhaupt verteidigen zu können, so sah man sich 1915 bereits im Stande, aus der Luft einen bewaffneten Angriff zu fliegen.[6] Bei Kriegsausbruch verfügte die kaiserliche Marine allerdings erst über 35 Flugzeuge und ein Luftschiff.[7] Ende des Jahres 1914 waren es schon über neun Luftschiffe. Neben Aufklärungsfahrten führten sie vor allem im zweiten Kriegsjahr Bombenangriffe auf Städte und Industrieanlagen in England durch. Die tatsächlich angerichteten Schäden waren bei diesen Angriffen noch eher gering, sie wurden aber in Deutschland vor allem propagandistisch gründlich ausgeschlachtet.

## Ausbildung für Beobachtungsflüge und Bombeneinsätze

Wenn auch die entscheidenden Schlachten dieser Jahre eher zu Lande geschlagen wurden, markiert der Erste Weltkrieg doch einen tiefen Einschnitt in der Geschichte des bis dahin recht beschaulichen Bugs. Nicht nur das Leben auf der Halbinsel selbst, auch die umliegenden Ortschaften, insbesondere Dranske, wurden in den nächsten acht Jahrzehnten vom Militär geprägt.

Im Dezember 1915 stellte der Befehlshaber der Marine-Luftfahrt-Abteilungen in Wilhelmshaven fest, daß der bestehende Seefliegerhorst Stralsund strategisch ungünstig lag. Eine Verlegung nach Wiek auf Rügen, also genau gegenüber von Dranske auf der anderen Seite des Boddens, erschien ihm sinnvoll. Den Plan unterbreitete er dem Staatssekretär des Reichsmarineamtes.[8] Das Amt folgte dem Plan jedoch nicht in allen Einzelheiten. Nach einer Besichtigung des zukünftigen Standortes hielt man es zwar für zweckmäßig, in Wiek eine ergänzende Seefliegerstation einzurichten, jedoch nicht den gesamten Seefliegerhorst von Stralsund in diese abgeschiedene Region zu verlegen. Außerdem sollte in Wiek noch eine Beobachterschule untergebracht werden.[9] Binnen eines halben Jahres waren die notwendigen Planungsarbeiten abgeschlossen, so daß Mitte 1916 mit dem Bau begonnen werden konnte. Parallel dazu sollte ein zweiter Fliegerhorst entstehen – die Seeflugstation Bug. Zu diesem Zwecke sollte auch die Rügensche Kleinbahn bis zum

Ein Seeflugzeug wird über eine Ablaufbahn zu Wasser gelassen (oben). Am 27. Januar 1917 findet auf dem Wieker Marktplatz ein Festgottesdienst anläßlich des Geburtstages von Kaiser Wilhelm II. statt (unten).

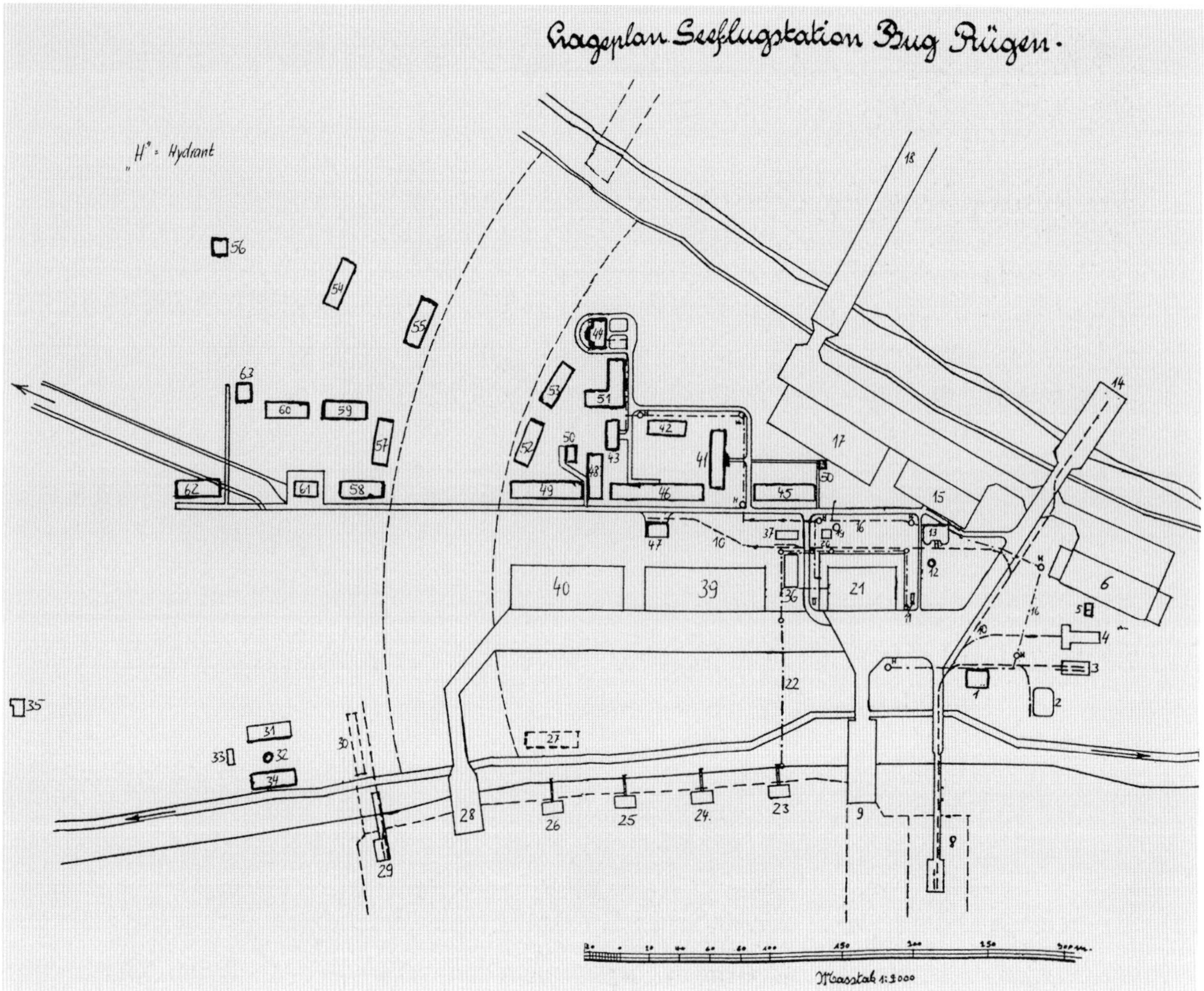


Lageplan der Seeflugstation Bug (1918). Deutlich sind die langen Ablaufbahnen zur Seeseite (Nr. 14 und 18) sowie die Ablaufbahnen auf der Boddenseite (Nr. 9 und 28) zu erkennen. An den Flößen (Nr. 23–26) konnten Flugzeuge zwischen den Einsätzen festgemacht werden. Am Anleger (Nr. 8) wurde der Personen- und Güterverkehr per Schiff abgewickelt. (ausführliche Legende im Anhang)
Ein Marinesoldat posiert auf dem Schwimmer eines Seeflugzeugs in der Flugzeughalle um 1918 (rechte Seite).

Bug verlängert werden, worauf auch die umliegenden Gutsbesitzer drängten, da sie sich davon bessere Transportmöglichkeiten für ihre Agrarprodukte versprachen. Doch die Fertigstellung wurde durch den Krieg immer wieder verzögert.

Am 27. Januar 1917 fand schließlich die offizielle Einweihungsfeier für die »Seefliegerabteilung, Flugstation Bug«[10] statt. Sie war in den verbleibenden Jahren des Krieges Ausbildungsstandort und Frontflughafen zugleich. Hier wurden Sonderkurse für Flugzeugbesatzungen durchgeführt, die im Bombenwerfen, Maschinengewehreinsatz, der Photographie und Funktelegrafie trainiert werden sollten.[11]

Der Ausbau der Anlagen ging zügig voran. Das kaiserliche Marine-Hafenbauamt in Warnemünde genehmigte den Bau neuer Flugzeughallen, damit zu Repara-

tur- und Montagezwecken auch Motoren und ganze Flugzeuge aufgehängt werden konnten, was in den bisherigen Holzhallen aus statischen Gründen nicht möglich war. Auf dem Bug entstand dadurch der erste moderne Hangar dieser Art überhaupt.[12]

Über Ablaufbahnen am Ufer des Bugs gelangten die Seeflugzeuge von ihren Hangars kommend zum Wasser des Wieker Boddens. Bei diesen Bahnen handelte es sich um 20 Meter breite schräge Betonrampen, die bis unter die Wasseroberfläche reichten und in der Regel mit Holzbohlen belegt waren. Die Flugzeuge starteten dann auf der ruhigen Wasserfläche des Boddens gegen den Wind. Beim Landen, ebenfalls entgegen der Windrichtung, gingen die Maschinen auf der Wasserfläche möglichst in der Nähe der Ablaufbahnen nieder und wurden anschließend über diese an Land gezogen. 1917 wurde die erste Ablaufbahn auf der Boddenseite in Betrieb genommen, die auf der Seeseite folgte einige Zeit später. Zur Entlastung waren außerdem drei große Flöße im Einsatz, an denen man ebenfalls Maschinen festmachen, auftanken und warten konnte.

Während die Deutschen vor allem auf ein Netz von küstennahen Flugstützpunkten setzten, forcierten die Alliierten den Bau von Flugzeugträgern, um ihre Aufklärungsflugzeuge auch von umgerüsteten Kriegsschiffen starten zu lassen. Sie wurden dann nach erfolgter Landung per Kran wieder an Bord gehievt.[13] Deutschland baute nur wenige dieser sogenannten Mutterschiffe.

Der Bug profitierte von dem Konzept der landgestützten Marinefliegereinheiten, denn das Personal wuchs beständig an und damit die Nachfrage nach Produkten aus der Umgebung. Im November 1917 bestand das Stammpersonal der Seeflugstation bereits aus 665 Personen – die jeweils zum Bug kommandierten Flugschüler noch nicht mitgerechnet.[14] Elf Offiziere leiteten den Flugbetrieb. Allein das Wachkommando setzte sich aus

Postkartenmotiv um 1917. Ein großer Teil der im Ersten Weltkrieg eingesetzten Seeflugzeuge ging nicht durch Feindeinwirkung, sondern durch technische Defekte und schlechte Witterungsbedingungen verloren.

Der Dampfer »Caprivi« brachte während des Krieges Personen und Material zur Seeflugstation.

50 Personen zusammen und sorgte für eine hermetische Abriegelung des Geländes. Für das leibliche Wohl der Besatzung sorgten acht Köche.

Die günstige Lage des Bugs, die ein problemloses Flugtraining über offener See erlaubte, veranlaßte die Marine, die zentrale Ausbildung für alle Seeflieger auf diese Landzunge zu verlegen. Man beschloß noch während des Krieges, das Stammpersonal aufzustocken, sowie Gebäude und Anlagen zu erweitern.[15]

Wäre die Kleinbahn schon in Betrieb gewesen, hätte dies auch zügig umgesetzt werden können, doch im letzten Kriegsjahr herrschte extremer Arbeitskräftemangel, da ein Großteil der Männer an der Front war und zusätzliche Reserven nicht existierten. So mußte fast alles - Kohlen, Benzin, Flugzeugteile und Baustoffe - mit Schiffen von Stralsund herangeschafft werden. Im Sommer wurden zusätzlich zu dem Dampfer »Caprivi«, der der Personenbeförderung diente, Ruderbarkassen und Motorboote eingesetzt.

Doch im Winter kamen die Arbeiten fast völlig zum Erliegen, da in der Eisperiode ein Schiffsverkehr gar nicht möglich war und eine Lastfuhre über den Landweg mindestens einen Tag brauchte.

So blieb der Ausbau der Anlagen hinter der Entwicklung der Flugstation zurück. 1918 gab es nicht einmal genügend Schlafplätze auf dem Bug für alle Lehrgangsteilnehmer. Sie mußten zum Teil auf der anderen Boddenseite in Wiek, wo ein zweiter Stützpunkt existierte, übernachten und täglich zur Ausbildung mit einem Motorboot abgeholt werden.[16]

## Frontaufgaben im Ersten Weltkrieg

Der Bug diente nicht nur der Flugzeugführerausbildung, sondern auch als Frontflugstation, von der aus Maschinen zu Kriegseinsätzen abhoben. Dem dortigen Fliegerhorst war ein eigenes Aufklärungsgebiet zugewiesen, das von Swinemünde über Arkona bis in die schwedischen Hoheitsgewässer reichte. In diesem Gebiet sollten fremde Aktivitäten beobachtet und weitergemeldet sowie eigene Schiffe gesichert werden. Das betraf vor allem die Linie Saßnitz - Trelleborg und die unter dem Schutz deutscher Kriegsschiffe fahrenden Handelsschiffe, die den Nachschub für die Kriegswirtschaft sichern sollten.[17] Das wichtigste dabei waren die Eisenerzlieferungen aus Schweden, denn der Bedarf an Eisen und Stahl stieg ständig, und die Einfuhren über den Atlantik waren durch die im November 1914 von den Briten verhängte Seeblockade nicht mehr möglich.

Der Chef der Küstenschutzdivision Ostsee erteilte den Seefliegern des Bugs daher den Befehl, folgende Hauptaufgaben zu erfüllen: 1. Feindliche U-Boote und Schiffe, verdächtige Flugzeuge und Minenfeldern aufzuklären; 2. mit entdeckten gegnerischen Einheiten Fühlung zu halten und schließlich nach Absprache zum Angriff überzugehen; 3. drohende Luftangriffe von gegnerischer Seite rechtzeitig zu melden und 4. die Handelswege über See zu schützen.[18]

Viele dieser Aufgaben wurden in Zusammenarbeit mit Schiffsverbänden erfüllt. Konnte ein gegnerisches Wasserfahrzeug aus der Luft lokalisiert werden, wurden

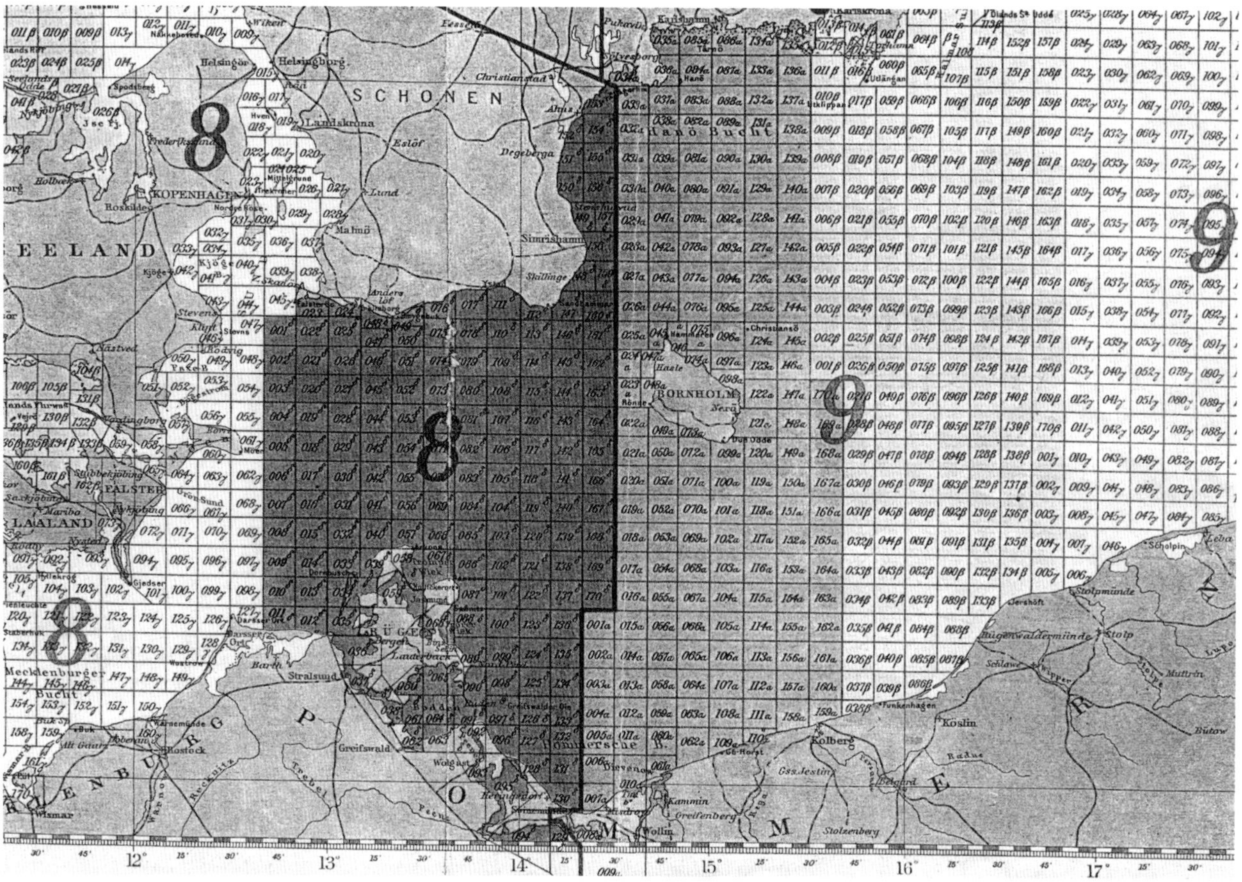


Das Aufklärungsgebiet der Seeflieger vom Bug (im Bild dunkelgrau) reichte bis in die schwedischen Hoheitsgewässer.

Seestreitkräfte herangeführt, die dann den eigentlichen Angriff übernahmen. Zu diesem Zwecke wurden mit dem Befehl Nr. 6 vom 5. Mai 1917 die Flugzeuge des Bugs der sogenannten S-Flottille (U-Boot-Suchflottille) unterstellt, um besser bei Aufklärungs- und Angriffsaktionen zusammenzuwirken, was bei günstigem Wetter bis zum Südausgang des Kalmar-Sundes und in die Hanö-Bucht in Südschweden erfolgen sollte. Dabei mußte jedoch die Neutralität Dänemarks und Schwedens streng beachtet werden – worauf in zahlreichen Flugbefehlen immer wieder hingewiesen wurde. Schließlich galt es, die verbliebenen Rohstofflieferanten nicht zu verärgern.

Die verstärkten Aktivitäten der Seeflieger blieben nicht ohne Auswirkung auf die Umgebung. Vielerorts beschwerte man sich über den ständigen Fluglärm, der schon früh morgens bei Sonnenaufgang einsetzte. Der Schulchronist von Breege, eines östlich von Wiek gelegenen Ortes, beklagte zudem den moralischen Verfall: »Von nun ab durchschwirrten täglich vom frühen Morgen bis zum späten Abend die Flugzeuge die Luft, ließen sich auch hin und wieder auf den Breeger Bodden nieder und fuhren ans Land. (…) Auf allen Landstraßen und Plätzen traf man Marinesoldaten. Breege und Juliusruh wurden die Hauptausflugsorte der Wieker Garnison. Die Gasthäuser und Tanzlokale waren sonntags überfüllt. Alle Geschäftsleute verdienten gut. Leider lockerten sich durch den Einfluß des Militärs je länger desto mehr alle guten Sitten auch hier zu Lande.«[19] Der Lehrer von Dranske, ein Leutnant a. D. und Kriegsinvalide, zeigte sich dagegen vom Kampflärm begeistert und schrieb 1918 in seine Schulchronik: »Den ganzen Tag

Darstellung des Angriffs Deutscher Marineflieger auf die englische Flotte auf einer Propagandakarte (um 1917).

brummen die Flugzeuge, die in allen möglichen Arten und Größen hier vorhanden sind. Bomben werden auf extra dazu aufgestellte Ziele geworfen, manchmal rattert Maschinengewehrfeuer und läßt kleine und große Kampftage aus dem Völkerringen in der Erinnerung wieder auftauchen. Ein herrliches Schauspiel bieten die Geschwaderflüge, und einen Kampf um Leben und Tod gibt es bei den Kampffliegern, die hier üben.«[20]

Das Kriegsministerium warb damals bei der Bevölkerung um Verständnis für die Begleiterscheinungen des Flugbetriebs. In einem Schreiben aus dem Herbst 1917 – ein halbes Jahr nach Kriegseintritt der Vereinigten Staaten – heißt es:

»Der Chef des Generalstabes des Feldheeres hat in letzter Zeit mehrfach auf den hohen Wert und die mitentscheidende Wichtigkeit der Luftstreitkräfte hingewiesen. Bei der zu erwartenden Unterstützung unserer Gegner durch die Vereinigten Staaten von Amerika wird im weiteren Verlauf des Krieges vornehmlich die Vermehrung der feindlichen Fliegerstreitkräfte eine besonders bedeutende Rolle spielen. Die von uns zu treffenden Gegenmaßregeln bestehen in der Hauptsache in einer entsprechenden Steigerung unserer Erzeugung an Flugzeugen und Flugmotoren und vor allem in einer sehr erhöhten Tätigkeit der Heimatverbände der Fliegertruppen für die Ausbildung des Ersatzes, bis zur äußersten Grenze ihrer Leistungsfähigkeit. Die Stärkung unserer Kampfkraft zur Luft ist nur dann durchführbar, wenn alles vermieden wird, was die getroffenen Anordnungen in irgend einer Form störend beeinflussen könnte. Insbesondere muß die energische Ausbildungstätigkeit unserer Fliegerschulen, deren Betrieb im Heimatgebiet

Revolutionäre Unruhen begleiteten das Kriegsende. Matrosen auf dem Weg zur Großkundgebung in Wilhelmshaven am 10. November 1918.

gewisse Unbequemlichkeiten für die benachbarte Bevölkerung mit sich bringen kann, gleichwohl verständnisvoll gefördert und unterstützt werden. In Verkennung dieser Sachlage haben sich aber in letzter Zeit Gemeinden, Fabrikunternehmen, Anstalten usw. wiederholt über Störung und Gefährdung ihrer Einrichtungen und Anlagen durch den Dienstbetrieb in der Nähe befindlicher Flughäfen beschwert. Es wird daher für unerläßlich erachtet, daß gerade im gegenwärtigen Zeitpunkt des Krieges eine allgemein aufklärende Belehrung über die Bedeutung der Luftstreitkräfte und über die Erfordernisse und Eigenheiten der Ausbildung der Fliegertruppen durch Schulen, Behörden usw. Platz greift und demgemäß ersucht, hierauf in geeigneter Weise hinzuwirken.«[21]

In der Schlußphase des Ersten Weltkrieges wurden dann im Juni 1918 alle verfügbaren Frontflugzeuge von der Seeflugstation Bug auf das im Öresund, der Meerenge zwischen Dänemark und Schweden, befindliche Flugzeugmutterschiff »Answald« verlegt. Von dort aus wurden sie zu Aufklärungsflügen eingesetzt. Die Anflugwege zu den Einsatzgebieten waren dadurch kürzer, was sich bei den geringen Treibstoffkontingenten dringend erforderlich machte.[22]

Vom Bug selbst aus wurden kaum noch Einsätze geflogen, die Eintragungen im Kriegstagebuch zeugen eher von einer gewissen Hilflosigkeit der Kriegsmarine bei ihren letzten Operationen. Immer offensichtlicher wurde auch die Anfälligkeit der noch recht jungen Technik. Ein großer Teil der im Ersten Weltkrieg eingesetzten Seeflugzeuge ging nicht durch Feindeinwirkung, sondern durch technische Defekte und ungünstige Witterungsbedingungen verloren. Dies betraf auch einige Maschinen, die vom Bug aus operierten. So mußte beispielsweise das Großflugzeug »1949«, das am 9. Oktober 1918 vom Bug aus zum Kattegat gestartet war, wegen eines Kühlerschadens bei den Flugzeugmutterschiffen »Hannover« und »Oswald« zwischenlanden. Reparatur und Betankung dauerten dann so lange, daß der eigentliche Aufklärungsauftrag inzwischen hinfällig geworden war. Die Maschine konnte nur noch unverrichteter Dinge zum Stützpunkt Bug zurückkehren.[23]

Obwohl 1918 das Kriegsende für viele bereits abzusehen war, wurde an den Ausbauplänen für den Bug festgehalten. Am 30. Januar 1918 versicherte der Staatssekretär des Reichsmarineamts in einem Schreiben dem Marinehafenbauamt Warnemünde, daß nun für die Erweiterungsmaßnahmen auf dem Bug 40 Zimmerleute, drei Maurer und zwei Maler bereitgestellt werden könnten.[24] Bis zum Waffenstillstand im November 1918 wurden die Arbeiten dann tatsächlich auch weitgehend abgeschlossen. Nur wenige Bauvorhaben, wie eine Verpflegungsanstalt für Offiziere sowie zusätzliche Wohnbaracken für Offiziere und Unteroffiziere, kamen über das Planungsstadium nicht mehr hinaus.[25]

Die politischen Ereignisse machten diese Anstrengungen der Reichsmarine allerdings bald überflüssig. Die deutschen Truppen, speziell Teile der Marine, waren des Kämpfens müde geworden. Als am 29. Oktober die in Kiel und Wilhelmshaven liegende Hochseeflotte Befehl zum Auslaufen erhalten hatte, befürchteten die Mannschaften, daß sie in einen letzten sinnlosen Kampf geführt werden sollten. Sie verweigerten den Gehorsam und hißten statt dessen die rote Fahne. Die revolutionären Unruhen breiteten sich schnell über ganz Deutschland aus und machten auch vor dem Bug nicht Halt. Die Angehörigen der beiden Wittower Seeflugstationen, Bug und Wiek, schlossen sich dem Aufstand an. Die Wieker Matrosen besetzten sämtliche Güter Wittows, die Offiziere wurden ihrer Posten enthoben. Der Kommandant der Flugstation Bug, Kapitänleutnant Vedder, erklärte sich bereit, den Anweisungen des Soldatenrates zu folgen.[26] Danach gelang es ihm durch geschicktes Verhandeln innerhalb weniger Tage das Vertrauen der Aufständischen zu gewinnen. Nachdem er wieder die Kontrolle über das Areal gewonnen hatte, wurden einzelne Mitglieder des Soldatenrates verhaftet und nach Stralsund überstellt, wo ihnen wegen Meuterei der Prozeß gemacht werden sollte. Dort konnten jedoch Infanteristen, die der Novemberrevolution zugetan waren, die Gefangenen wieder befreien. Da die übrigen Mitglieder des Soldatenrates befürchteten, daß sie von Stralsund ausgehend zur Aufgabe gezwungen werden könnten, sperrten sie vor Breege alle Wege zur Halbinsel Wittow. Sie kontrollierten die Anlegestellen und Häfen in Wiek, Vitt und Breege sowie die gerade fertiggestellte Kleinbahnstrecke, die seit dem 1. November den Bug über Gramtitz und Starrvitz mit Altenkirchen verband.

Doch die Arbeiter- und Soldatenräte verloren in den folgenden Wochen zunehmend an Einfluß. Nach der Abdankung des Kaisers und der Ausrufung der Republik entschied sich die Mehrheit auf dem Reichskongreß Mitte Dezember 1918 gegen eine Räterepublik und für eine parlamentarische Demokratie, die dann mit den Wahlen am 19. Januar 1919 erste Formen annahm. Zu einer blutigen Niederschlagung von revolutionären Soldatenräten durch konservative Heereseinheiten, wie dies an vielen Orten Deutschlands geschah, kam es auf dem Bug nicht. Die Soldatenräte wurden hier per Befehl des Kommandos der Marinestation Rendsburg 1919 einfach aufgelöst.[27]

Zum Abschluß des Krieges war nicht nur die Seeflugstation auf dem Bug weitgehend ausgebaut, sondern verfügte Deutschland insgesamt über eine aufstrebende neue Waffengattung. Allein unter dem Kommando der Marine standen im November 1918 1 478 See- und Landflugzeuge sowie 16 Luftschiffe. Den Flugeinheiten gehörten etwa 16 000 Mann an, die über 30 Stützpunkte verfügten.[28] Was mit diesen Einheiten geschehen sollte, war Gegenstand der Verhandlungen der Siegermächte, die sich dazu ab dem 18. Januar 1919 in Versailles trafen.

# Der Schein trügt – Stützpunkt zwischen den Kriegen

Am 28. Juni 1919 erklärte sich Deutschland nach Monaten des Tauziehens bereit, den Versailler Vertrag zu unterzeichnen, mit dem der Erste Weltkrieg völkerrechtlich beendet wurde. Die 26 Siegermächte legten darin in 440 Artikeln nicht nur die neuen Grenzen des Deutschen Reiches und die Höhe der Reparationen fest, sondern trafen in Teil V auch genaue Festlegungen über die künftige Bewaffnung und Militärstruktur des Landes. Danach mußten die allgemeine Wehrpflicht, der Generalstab und die Kriegsakademie abgeschafft werden. Statt dessen sollte eine Berufsarmee auf Freiwilligenbasis entstehen, wobei das Heer nicht mehr als 100 000 Mann unter Waffen haben durfte und die Marine 15 000 Mann. Eine eigene Luftwaffe wurde Deutschland in Artikel 198 ausdrücklich untersagt. Alle Fliegereinheiten waren nach Artikel 199 innerhalb von zwei Monaten nach Inkrafttreten des Vertrages vollständig aufzulösen, alle Flugzeuge mußten binnen drei Monaten abgerüstet sein, so der Artikel 200. Offensichtlich sollte Deutschland damit nicht nur als militärischer Drohfaktor, sondern auch als ernsthafter Konkurrent in der Luftfahrt ausgeschaltet werden. Die Anzahl der Kriegsschiffe und Artilleriewaffen unterlag ebenfalls starken Beschränkungen, der Bau von Panzern war künftig verboten.

Zur Überwachung dieser Festlegungen wurde eine Interalliierten Militär-Kontrollkommission gebildet, die sich frei im Land bewegen und von deutschen Regierungsstellen alle nötigen Unterlagen einfordern durfte.[1] Für die Seeflugstationen auf dem Bug und in Wiek bedeutete dies zunächst offiziell das Ende. Sie mußten unter Aufsicht eines britischen Flottenkommandos 1920 demontiert werden. Dies betraf nicht nur die Flugzeughallen, sondern alle militärischen Zweckbauten.[2] Die Flugzeuge selbst wurden an die alliierten Sieger übergeben.

Da kurz vor Kriegsende ja noch die Kleinbahnstrecke fertig geworden war, ohne je einen militärischen Nutzen gehabt zu haben, konnte sie jetzt als ideale Transportmöglichkeit für die Abrüstung dienen. Doch die Aktionäre der privaten Bahngesellschaft hatten davon keineswegs die erhofften Einnahmen. Der Güterverkehr

Nach den Bestimmungen des Versailler Vertrages mußten alle deutschen Kriegsflugzeuge zerstört werden.

Mit der Wittower Kleinbahn wurde die auf dem Bug demontierte Militärtechnik abtransportiert.

ging nach der Demontage der Seefliegerstation drastisch zurück, und auch der Personenverkehr war in dieser entlegenen Region so gering, daß er 1920 wegen mangelnder Rentabilität wieder eingestellt wurde.[3]

Nur kurzzeitig hatte es noch ein größeres Personenaufkommen gegeben. Unmittelbar nach Kriegsende waren in den Räumen der Wittower Seeflugstationen Heimkehrer aus der Kriegsgefangenschaft untergebracht worden, die ansteckende Krankheiten mitgebracht hatten und hier zeitweilig unter Quarantäne gehalten wurden.

## Ein kurzes friedliches Zwischenspiel

Nachdem der lärmende Fliegerhorst verschwunden war, zog die frühere Ruhe auf dem Bug wieder ein. Doch die Bewohner der benachbarten Orte wollten sich darüber nicht so richtig freuen, fehlten doch andere Ertragsmöglichkeiten in der Region. Einzig ein Salzhaus entstand in Dranske, in dem Frauen und Kinder Heringe ausnehmen und einsalzen konnten. Für 80 derart präparierte Fische gab es den Hungerlohn von drei Pfennigen.[4]

Hinzu kam, daß 1921 auch noch die Lotsenstation auf dem Bug geschlossen wurde. Die anhaltenden Ablagerungen der Meeresströmungen hatten das Fahrwasser zwischen Bug und Hiddensee immer flacher werden lassen. 1920 betrug die Wassertiefe hier kaum noch 2,50 Meter. Größere Dampfer, die nach Stralsund wollten, bevorzugten daher den Weg westlich an Hiddensee vorbei

Der Fluglärm war verstummt. Beschauliches Leben in der Lotsensiedlung auf dem Südbug um 1920.

Die Halbinsel Bug in den zwanziger Jahren. Die Siedlung auf dem Südbug wurde nach Schließung der Lotsenstation von Fischerfamilien bewohnt, die den Hafen am Rettungsschuppen für ihre Boote nutzen konnten.
Das Gelände der Seeflugstation auf dem Nordbug wurde in ein Erholungsheim umgewandelt. Feriengäste reisten entweder per Schiff oder über den Buger »Hals« auf dem Landweg an.

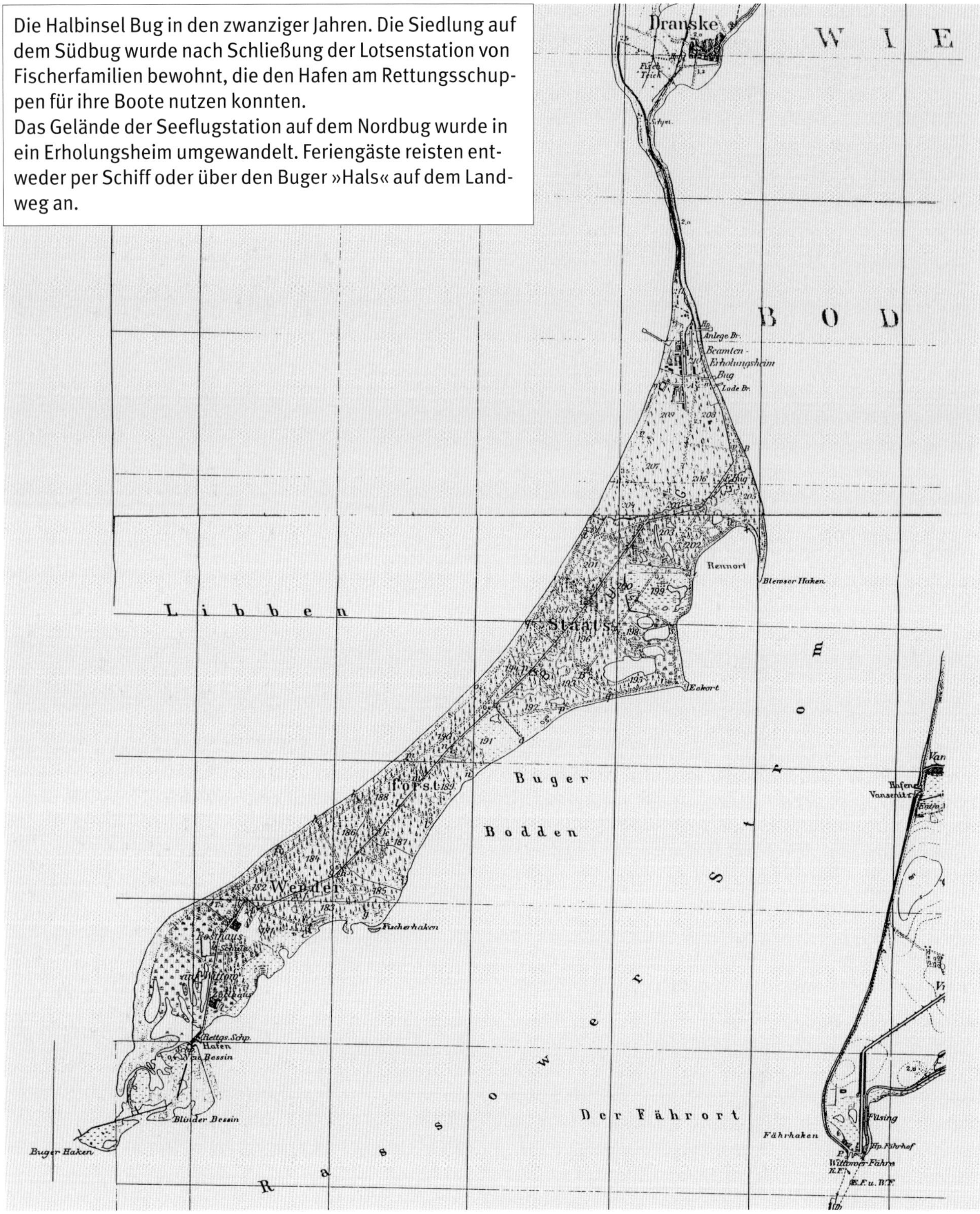

oder nutzten von Westen kommend die Barther Zufahrt zwischen der Insel Bock und dem Festland. Durch den Libben fuhren nur noch kleine Fischerboote, für die man keine Lotsen benötigte.[5]

Die zuletzt auf dem Bug noch tätigen vier Seelotsen wurden daher versetzt oder pensioniert. Der Oberlotse ging nach Stolpmünde, ein anderer nach Swinemünde, der Älteste wurde wegen Sehschwäche in den Ruhestand geschickt. Im Amtsblatt hieß es dazu knapp: »Die bisherige Lotsenstation Wittower Posthaus auf der Insel Rügen wird zum 1. April 1921 aufgehoben. Die in den Libben ein- und auslaufenden Schiffe können von diesem Zeitpunkte keine Lotsen mehr erhalten. Auch werden von diesem Zeitpunkte ab Wasserstandssignale dort nicht mehr gezeigt.«[6] Der Libben hatte seine alte Funktion als Zugangstor zur Hansestadt Stralsund endgültig verloren. Als einziges Relikt aus der bewegten Schifffahrtszeit des Bug ist heute noch die Glocke der Lotsenstation in der »Schiffercompagnie«[7] in Stralsund zu bewundern.

Die Schließung der Lotsenstation hatte zwangsläufig auch negative Auswirkungen auf die Seenotrettung. Darüber berichtet am 12. Januar 1922 der *Stralsunder Anzeiger*: »Eine der wichtigsten Rettungsstationen an den deutschen Küsten, nämlich diejenige zu Dranske, konnte ihren Dienst seit einiger Zeit nicht mehr vollständig ausführen, da das Rettungsboot sich zu Wittower Posthaus befindet und von den dortigen Lotsen bedient wurde. Diese Lotsenstation ist im vergangenen Jahr eingegangen und so liegt das Rettungsboot dort ohne Bedienungsmannschaft und somit zwecklos. Die Rettungsgegenstände befinden sich im Rettungsschuppen zu Dranske. Man nimmt an, daß die vier ertrunkenen Seeleute der Besatzung des bei Goos gesunkenen Schoners ›Gaivota‹ hätten gerettet werden können, wenn das Rettungsboot zur Hilfe gekommen wäre.«[8] Als Konsequenz daraus wurde beschlossen, das neun Jahre zuvor angeschaffte Motorboot vom Bug ans Festland nach Barhöft zu bringen, wo inzwischen die meisten Linien nach Stralsund entlang führten. Lediglich ein Ruderboot verblieb an der Nordwestspitze von Rügen, es kam nun aber zur Seenotrettungsstation nach Dranske.[9]

Die ehemaligen Lotsenhäuser auf dem Südbug verwandelten sich in den Folgejahren in eine Art Fischersiedlung. Von den drei Zweifamilienhäusern waren drei

Ehemaliges Gebäude der Seeflugstation, in dem Mitte der zwanziger Jahre Urlauber unterkamen.

Hälften noch von den Angehörigen der Lotsen bewohnt, die nunmehr auch vom Fischfang zu überleben suchten, und die anderen drei Haushälften wurden gezielt an Fischerfamilien verpachtet, an Robert Hübner aus Neuendorf/Hiddensee, Ernst Gau aus Vitte/Hiddensee und an Hermann Nausch aus Dreschvitz. Sie verpflichteten sich in ihren Pachtverträgen, eine Genossenschaft zu bilden und an Tagen, an denen die Fischerei nicht möglich war, gemeinschaftlich am Bau weiterer Wohnhäuser zu arbeiten.[10] Jede ihrer Wohneinheiten bestand aus drei Stuben, einer Küche und einer Speisekammer im Erdgeschoß sowie einem Giebelzimmer, einer Räucherkammer und einem Bodenraum im Dachgeschoß. Jeder Familie stand außerdem ein Stall zu, ferner ein Abort, eine Dung- und Jauchegrube und ein hinter dem Haus gelegenes Stück Gartenland. Gemeinschaftlich wurden der Brunnen auf dem Hof und die Waschküche genutzt.[11]

Die Einsiedelei auf dem Bug währte jedoch nicht sehr lange. Nachdem mehrere Modelle für eine zivile Umnutzung der verbliebenen Bauten des Fliegerhorstes diskutiert worden waren, übernahm schließlich Mitte der zwanziger Jahre der »Deutsche Beamtenbund« das Gelände. Er richtete ein Heim für Erholungssuchende ein, das nun wieder etwas Leben in die Region brachte. Überliefert ist ein Schreiben aus dem Inflationsjahr 1925. Darin heißt es: »Ihre Anmeldung für unser Erholungsheim Ostseebad Bug (Rügen) für zwei Erwachsene und

Gäste des »Beamten-Erholungsheims« warten auf dem Anleger an der Boddenseite auf den Ausflugsdampfer.

ein Kind für die Zeit von 9.7. bis 23.7. ist vorgemerkt worden. Die Zuweisung der Zimmer erfolgt durch die Heimverwaltung; eine Gewähr für die Bereitstellung bestimmter Räume kann nicht gegeben werden. Der Pensionspreis kann noch nicht genau bestimmt werden, er wird den jeweiligen Teuerungsverhältnissen entsprechend festgesetzt; zur Zeit beträgt er 20 000,00 M. Für Kinder bis zu 6 Jahren wird die Hälfte, von 6–10 Jahren zwei Drittel des Pensionssatzes erhoben. Alle Preisfestsetzungen sind freibleibend.«[12]

Hinsichtlich der Anreise bot man mehrere Varianten an: »Von Berlin aus sind zweckmäßig die Frühzüge zu benutzen, die mittags in Stralsund eintreffen. Unseren Bemühungen ist es gelungen, die Stralsunder Reederei Trätz zu veranlassen, eine unmittelbare Dampferverbindung zwischen Stralsund und Bug einzurichten. Unsere Gäste begeben sich zur Anlegestelle und fahren um 3.30 Uhr nachmittags mit dem Tourendampfer ›Hiddensee‹ bis zum Buger Haken [am Südbug], wo sie von dem in Wiek stationierten größeren Motorboot ›Fortuna‹ in Empfang genommen werden; Ankunft in Bug 7 Uhr nachmittags. (…) Von Stralsund aus kann außerdem die Staatseisenbahn bis Bergen und von Bergen nach Wiek die Rügensche Kleinbahn benutzt werden. Die um 5.52 Uhr auf diesem Wege (mit der Kleinbahn) ankommenden Gäste werden auf vorherige Anmeldung bei der Heimverwaltung mit Motorboot abgeholt. Die Dampferverbindung ist aber jedenfalls vorzuziehen.«[13]

Die Kleinbahnstrecke von Wiek zum Bug konnte trotz des allmählich zunehmenden Tourismus auch im

Die »Heimat« befuhr regelmäßig die Linie Stralsund – Hiddensee – Bug – Wiek (um 1930).

Laufe der zwanziger Jahre nicht wieder in Betrieb genommen werden. Allein die Erholungssuchenden des Beamtenbundes hätten keinen rentablen Eisenbahnbetrieb gewährleistet. Ende des Jahrzehnts riß man die Wartehallen der einzelnen Kleinbahnstationen schließlich ab, auch die Schienen vom Bug bis Dranske-Hof wurden 1930 demontiert. Im gleichen Jahr lief der Pachtvertrag des »Deutschen Beamtenbundes« für die Gebäude auf dem Bug aus.[14] Das kurze friedliche Zwischenspiel ging dem Ende entgegen.

Ausflugslokal auf dem Bug (um 1930).

## Die verdeckte Luftrüstung beginnt

Der Friedensvertrag von Versailles und die mit ihm verbundenen harten Abrüstungsbestimmungen waren für die Rechten und Antidemokraten der Weimarer Zeit die wichtigsten Argumente gegen die junge Republik. In dem 1930 erschienenen Buch »Unsere Luftstreitkräfte 1914–1918« schreibt Major a. D. Helmut Förster dazu: »Das unter Einsatz von Gut und Blut geschaffene Werk war mit Versailles zertrümmert; unauslöschlich lebt aber in den alten Fliegern die Erinnerung an das, was einst war, und die heiße Hoffnung, daß einmal wieder gleich dem Phönix auch unsere militärische Luftmacht neubelebt aus dem Zusammenbruch erstehen möge.«[15]

Die deutschen Militärs warteten nicht auf den göttlichen Vogel Phönix, sondern sorgten selbst in aller Stille für den systematischen Aufbau einer neuen Luftwaffe. Zunächst fiel mit dem Jahresbeginn 1923 die Lufthoheit über dem Reichsgebiet wieder an Deutschland zurück. Auch das Herstellungsverbot für Flugzeuge wurde kurze Zeit später aufgehoben, auch wenn der Bau von Kampfflugzeugen verboten blieb und zahlreiche technische Einschränkungen fortbestanden. Dies hinderte die Konstrukteure jedoch nicht, die Entwicklung neuer Flugzeuge voranzutreiben. Dornier oder Heinkel tarnten ihre Rüstungsaufträge als Exportgeschäfte oder gingen mit Tochterfirmen ins Ausland. Die Ausbildung der Piloten organisierte man unter dem Deckmantel der Zivilluft-

Kundgebung gegen den Versailler Vertrag im Juni 1919. Seine einschneidenden Abrüstungsbestimmungen wurden von vielen als Argument gegen die junge Republik verwandt.

Urlauber und Sportflugzeuge am Nordbug. Unter dem Deckmantel der zivilen Luftfahrt begann man schon im Laufe der zwanziger Jahre mit der Ausbildung von Piloten für militärische Aufgaben.

fahrt. Schon 1924 begann eine planmäßige Schulung im ganzen Reich.[16]

Ein Problem blieb jedoch, wie man die heimlich produzierten Waffen unbeobachtet testen und ihren Einsatz unter Gefechtsbedingungen üben konnte. Hierzu wurde zunächst ein ganzes System von Waffenattrappen wie Holzgeschütze und Papp-Panzerwagen entwickelt, die man dann bei Manövern durchs Gelände schob. Doch im Bereich der Luftstreitkräfte war dies komplizierter. Hier mußten andere Lösungen gefunden werden.[17]

Eine Variante hieß »Fundierung der Industrie im neutralen Ausland«[18]. Dies bedeutete nichts anderes, als eine Kooperation mit anderen Staaten bei all jenen Waffen, die Deutschland nach wie vor verboten waren. Auf dieser Basis erfolgte unter anderem eine enge, geheime Zusammenarbeit mit der Roten Armee der ansonsten verpönten Sowjetunion. Unter der internen Tarnbezeichnung »Wissenschaftliche Versuchs- und Personalausbildungsstation« (WIVUPAL) nahm 1926 in Lipeck eine entsprechende Fliegerschule ihren regulären Betrieb auf. Hier taten in den Sommermonaten 136 Mann deutsches Personal ihren Dienst, hinzu kamen 48 Flugschüler sowie 337 Mann russisches Personal.[19] Parallel dazu suchte man in Deutschland selbst nach Möglichkeiten einer unauffälligen Ausbildung von Piloten und für den allmählichen Aufbau einer Luftwaffe.

Dabei geriet den Militärstrategen abermals der Bug in den Blick. Als der Pachtvertrag mit dem Deutschen Beamtenbund Anfang der dreißiger Jahre ausgelaufen war, entschied die Marineverwaltung Kiel, die immer noch die Entscheidungskompetenz über das Areal hatte, das Gelände in die Hände einer »zivilen« Luftfahrtgesellschaft zu geben. Unter dem Firmennamen »Deutsche Verkehrsfliegerschule« hatte man diese Tarnorganisation bereits 1925 in Warnemünde gegründet. Seit 1926 wurden dort heimlich Marineflieger ausgebildet. Die Reichsmarine kommandierte jedes Jahr mindestens zehn Offiziersanwärter dorthin.[20] Sie unterhielt bereits mehrere Außenstellen, nun wurde eine neue auf dem Bug geschaffen. Die Bedingungen waren hier besonders günstig, konnte man doch unerfahrene Piloten für ihre ersten Testflüge auf die offene See schicken, ohne daß die Gefahr bestand, bei einem Absturz gleich großes Aufsehen zu erregen oder gar andere in Mitleidenschaft zu ziehen. Vorsichtig ging man auch daran, die Bauten auf dem Bug zu erweitern. So entstand 1932 bereits eine neue Flugzeughalle, die jedoch erst 1933 nach dem Machtantritt der Nationalsozialisten in Gebrauch genommen wurde.

Die erneute militärische Nutzung des Nordbug, die mit entsprechenden Absperrungen verbunden war, berührte unweigerlich auch die zivilen Bewohner des Südbug. Hier wurde nach der Lotsenstation auch die Zollstation geschlossen. Die Niederlassung am Wittower Posthaus hatte ohnehin nur noch ein Schattendasein geführt, da es hier ja schon seit geraumer Zeit keine Frachtschiffe mehr abzufertigen galt. Zum 1. November 1931 verlegte man daher die Zollaufsichtsstelle nach Vitte auf Hiddensee.[21]

Das frei gewordene Zollhaus nebst Rettungsschuppen erwarb 1932 der Privatgelehrte Ernst Isberner. Er richtete hier die Pension »Svastika« ein, die von den dienstlichen Besuchern des Nordbug gern in Anspruch genommen wurde. Der Lotsenturm ging in das Eigentum eines gewissen Höpke über, der dort im Erdgeschoß sein Fischereizubehör aufbewahrte und im einzigen Raum des Obergeschosses wohnte. Bei Sturm wackelte das gesamte Bauwerk jedoch derart heftig, daß sich alle Nachbarn Sorgen machten. Lediglich der große Bootsschuppen der früheren Seenotrettungsstation am Hafen fand keinen Käufer und stand jahrelang leer. Die Familien, die auf dem Südbug ihr zu Hause gefunden hatten, konnten nunmehr auch ihre gepachteten Anwesen kaufen. Ein Doppelhaus ging an die Fischerfamilien von Ernst Gau und Max Wolter. Letzterer war übrigens zugleich der Ortsvorsteher.[22] Das Haus am Waldesrand teilten sich die beiden Waldarbeiterfamilien Strohmeier und Meier. Das mittlere Lotsenhaus erwarb 1932 zur Hälfte die Offizierswitwe Hülsen, da sich der Vorbesitzer Nausch mit der Finanzierung der Immobilie offensichtlich übernommen hatte. Die andere Hälfte übernahm Fischer Emil Gau mit seinen Angehörigen.

Über einen Stromanschluß verfügte die Siedlung auch zu diesem Zeitpunkt nicht. Sie sollte nie einen erhalten. Man lebte weitgehend von der Selbstversorgung. Jede Familie besaß eigenes Vieh, meist Kühe, Schweine und Hühner, die Waldarbeiter auch Pferde. Einmal wöchentlich erschien ein Kaufmann aus Wiek und verkaufte Brot und andere Güter des täglichen Bedarfs. Ansonsten mußte man bei zumeist starkem Gegenwind mit dem Fahrrad die weite Strecke nach Wiek zurücklegen und dort die Vorräte ergänzen. Die Durchfahrt durch das militärische Gelände des Nordbug war zu dieser Zeit noch möglich.

Immanuel Hülsen, der seine Kindheit im abgelegenen Südbug verbracht hat, erinnerte sich noch Jahrzehnte später gern an die vielfältigen Möglichkeiten, in der freien Natur zu spielen. Entlang der Küste gingen sie immer wieder auf Entdeckungstour. Abenteuerliche Dinge wurden angespült, und auch Bernstein war dabei immer wieder zu finden: »In einer Bucht, die Wassertiefe muß knapp 30 Zentimeter betragen haben, hatte sich eines Winters eine dünne Eisfläche herausgebildet. Sie war so klar, daß man die Steine unter dem Eis deutlich erkennen konnte. Inmitten dieser Unterwasserwelt entdeckte ich einen Bernstein, der die Größe einer Männerfaust hatte. Bei meiner nächsten Einkaufsfahrt nahm ich den Bernstein mit nach Wiek und verkaufte ihn dort. Ich erhielt dafür zehn Mark. Wenn man davon ausgeht, daß einige Leute 15 Mark pro Woche verdienten, war das schon eine Menge Geld. Vier Brötchen kosteten damals zehn Pfennige, ein Zentner Kartoffeln 2,80 Mark. Ich war geradezu reich.«[23]

# Geheime Kommandosache – Der Seefliegerhorst im Zweiten Weltkrieg

Die bereits von der Reichswehr der Weimarer Republik eingeleitete Wiederaufrüstung wurde ab 1933 von den neuen Machthabern mit aller Entschiedenheit vorangetrieben, was man auch auf dem Bug alsbald zu spüren bekommen sollte. Am 30. Januar 1933 war Adolf Hitler zum Reichskanzler ernannt worden. Die Nationalsozialisten prägten für diesen Tag die Bezeichnung »Machtergreifung«. Dem war eine längere Phase des Niedergangs der Republik vorausgegangen, denn die demokratischen Parteien hatten es nicht verstanden, die entscheidenden Teile der Bevölkerung für sich zu gewinnen. Die Folge war nun die Errichtung eines totalitären Staates durch die NSDAP, geprägt durch eine Politik der Gleichschaltung und der Außerkraftsetzung der Verfassung.

Mit der am 28. Februar 1933 erlassenen Verordnung zum »Schutz von Volk und Staat«, der sogenannten Reichstagsbrandverordnung, schufen sich die Nationalsozialisten zudem eine »Rechtsgrundlage« zur Verfolgung von politisch Andersdenkenden. Wesentliche Grundrechte wurden damit aufgehoben, so die Meinungs-, Presse- und Versammlungsfreiheit. Kurz darauf setzte eine große Verhaftungswelle ein. Tausende Oppositionelle wurden in »Schutzhaft« genommen. Da die Gefängnisse dafür nicht ausreichten, richtete man überall im Land eilig Konzentrationslager ein. Als ein möglicher Standort dafür wurde auch der Bug in Betracht gezogen. Der Polizeipräsident von Stettin unterbreitete am 5. Mai 1933 einen entsprechenden Vorschlag an seinen Regierungspräsidenten.[1] Als Alternative stand Kolberger Deep, westlich von Kolberg in Pommern, zur Diskussion. Der Vorschlag, auch an der Südspitze von Hiddensee ein KZ zu errichten, fiel dagegen durch, da man die vielen Touristen in der Gegend scheute und auch die bestehenden Naturschutzgebiete nicht beeinträchtigt werden sollten. Letztlich entschieden sich die Verantwortlichen auch gegen den Bug, denn mit dieser Region hatte man anderes vor, und dafür konnte man eine Ansammlung von oppositionellen Augenzeugen nicht gebrauchen.

Adolf Hitler zeigt sich nach seiner Ernennung zum Reichskanzler am 30. Januar 1933 der Menge in Berlin.

Unter dem Tarnnamen »Nautische Vermessungsabteilung« wird der Nordbug wieder zum Marinefliegerhorst ausgebaut. Die Wiederaufrüstung durfte mit Rücksicht auf das Ausland nur verdeckt erfolgen.

## Der Stützpunkt wird ausgebaut

Noch im Verlauf des Jahres 1933 wurde eine »geheime Kommandosache« beschlossen, wonach auf dem Bug ein Marinefliegerhorst zu errichten sei. Vorerst hatte dies in aller Geheimhaltung zu erfolgen und durfte nur ein begrenzter Personenkreis von den Plänen erfahren. Den für den Aufbau abkommandierten 216 Mann vom Arbeitsdienst erzählte man, daß es um den Ausbau der zivilen Fliegerschule ginge.

Doch um was es hier wirklich ging, erahnten viele Ende 1933, als die Bewohner der Siedlung Wittower Posthaus auf dem Südbug plötzlich Räumungsbescheide erhielten. Sie sollten ihre Häuser für immer verlassen. Offensichtlich waren alle Zeugen künftiger militärischer Aktivitäten unerwünscht. Max Wolter, der als Ortsvorsteher ein Telefon besaß und als erster davon erfuhr, hatte die undankbare Aufgabe, dies seinen Nachbarn mitzuteilen. Die wahren Gründe kannte er allerdings auch nicht. Offiziell hieß es, es sollten in der Nähe größere Ersatzheime errichtet werden. Auffällig waren dagegen die Männer mit »langen dunkelfarbenen Mänteln«, die seit einiger Zeit durch die Gegend streiften und das Gelände begutachteten. Vor allem den Kindern flößte ihr Erscheinen erheblichen Respekt ein. Man munkelte, daß der Standort für die Verkehrsfliegerschule Warnemünde weiter ausgebaut werden solle. In jedem Fall war klar, daß die Bewohner der Siedlung Wittower Posthaus bei der Verwirklichung der geheimnisvollen Pläne stören würden.

Als endgültiger Räumungstermin wurde dann der 1. April 1934 festgelegt. Wer, wie die Familie Hülsen,

1934 ziehen erste uniformierte Einheiten, hier bei einer Vereidigung, auf dem Bug ein. Noch tragen die Flugzeuge keine militärischen Kennzeichen.

eigene Ausweichquartiere hatte – auf Hiddensee betrieb man eine kleine Pension, in Stralsund existierte noch eine Stadtwohnung –, ging dorthin. Andere Familien mußten sich mit dem zufrieden geben, was ihnen zugewiesen wurde, auch wenn es weiter weg von der vertrauten Heimat lag. Während einige wieder auf Rügen Quartier fanden, in Schaprode und Udars, wurden andere auf den Darß umgesiedelt. Die geschichtsträchtige Siedlung auf dem Südbug war damit für immer von der Landkarte verschwunden. Nun konnten sich die neuen Herren im Norden der Halbinsel ungestört ausbreiten.

Am 26. März 1934 erließ der Reichsminister für Luftfahrt Hermann Göring dann den Befehl, zum 5. April 1934 einen Fliegerhorsttrupp für den Bug a./R. zu formieren und einen Flugzeug-Waffenlehrgang (See) zusammenzu-

Die Flugzeughalle VI im Aufbau. Von 1934 bis 1938 wurde der Stützpunkt im großen Stil erweitert.

Viele einheimische Handwerker fanden bei den Bauarbeiten auf dem Bug eine Anstellung. Mit Hochdruck baut man an Straßen, Hangars und Unterkunftsgebäuden (oben). Die Flugzeughalle VII kurz vor ihrer Fertigstellung (unten).

stellen. Ein Vorauskommando sollte die nötigen Vorbereitungen treffen. Es galt, Unterkunfts- und Wirtschaftsgebäude herzurichten, sofern sie noch aus der Zeit der Seeflugstation im Ersten Weltkrieg vorhanden waren, und neue Militärbauten in Angriff zu nehmen. Lehrgeräte, Unterrichtsmaterial sowie Übungs- und scharfe Munition wurden dem Standort durch die »Inspektion der Schulen« zugewiesen. Auch die Einstellung von Zivilbeschäftigten für Versorgungszwecke wurde beschlossen.[2]

Die Militärplaner sahen den Bug als wichtigste Basis der Marineluftstreitkräfte in der mittleren und östlichen Ostsee im Kriegsfall (A-Fall), so daß auf einen schnellen Ausbau des Seefliegerhorstes großer Wert gelegt wurde.[3] Noch waren das Reichsministerium für Luftfahrt wie auch die übrigen Ministerien, die mit der Aufrüstung befaßt waren, zur Vorsicht gezwungen, denn vom Ausland aus beobachtete man nach wie vor die Einhaltung der Rüstungsbeschränkungen. Der Übungsbetrieb sollte daher vorläufig möglichst wenig Aufmerksamkeit erregen, weshalb man anwies, die Anzahl der Lehrgangsteilnehmer zunächst niedrig zu halten.[4] Der Stützpunkt erhielt zudem die tarnende Bezeichnung »Nautische Vermessungsabteilung, Zweigstelle der Hansa Luftbild GmbH«. Die Belegschaft wurde wie folgt unterwiesen:

»Die Nautische Vermessungsabteilung ist eine neu errichtete Zweigstelle der Hansa Luftbild G. m. b. H. Ihre Hauptaufgabe besteht in der Vermessung der deutschen Küste und der Inseln. Bei diesen Vermessungen wird besonderer Wert auf die Vermessung der Hafeneinfahrten gelegt, da diese bekanntlich sich durch Versanden usw. fortlaufend verändern. Ferner werden von nun ab auch alle Seezeichen an der deutschen Küste durch die nautische Vermessungsabteilung vermessen bzw. nachgemessen. Eine weitere Aufgabe ist die Hilfeleistung bei havarierten bzw. in Eisnot befindlichen Schiffen, zu denen Flugzeuge meist am schnellsten gelangen und die erste Hilfe bringen können. Hierbei wird an die Überbringung von Verpflegung bzw. an die Abbeförderung von Kranken und Verletzten gedacht. Da die Nautische Vermessungsabteilung ihre Arbeiten meist über See ausführt, muß sie sich eingehend mit Navigation befassen. Aus diesem Grunde werden nicht nur die üblichen Funkpeilverfahren, sondern auch Abdriftmessungen (Peilbomben) und astronomische Navigation dauernd geübt.«[5]

In der gleichen Verfügung wird darauf hingewiesen, daß man Flugzeuge mit militärischen Einbauten nicht im Freien stehenlassen durfte. Die Maschinen zur Ausstattung des Stützpunktes sollten nur im getarnten Zustand und ohne ihre militärischen Gerätschaften transportiert werden.[6]

Ein hoher Militär kommentierte diese Vorgehensweise 1935 so: »Was aber sieht die Welt? – Ist sie überrascht? – Ich glaube kaum; denn es mußte doch in den zwei Jahren ... genug durchgesickert sein, um wenigstens dem offiziellen Ausland ein ziemlich klares Bild über das zu verschaffen, was hinter dem löchrigen Vorhang der Tarnung gespielt wurde. Aber auf die Informationen konnte man sich politisch nicht stützen. Die Attachés, die offiziellen Nachrichtenträger, wurden belogen, sie wußten das; denn natürlich waren sie nicht blind; sie durchschauten das Spiel. Aber wenn man einem von ihnen eine ›zivile‹ Fliegerschule ... vorführte und er fragte etwa: ›Sind das nicht alles Soldaten, die ich da sehe? Ist das nicht eine Aufklärungsstaffel?‹ Dann hatte man ihm erwidert: ›Sie irren, mein Herr! Hier – sehen Sie sich die Personalien an! Die Piloten sind im x-ten Dienstjahr aus der Reichswehr entlassen und heute als Zivilflugzeugführer bei uns angestellt. Wir sind eine GmbH. Wir fliegen keine militärische Aufklärung, sondern wir machen Lichtbilder.‹«[7]

Die Hansa Luftbild GmbH existierte bereits seit 1926. Die zivile Bezeichnung sollte ihre eigentliche Aufgabe verschleiern. Es ging von Anfang an um Luftbildaufnah-

Die Ablaufbahnen an der Boddenseite werden betoniert. Im Hintergrund die Nordbrücke.

men, die nicht nur wirtschaftlichen, sondern auch militärischen Interessen dienten. Rohstoffvorkommen, Infrastruktureinrichtungen und militärische Stützpunkte besonders in französischen und britischen Hoheitsgebieten einschließlich der Kolonien wurden systematisch aus der Luft erkundet. Offiziell schob man geographische Forschungsprojekte vor. So konnten ganze Luftbildarchive für eine spätere militärische Nutzung aufgebaut werden.[8] Hatte die »Hansa Luftbild GmbH« bis 1934 vor allem die geheime Bereitstellung von derartigen Aufnahmen zur Aufgabe, so diente sie nun bis zum Beginn der »offiziellen« Luftrüstung auch als Tarnorganisation für den wachsenden Fliegerhorst auf dem Bug.

Zuständig dafür war Hermann Göring. Er war im ersten Kabinett Hitlers zunächst Minister ohne Geschäftsbereich und Reichskommissar für die Luftfahrt, bis er Ende April 1933 zum Reichsluftfahrtminister ernannt wurde. Zum 1. März 1935 wurde er dann auch Oberbefehlshaber der Luftwaffe und somit Chef der militärischen und zivilen Luftfahrt: Damit war die Luftrüstung endgültig enttarnt. Mit der zwei Wochen später erfolgten Wiedereinführung der allgemeinen Wehrpflicht betrieb man die Wiederbewaffnung fortan in aller Offenheit. Es war daher nur konsequent, daß die Hansa Luftbild GmbH am 8. November 1935 direkt dem Reichsluftfahrtministerium unterstellt wurde.[9]

Auf dem Bug erfolgte nun ganz offiziell die Ausbildung von Flugzeugkommandanten und Luftbeobachtern. Mit Verfügung vom 4. April 1936 (»nur für den Dienstgebrauch«) befahl Göring die Aufstellung der »Fliegerwaffenschule (See) Bug a. R.«, die nach außen aber die verschleiernde Bezeichnung »Fliegergruppe (See) Bug a. R.« führen sollte. Zum 1. Oktober 1936 sollte die Schule einsatzfähig sein und zum 1. November ihre volle Kapazität erreichen.[10]

Göring, der bereits 1935 bei der Einweihung des Fliegerhorstes zugegen war, überzeugte sich ein Jahr später vom Stand der Fliegerausbildung. Es war kein Zufall, daß ihm die Zuständigkeit für die Luftstreitkräfte oblag. Im Ersten Weltkrieg war er als erfolgreicher Jagdflieger im Einsatz, vom Juli 1918 an als letzter Kommandeur des Richthofen-Geschwaders. Die Teilnahme an politischen Veranstaltungen der DAP/NSDAP Anfang der zwanziger Jahre bestimmte dann seinen späteren Weg. An der Seite Hitlers wurde er ab 1933 zweiter Mann in Deutsch-

Hermann Göring kam zur Einweihung des Fliegerhorstes mit seiner Yacht »Carin« angereist. Nach Abschreiten der Ehrenformation im Gespräch mit dem Horstkommandanten Scheuerlen (ganz rechts im Bild).

Flugzeughalle V kurz vor der Fertigstellung (linke Seite).

land und war für den Aufbau der Luftwaffe maßgeblich verantwortlich. Ihm standen dabei der General der Flieger Erhard Milch und Oberst Ernst Udet zur Seite, die er bereits aus früheren Tagen kannte.[11]

Als nach Hermann Göring im November 1939 die Schule in Dranske benannt wurde, ließ er es sich nicht nehmen, selbst dabei zu sein. Mit seiner Yacht »Carin« legte er am Ostseesteg auf dem Bug an, wo ihn die Honoratioren feierlich empfingen. Bei dieser Gelegenheit galt sein besonderes Interesse dem Ausbildungsstand der Militärflieger vom nahegelegenen Bug, die eigens für ihn eine Parade abhielten. Der ehemalige Unteroffizier Conrad Schnur erinnerte sich, daß danach eine geheime Beratung im Offiziersheim stattfand, bei der es um die Zukunft der Fliegerbasis gegangen sein soll.

Marine und Luftwaffe stritten sich lange Zeit um die Zuständigkeit für den Fliegerhorst auf dem Bug. Während die Marineleitung, allen voran Admiral Raeders, grundsätzlich darauf bestand, über eine eigene Seeluftstreitkraft zu verfügen, beanspruchte Göring die Kontrolle über das gesamte Flugwesen, einschließlich der Marineflieger. Zunächst konnte er durchsetzen, daß die aus der Marine hervorgegangenen Piloten schrittweise ins Luftwaffenoffizierskorps übernommen wurden. Doch auf anderen Ebenen blieben die Unterstellungsverhältnisse lange Zeit unklar.

Als erster Fliegerhorstkommandant auf dem Bug diente beispielsweise der Marineoffizier Scheuerlen. Walter Kühn, der als junger Soldat 1935 auf den Bug gelangt war, erinnert sich, daß Scheuerlen ehemalige Marineangehörige besonders gern in seinen Reihen sah und sie auch entsprechend förderte. Dies hatte sich natürlich auch unter den Soldaten herumgesprochen. Im Rahmen einer Musterung befragte der Horstkommandant einige Neuankömmlinge, wo sie zuvor gedient hätten. Ein ehemaliger Angehöriger der Landespolizei wollte sich ins rechte Licht rücken und gab an, bis vor kurzem auf dem Panzerkreuzer »Jaguar« Dienst geleistet zu haben. Allgemeines Gelächter brach aus, denn die Umstehenden wußten, daß es sich beim »Jaguar« nicht um einen Panzerkreuzer, sondern um ein Torpedoboot handelte. Der Anbiederungsversuch war offensichtlich gescheitert.

Lange blieb auch auf dem Bug unklar, welche Uniform denn nun getragen werden sollte, die der Marine oder die der Luftwaffe. Die Entscheidung fiel letztlich zu Gunsten der Luftwaffe. Die Funker waren die einzigen, die noch einige Zeit die blaue Uniform anbehielten.[12]

Mit dem Kriegsbeginn hatte sich die Luftwaffe dann endgültig durchgesetzt. Die gesamten Marinefliegerkräfte einschließlich ihrer Flugplätze, Ausbildungs- und Versorgungseinrichtungen wurden dem Generalstab der Luftwaffe unterstellt. Dies kam auch in einer neuen Bezeichnung zum Ausdruck: aus den »Marine-Flieger-Verbänden« war jetzt die »Luftwaffe (See)« geworden.[13]

Auch wenn der Fluglärm über Wittow wieder erheblich angestiegen war, sahen viele Bewohner der nahegelegenen Ortschaften doch auch eine Chance darin, wieder zu Aufträgen oder gar zeitweiligen Anstellungen zu kommen. So ging es auch Ewald Käning. »Ich wurde immer wieder angesprochen, doch auch zum Bug zu gehen, denn da verdiene man gut, und beim Staat brauche man nicht so viel zu arbeiten wie bei einem privaten Unternehmer. Ich ließ mich schließlich überreden und ging 1935 dorthin. Ich wurde bei der sogenannten Zementbäckerei eingestellt, das war die Stelle, die ›Zementbomben‹ für die Zielübungen der Flugzeuge herstellte. Um 7 Uhr fing ich an, und bereits um 10 Uhr wurde ich durch einen Soldaten zur Kommandantur zitiert. Ein Major fragte mich, ob es stimme, daß ich SPD-Funktionär gewesen sei. Ich bejahte dies, und da befahl mir der Major, sofort den Fliegerhorst zu verlassen, denn ich sei aus Geheimhaltungsgründen untragbar.«[14]

Nicht nur auf dem Lande wurde das Militärareal abgegrenzt und streng bewacht, auch die See wurde neu eingeteilt und genau gekennzeichnet. In der Seewasserstraßenordnung von 1939 sind folgende Koordinaten für ein riesiges abgesperrtes Gebiet zum Starten und Landen von Seeflugzeugen angegeben: »Die Grenzlinie verläuft: Auf dem Breitenparallel 54° 38' 4" N von der Westküste von Rügen rw. West bis auf 300 m Abstand vom Ufer, von hier nach dem Punkt 54° 36' 25" N, 13° 11' 0" O, von hier zur Ansteuerungstonne ›Libben‹ und weiter an der Ostgrenze des Fahrwassers entlang bis zum Breitenpa-

Eingangsportal der 1939 eingeweihten »Hermann-Göring-Schule« in Dranske (heutiger Zustand).

Grundschule

Die Soldaten des Fliegerhorstes sind anläßlich des »Führergeburtstags« feierlich angetreten (1937).

Die Kasernenanlagen boten bis zu 3000 Offizieren, Unteroffizieren und Mannschaften Unterkunft.

Rechte Seite: Der Fliegerhorst 1938. Vom Buger »Hals« kommend betrat man den Stützpunkt über die Nordwache (a). Auf der Boddenseite die Nordbrücke (b) und die An- und Ablaufbahnen (c). Die alten Unterkünfte der kaiserlichen Marine (d), die zwischenzeitlich das Beamten-Erholungsheim beherbergten, dienten ebenfalls als Wohnungen. Auf der Ostseeseite befand sich der Seekran (e), mit dem die Wasserflugzeuge an Land gehoben werden konnten. (ausführliche Legende im Anhang)

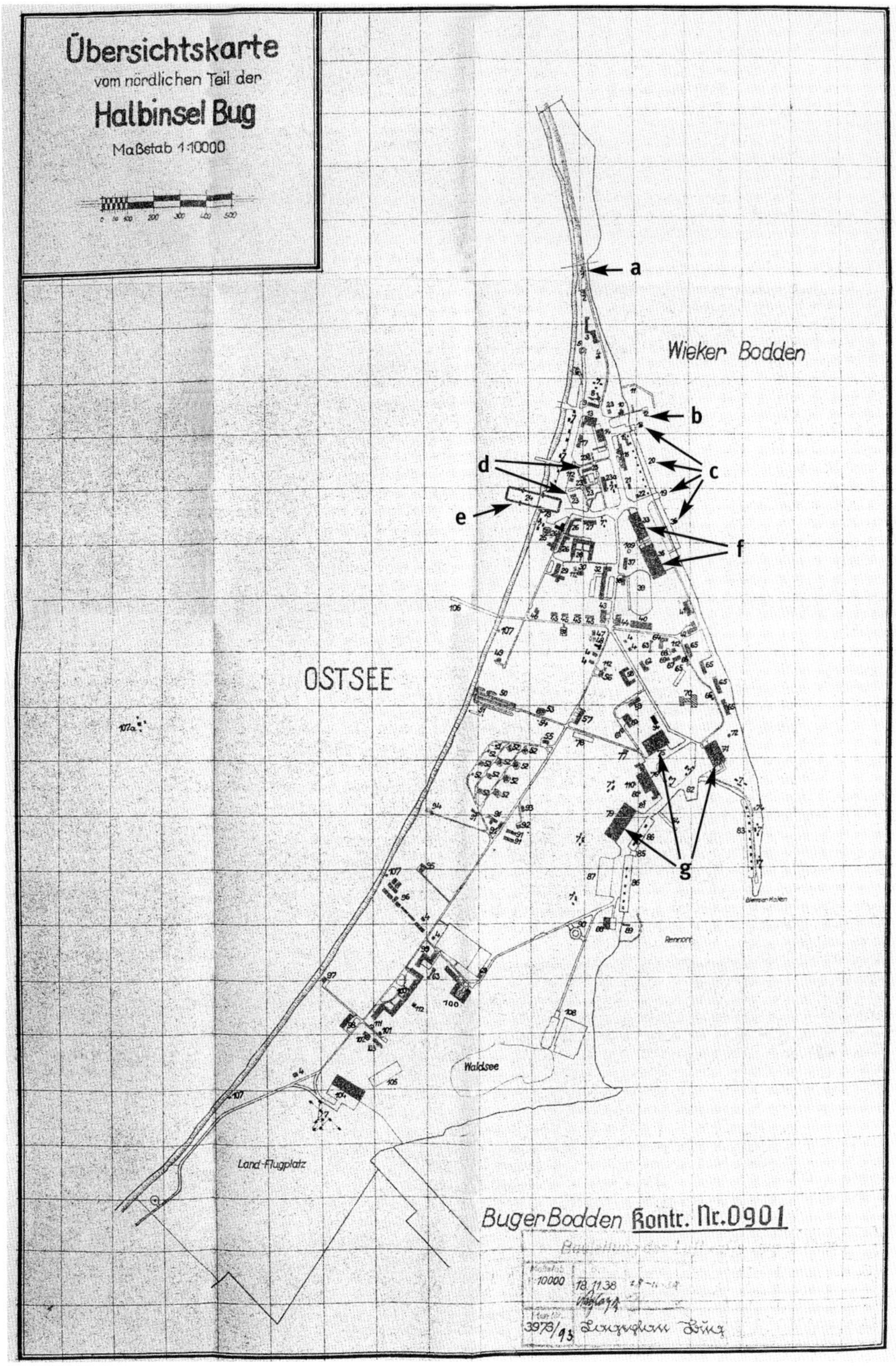
Übersichtskarte
vom nördlichen Teil der
Halbinsel Bug
Maßstab 1:10000
a
Wieker Bodden
b
c
d
e
f
OSTSEE
g
Waldsee
Land-Flugplatz
Buger Bodden Kontr. Nr. 0901

Einziger Landzugang zur »Verschlußsache Bug«: die Nordwache (oben). Auf dem Bodden herrscht reger Flugbetrieb, im Vordergrund links die beiden alten Flugzeughallen I und II (Mitte). Das ehemalige Zollhaus auf dem Südbug (unten) dient nun als Übungsobjekt für den Abwurf von »Zementbomben«.

rallel 54° 33' 22" N, von hier an der Nordgrenze des Fahrwassers durch die Rassower Bucht und weiter an der Nordwestgrenze des Fahrwassers durch den Rassower Strom entlang bis zur schwarzen, spitzen Tonne 3, von hier an der Westgrenze des Fahrwassers durch den Wieker Bodden entlang in nordnordöstlicher Richtung bis zum Hafen Kuhle bei Starrvitz auf Rügen. Auf den Knickpunkten und auf geeigneten Zwischenpunkten dieser Grenzlinie liegen, soweit sie nicht durch die vorhandenen Fahrwassertonnen bezeichnet ist, rot-weiß waagerecht gestreifte Tonnen mit roten Fähnchen als Toppzeichen.«[15]

Hinter den Absperrungen veränderte sich auf dem Lande zwischen 1934 und 1938 das gesamte Areal. Ständig brachten Schlepper neues Baumaterial heran, über Land rollten die LKW. Eine große Anzahl moderner Hangars, Verwaltungs- und Unterkunftsgebäude entstanden. Der Stützpunkt erhielt ein eigenes Heizkraftwerk, ein Kameradschaftsheim und eine Kegelbahn entstanden. Der Landflugplatz am Südrand des Areals wurde ausgebaut, denn seit dem Ersten Weltkrieg gehörten Landflugzeuge fest zu den Einheiten der Seeflieger dazu. Die alte Siedlung am Wittower Posthaus hätte dabei nur gestört.

## Die Gartenstadt Dranske entsteht

Die umliegenden Ortschaften, insbesondere Dranske, wurden in die Umbaumaßnahmen mit einbezogen. Es galt, Wohnraum für die militärischen und zivilen Angestellten des Stützpunktes zu schaffen. Wer vor Ort Land besaß und eventuell auch noch gute Verbindungen, konnte von der Wiederaufrüstung unmittelbar profitieren. Der kurz vor dem wirtschaftlichen Aus stehende Gutspächter Klincke aus Dranske-Hof beispielsweise war einer der Nutznießer. Nachdem sein Freund Bernhard Rust Reichsminister für Wissenschaft, Erziehung und Volksbildung geworden war, sorgte er dafür, daß die für Wiek geplanten neuen Berufssoldatenwohnungen auf Klinckes Grundbesitz in Dranske entstanden.

Das alte Fischerdorf Dranske wurde in dieser Zeit ohnehin komplett umgestaltet. Hier sollte eine völlig neue Militärsiedlung entstehen. Die Luftwaffe war bei den Planungen federführend. Den Einwohnern des Dorfes ging es ähnlich wie den Bewohnern der Siedlung Wittower Posthaus: Sie erhielten 1934/35 ohne Widerspruchsrecht die knappe Benachrichtigung, daß ihre Häuser zugunsten der geplanten Neubauten abgerissen würden. Man bot ihnen knapp bemessene Entschädigungen an. Während einige Familien später in die neu entstandenen Gebäude einzogen, siedelten andere in nahegelegene Ortschaften um. Das gesamte alte Dorf fiel 1936 dem Abriß zum Opfer. Einzig die Dransker Schule aus dem Jahre 1870 überlebte. Sie ist noch heute am Boddenufer zu sehen.

In einer ersten Bauphase entstanden südöstlich der Dransker Hauptstraße reetgedeckte Backsteingebäude, unter ihnen das Haus der Gemeindeverwaltung. Ganz dem Heimatschutzstil verpflichtet, wurden hier Elemente einer vermeintlich typischen Architektur der Gegend aufgegriffen. Die Bauten sollten die Verbundenheit ihrer Bewohner zu Scholle und Heimat symbolisieren. Sie standen damit im offenkundigen Kontrast zu den modernen, funktionalen Zweckbauten des Fliegerhorstes auf dem Bug.

Die weiteren Zwei-, Vier- und Achtfamilienhäuser wurden in schlichterer Bauweise ausgeführt, glatt verputzt und die Dächer mit Ziegeln gedeckt. Auch Gemeinschaftsbauten gehörten zum Projekt, darunter die im November 1937 eingeweihte Hermann-Göring-Schule. Ein Jahr später entstand direkt am Bodden das Ledigenheim, das später - von 1970 bis Anfang der neunziger Jahre - als Haus der Nationalen Volksarmee genutzt wurde und seitdem leer steht.

Die ganze Siedlung mit insgesamt 85 Häusern trägt auch heute noch den Charakter einer Gartenstadt. Die Häuser sind von großzügigen Grünanlagen umgeben. Gärten und Schuppen auf allen Grundstücken sollten Gemüsezucht und Kleintierhaltung ermöglichen und zur Selbstversorgung beitragen. Die Nebenstraßen sind ringförmig angelegt und von Bäumen gesäumt. Die im Ortszentrum errichteten Zweigeschosser bilden ein Gegenstück zu den eher ländlich anmutenden übrigen Bauten. Sie sind auf die etwas wuchtigere Schule hin ausgerichtet und vermitteln Kleinstadtcharakter.

Größe und Stil der Häuser ließen Rückschlüsse auf den militärischen Rang ihrer Bewohner zu. Das Heim des Horstkommandanten war gemessen an der Wohnfläche das größte von allen. Höhere Offiziere bewohn-

Dranske wurde im sogenannten Heimatschutzstil komplett umgestaltet. Neu gebaute Zweifamilienhäuser in der heutigen Ringstraße (oben). Unteroffiziere mit ihren Angehörigen zogen in die Mehrfamilienhäuser der Schulstraße (Mitte). Ansicht der Häuser der Gartenstadt in der Ringstraße im Jahr 2000 (unten).

Die alten Dransker Häuser, hier im Bild die Post, mußten den Neubauten weichen.

ten die Doppelhäuser in der heutigen Wieker Straße, der Schwedenstraße und Am Ufer. In den zweigeschossigen Bauten, die jeweils acht Familien Raum boten, waren zumeist Berufssoldaten unterer Dienstgrade untergebracht.[16]

Um die teuren Neubauten besser vor den Unbilden der See zu schützen, entschloß man sich, auch in den Küstenschutz auf dem Bug und am Ostseeufer Dranskes zu investieren. Am Westufer des Ortes sollten auf der Höhe der Seestraße Buhnen mit modernen Spundwandeisen des Typs »Larssen« der Firma »Dortmund-Hoerder-Hüttenverein AG« gesetzt werden. Die Bauleitung der Luftwaffe schrieb dazu einen Auftrag öffentlich aus. Doch die Nachfrage hielt sich in Grenzen, da die Baustelle sehr abgelegen war und mit entsprechend hohen Transportkosten gerechnet werden mußte. Zudem gab es kaum Arbeitskräfte vor Ort, da bereits alle verfügbaren beim Aufbau des Militärstützpunktes eingespannt waren. Schließlich waren für die Ausführung der Arbeiten auch noch äußerst knappe Zeiten vorgegeben, nämlich die Monate September bis November 1936, da in allen übrigen Monaten des Jahres in der Nähe Schießübungen abgehalten wurden, die die Bauarbeiter gefährdet hätten. Schließlich beauftragte man die Firma Otto Ludewig jun. aus Rostock. Für die Rammarbeiten unmittelbar am Buger Hals erhielt die Wieker Firma Ernst Eichblatt den Zuschlag. Insgesamt zogen sich die Arbeiten dann aber doch bis 1937 hin.[17]

Auf der Rückseite der Unteroffiziershäuser in der Schulstraße befinden sich auch heute noch die Stallungen.

Eine bessere Verkehrsanbindung des Bugs erhoffte man sich vom gleichzeitig projektierten neuen Militärhafen bei Glowe am Eingang zur Halbinsel Wittow, verbunden mit einer Eisenbahn- und Autobahnanbindung. In einem Schreiben an das Oberkommando der Wehrmacht vom 30. August 1939 heißt es dazu: »Es handelt sich hier vor allem um die Frage einer Reichsautobahn nach Rügen, die bis Arkona durchgeführt werden soll und die als Gefolge die Verlegung der Eisenbahn- und Schiffsfährverbindung nach Schweden ebenfalls über Arkona haben soll. Gleichzeitig würde dadurch die Möglichkeit eines Eisenbahnanschlusses für den Fliegerhorst Bug erreicht.«[18] Im Verlauf des Krieges wurde dieser Plan jedoch wieder verworfen. Der Autobahnbau mußte 1941 aus Kapazitätsgründen generell eingestellt werden.[19] Die Großhafenanlage bei Glowe entstand ebensowenig wie die Eisenbahnverbindung. Der Bug blieb somit ohne direkten Gleisanschluß, alle Waren und Personen mußten weiterhin über den See- oder den Landweg transportiert werden. Dazu verfügte die Fliegerschule über eine eigene Fahrbereitschaft mit mehreren Bussen und LKW. Die Busse wurden zweimal wöchentlich eingesetzt und brachten die Bewohner des Stützpunkts zum Einkauf nach Wiek oder nach Stralsund. Auch mit einem Dampfer, der vom Nordbug auf der Boddenseite ablegte, konnte Stralsund erreicht werden. Wehrmachtsangehörige zahlten für eine Überfahrt eine Reichsmark, deren Familienmitglieder drei Reichsmark. Wenn Soldaten an

Die Handwerker der Umgebung profitierten als Zulieferer vom Ausbau des Seefliegerhorstes. Der Bäckerei Koepke in Wiek wurden Soldaten vom Bug als Hilfskräfte zugewiesen.

Ein Bus der Fahrbereitschaft ist bei Glowe in den Straßengraben gerutscht (1935). Er brachte ansonsten die Soldaten bei Heimfahrten zum Bahnhof nach Bergen.

Wochenenden ab Bergen oder Stralsund mit dem Zug nach Hause reisen wollten, wurden sie zum Bahnhof gebracht.[20]

Daneben war die Fahrbereitschaft auch für die Lebensmittelbeschaffung zuständig. Die Versorgung der Kantinen des Bugs erfolgte durch einheimische Unternehmen wie die Fleischerei Wulff oder die Bäckerei Koepke. Von hier wurden täglich mehrere hundert Brote abgeholt.[21]

Da der Standort recht abgelegen war, mußte vor Ort für Unterhaltung und für Möglichkeiten der Freizeitgestaltung gesorgt werden. Es entstand eine kombinierte Sport- und Schwimmhalle, zu der auch Angehörige der Flugzeugführer und Zivilangestellte Zutritt hatten. Verantwortlich für die Sporthalle war Oberfeldwebel Fritz Kuhnke, der dann nach dem Krieg erster Bürgermeister

Nur wenige Fischerkaten überstanden die Umgestaltungsarbeiten in Dranske. Das Leben im Ort wurde in den dreißiger Jahren wieder ganz von den Militärs auf dem Stützpunkt bestimmt.

von Dranske wurde.[22] Im Laufe der Jahre stellte man aus den Reihen der Seeflieger vom Bug eine Handballmannschaft zusammen, die wegen des schwierigen Dienstrhythmus zwar nicht an Punktspielen teilnahm, jedoch öfter namhafte Gegner in Freundschaftsspielen zu Gast hatte und sich dabei auch wacker behauptete.

Natürlich gab es auch Gelegenheit, Wassersport zu treiben. Der Bug besaß neben dem größeren Försterhafen noch einen kleineren Bootshafen mit Segel- und Ruderbooten zur freien Benutzung für Offiziere und Soldaten. Alljährlich nahm man mit einem Seefahrtskreuzer an der Kieler Woche teil. Diese Yacht war neben Olympiajollen und Jollenkreuzern die größte im Bestand des Buger Bootshafens.

Eine Kegelbahn fand ebenso regen Zuspruch wie die Veranstaltungen im Kameradschaftsheim, das mit einem

**Fahrplan**
**der Omnibuslinie Hugo Jonack, Wiek a. Rg.**
Fernruf: Altenkirchen 348

**Montags bis Freitags:**

| Wiek—Bug | Bug—Wiek | Altenkirchen—Bug | Bug—Altenkirchen |
|---|---|---|---|
| 5.45 Uhr | 6.30 Uhr | 5.45 Uhr | 6.30 Uhr |
| 6.55 " | 7.30 " | 7.00 " | 16.20 " |
| 10.30 " | 11.00 " | 16.45 " | 17.35 " |
| 13.30 " | 14.00 " | **Wiek—Altenkirchen** | **Altenkirchen—Wiek** |
| 15.30 " | 16.35 " | 5.25 Uhr | 17.55 Uhr |
| 17.30 " | 18.00 " | | |
| 22.15 " | 22.45 " | | |

**Sonnabends:**

| Wiek—Bug | Bug—Wiek | Altenkirchen—Bug | Bug—Juliusruh | Juliusruh—Bug |
|---|---|---|---|---|
| 5.45 Uhr | 6.30 Uhr | 5.45 Uhr | 19.30 Uhr | 0.30 Uhr nachts |
| 6.55 " | 7.30 " | 7.00 " | | |
| 10.30 " | 11.00 " | **Bug—Altenkirchen** | **Wiek—Juliusruh** | **Juliusruh—Wiek** |
| 13.30 " | 14.00 " | 6.30 Uhr | 20.00 Uhr | 0.30 Uhr nachts |
| 17.30 " | 18.00 " | 10.50 " | | |
| 18.45 " | 19.30 " | **Wiek—Altenkirchen** | | |
| 1.05 " nachts | 1.35 " nachts | 5.25 Uhr | | |
| | | **Altenkirchen—Wiek** | | |
| | | 11.20 Uhr | | |

Fahrplan des Fuhrunternehmers Hugo Jonack von 1935.

Im Offizierskasino auf demStützpunkt standen für Gäste komfortable Appartements zur Verfügung (oben).
Die Gebäude aus der Zeit der kaiserlichen Flugstation dienen nun als Unterkünfte für Zivilbeschäftigte (unten).

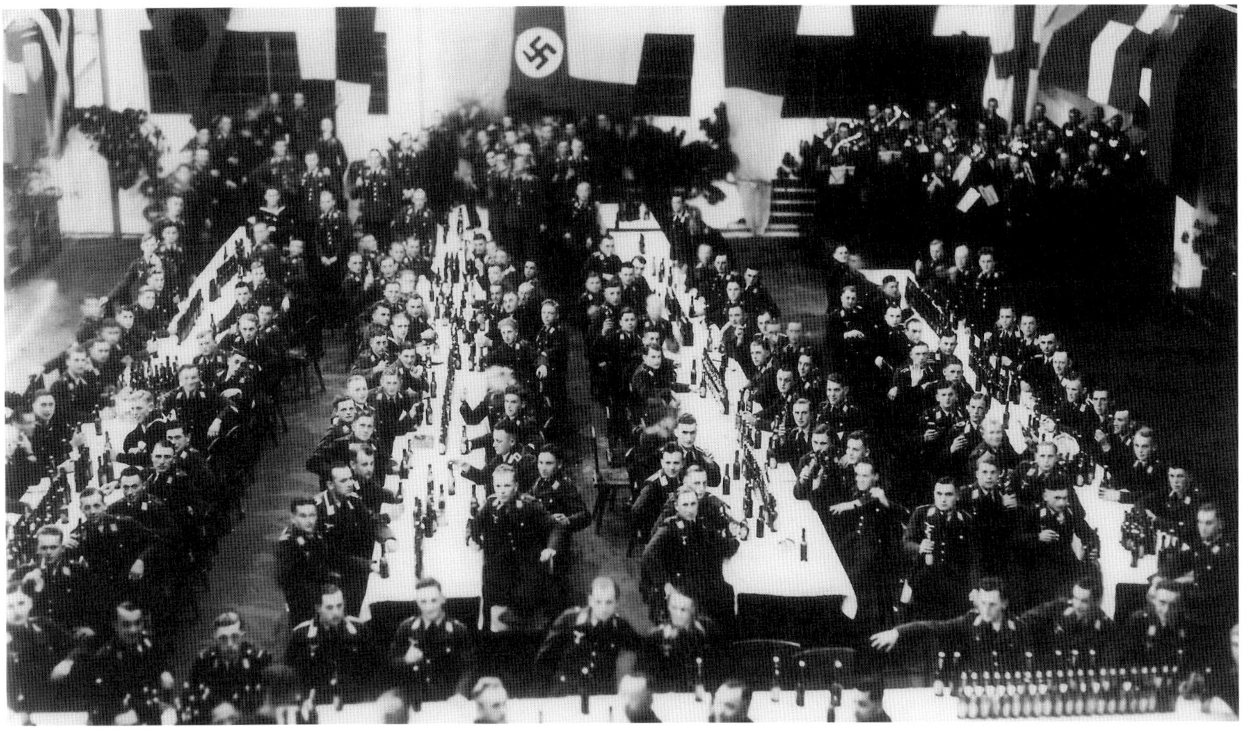

Festliches Bankett auf dem Fliegerhorst 1938 (oben). Parade zum »Führergeburtstag« vor einer Flugzeughalle (1937). Der Dienstalltag von Mannschaften und Offizieren sollte durch Feierlichkeiten aufgelockert werden.

Kino ausgestattet war und in dem bisweilen auch Stars der deutschen Bühne wie Marika Rökk oder Johannes Heesters auftraten.[23] Während man sich auf dem Bug noch wie in besten Friedenszeiten amüsieren konnte, steuerte Europa unaufhaltsam auf den nächsten Krieg zu.

## Flugzeugführer- und Bordschützenausbildung

Die heimliche Aufrüstung Deutschlands gipfelte mit dem Überfall auf Polen am 1. September 1939 im Zweiten Weltkrieg. Nun kamen all die neu beschafften Waffen erstmalig zum Einsatz. Dazu gehörte auch die Luftwaffe, die inzwischen über 4 000 Frontflugzeuge und annähernd doppelt so viele Schulungs- und Übungsmaschinen verfügte. Allein in dieser Teilstreitkraft dienten 370 000 Mann.

Beim Vorstoß von zwei deutschen Heeresgruppen nach Polen wurden diese massiv durch Luftangriffe im Norden und Süden des Landes unterstützt. Beim Angriff auf Warschau kam es erstmals zum gezielten Bombenterror gegen die Zivilbevölkerung, um die Kapitulation des Gegners auf diese Weise zu beschleunigen. Ähnliche Flächenbombardements gab es später auch im Westen, so bei den Angriffen auf Rotterdam (Mai 1940) und Coventry (November 1940). Allein gegen die englische Industriestadt waren über 400 deutsche Bomber im Einsatz, die etwa 500 Tonnen Sprengbomben und 56 Tonnen Brandbomben abwarfen. Es gab 865 Verletzte und über 550 Tote. Im weiteren Verlauf des Krieges, gerade

Krieg und Frieden: Angehörige des Luftwaffenstützpunkts brechen zu einem Segeltörn auf (linke Seite). Mit einer Parade werden Soldaten vom Bug verabschiedet, die in der Legion Condor auf der Seite Francos in den Spanischen Bürgerkrieg eingreifen sollen (1938).

Durch Bomben zerstörtes Wohnhaus in Barcelona. Die nationalsozialistische Luftwaffe nutzte den Bürgerkrieg in Spanien, um ihre Waffen im Einsatz zu testen.

in der »Luftschlacht um England«, zeigte sich jedoch, daß die deutsche Luftwaffe zur Führung eines strategischen Bombenkrieges nicht in der Lage war. Den Maschinenpark und die Ausbildung hatte man in den Jahren zuvor weitgehend auf die Unterstützung von Operationen der Bodentruppen und der Seekriegsflotte ausgerichtet.

Während des Seekrieges sollte die Luftwaffe zunächst einmal Aufklärungsaufgaben erfüllen. Dazu wurde das Meer von mehreren Flugzeugen gleichzeitig in sogenannter Fächeraufklärung abgesucht. Wenn ein feindliches Fahrzeug oder ein Verband gesichtet wurde, erfolgte eine Meldung über Funk. Ein Flugzeug hatte nun so lange Fühlung zu halten und Standortveränderungen zu melden, bis eigene Kräfte den Gegner angriffen oder die Maschine abgelöst werden konnte. Daneben gab es noch die bewaffnete Aufklärung. Dabei übernahmen die betreffenden Flugzeuge selbst den Angriff auf den Gegner mit Bordwaffen, Bomben oder Torpedos.[24]

In der Fliegerwaffenschule auf dem Bug wurden die Flugzeugführer auf solche Einsätze systematisch vorbereitet. In Lehrgängen mit einer Laufzeit von meist einem Jahr vermittelte man ihnen alle erforderlichen Kenntnisse für Aufklärungs- und Bordwaffeneinsätze sowie für Bomben-, Torpedo- und Minenabwürfe. Die Ausbildung der zukünftigen Flugzeugführer erfolgte in den Vorkriegsjahren vorzugsweise auf Seeflugzeugen von Heinkel (He 59, He 60 und He 42). Bei der Blindflugausbildung kam auch die Ju 52 zum Einsatz.[25] Besonderen Wert legte man auf die Bekämpfung von Zielen auf der Erd- oder Wasseroberfläche aus der Luft. Als Zielobjekt mußte dabei die Siedlung Wittower Posthaus herhalten. Die nach der Zwangsräumung leerstehenden Lotsen- und Fischerhäuser wurden so allmählich dem Erdboden gleichgemacht. Edith Spiering, Tochter eines damals auf dem Bug tätigen Zivilangestellten der Bootsgruppe, erinnert sich: »Wenn kein Flugbetrieb war, bin ich oft mit meiner Mutter zum Südbug gelaufen, obwohl dies eigentlich mit zum Sperrgebiet gehörte. Dort konnten wir dann immer sehen, wie die Häuser in der Zwischenzeit beschossen worden waren. Es war ein schrecklicher Anblick.«

Zusätzlich hatte man in Rehbergort, ungefähr ein Kilometer von Dranske entfernt, einen Schießstand mit Schießrichtung See eingerichtet. Die aufgestellten Zielscheiben, die teilweise vertikal verstellbar waren, sollten aus dem Flugzeug mit einem Maschinengewehr getroffen werden. Eine ähnliche Schießanlage befand sich später auch auf dem Südbug. Bei entsprechenden Übungen saß ein Beobachter in einem bombenfesten Unterstand und meldete von dort über Funk die Trefferquoten.[26]

Neben dem MG-Schießen wurde vor allem das Bombenabwerfen trainiert. Dazu war inmitten des Wieker Boddens eine Plattform verankert, die mit Zementbomben getroffen werden sollte. Mit diesen ungefähr 25 Kilogramm schweren Bomben ging man der Benutzung scharfer Munition aus dem Weg, konnte aber dennoch durch ihren Aufprall die Treffgenauigkeit prüfen. Schifffahrt und Fischerei wurden dadurch aber derart beeinträchtigt, daß man später dazu überging, nur noch Seeziele auf der Ostsee anzugreifen.[27]

Der Stützpunkt Bug diente vor allem der Ausbildung von Flugzeugführern und Bordschützen. Zwei Heinkel He 59 bei einem Schulungsflug über der Insel Hiddensee.

Heinz Heier, der seit dem Spätherbst 1938 in Schleswig seine Grundausbildung absolvierte, kam im Frühjahr 1939 auf den Bug. Hier sammelte er nach mehrwöchiger theoretischer Ausbildung seine ersten Flugerfahrungen. Später sollte er als Beobachter eingesetzt werden. »Mit der Navigationstasche und dem Brustfallschirm in den Händen, in die steife Fliegerkombination verpackt, den Fallschirmgurt lässig über die Schulter geworfen, stapften wir stolz zum ersten Flug Richtung Försterhafen. Da standen die He 42 an der Ablaufbahn aufgereiht, die Flugzeugführer, meistens Unteroffiziere, schon in ihrem Sitz, die Motoren zum Warmlaufen bereits angelassen. Wie kommt man denn nun in die Maschine? Zwar hatten wir das einmal ›trocken‹ geübt und alles schien ganz einfach und klar. Aber nun mit all dem Handgepäck? Die Flugzeugwarte kannten wohl die Problematik und hatten gut feixen, wenn sich die Neulinge nun mit den Klamotten jedes Mal ›einen abbrachen‹. Man hangelte sich vom Schwimmer aus die Steigsprossen an der vorderen Backbord-Schwimmerstrebe hoch, hielt sich am Griffrohr unterhalb der Motorenverkleidung fest und tastete sich dann mit vorsichtigen Schrittchen über die Tragfläche nach achtern durch. Ich erreichte die zwei Grifflöcher in der Seitenfläche des Rumpfes, warf die Navigationstasche und den Fallschirm voraus auf den Sperrholzboden unter den Sitzgurt und gelangte über den Ausschnitt meines Beobachtersitzes auf meinen Bestimmungsort an Bord. Kaum hatte ich den Fallschirm in der seitlichen Halterung verstaut und meinen Stehgurt eingeklinkt, wurde die Maschine vom Bodenpersonal mit wippenden Bewegungen an den Schwimmern in das Wasser bugsiert. Der Flugzeugfüh-

Ablaufbahnen südlich der Nordbrücke. Rechts im Bild die Tankanlagen für das Flugbenzin.

rer gab wenig später Gas, um nicht seitlich vom Wind abgetrieben zu werden. So rollten wir ohne Aufenthalt weiter zur Mitte des Boddens. Die kleinen Wellen waren vorteilhaft für einen leichten Start. Ich klemmte die Navigationstasche zwischen meinen Beinen ein. Die Maschine hob sich unter Vollgas bebend auf die Schwimmerstufen und gewann mit laut klatschenden Schlägen auf den Wellenkämmen genug Fahrt, um nach weiterem Auftitschen in immer größeren Abständen schließlich vom Wasser freizukommen. Wir gewannen Höhe und ich sah zum ersten Mal diese wunderschöne Insel Rügen aus der Luft. Der Flugzeugführer drehte sich mit fragendem Blick nach mir um. Die in den vergangenen Wochen eintrainierten Handgriffe, die wir aus dem Effeff zu beherrschen meinten, mußten nun in der Praxis bewusst und konzentriert umgesetzt werden. Was war jetzt zuerst zu tun? Ja, natürlich – dem voraussitzenden Flugzeugführer auf die Schulter klopfen und den Notizschieber mit dem aufgeschriebenen Kurs vor die Nase halten. Er nickte und drehte in einer Linkskurve in Richtung Dornbusch (am Nordende von Hiddensee) ab. Die Aufgabe lautete, bis Gedser Rev Feuerschiff zu fliegen und dann über Darßer Ort bis Kap Arkona und schließlich wieder zurück zum Bug. Die auf Sperrholz aufgezogene Seekarte lag auf den Knien, die beiden Kursdreiecke zum Absetzen des nächsten Kurses rutschten beim Vibrieren des Flugzeugs seitlich davon. Steckte man diese nicht gleich wieder in das Seitenfach der Navigationstasche zurück, hätten sie sich unerreichbar irgendwo hinten im Rumpf wiedergefunden. Gleiches galt für Zirkel, Bleistift und mechanischen Kursrechner. So lavierte ich mich durch die Aufgabe und war froh, daß die Heinkel 42 einigermaßen langsam flog. Beim Mittagessen in der Messe gab jeder von uns mit den ersten Flugerfahrungen als Beobachter in spe ziemlich an. Wir waren sehr aufgedreht. Fast jeden Tag wurde zweimal geflogen. Die Aufgaben wuchsen mit zunehmender Erfahrung an Komplexität und Vielfalt. Treffpunktaufgaben beinhaltete das Aufeinandertreffen zweier Maschinen in einem Seegebiet, in welchem keine der Küsten in einer Flughöhe von 400 Metern zu sehen war. Stehend und vom Fahrtwind zerzaust standen die Beobachter der sich umkreisenden Flugzeuge aufrecht und übermittelten mittels Handscheinwerfer Morsenachrichten.«[28]

Die Bezeichnung der Ausbildungseinrichtung auf dem Bug wurde am 16. Januar 1940 in Fliegerwaffenschule (See) 2 präzisiert. Noch im gleichen Jahr wurden derartige See-Schulen reduziert. Mit der Verlegung der Bombenschützenvorschule Stade auf den Bug Ende Oktober 1940 wurde jene mit verbliebenen Teilen der aufgelösten Fliegerwaffenschule (See) 2 örtlich vereint und gemeinsam die Bombenschützenschule Bug auf Rügen gebildet. Am 1. Januar 1942 erfolgte die Umbenennung in Kampfbeobachterschule Bug und am 15. Oktober 1942 in Kampfbeobachtervorschule 2. Bombenschützen- (Kampfbeobachter-) anwärter wurden auf ihre weiterführende Ausbildung an den Großen Kampffliegerschulen vorbereitet. Bombenschützen (Kampfbeobachter) nahmen innerhalb einer Kampffliegerbesatzung eine grundlegende Stellung ein. Eine akzeptable Trefferquote auf Ziele setzte eine vorbildliche Zusammenarbeit zwischen dem Bombenschützen und Flugzeugführer voraus.[29]

Die I. Abteilung erfuhr zum 1. Februar abermals einen Wechsel der Bezeichnung in Bordschützenschule. Damit wird deutlich, daß fortan auch die Ausbildung von Bordschützen in den Aufgabenbereich auf dem Bug trat.

Im Rahmen dieser Schulungen kam eine Photovorrichtung zum Einsatz, die anstelle des Maschinengewehrs im Cockpit montiert war und vom Flugschüler aktiviert werden konnte. Die Ergebnisse wurden dann nicht anhand der Trefferquote am vorgegebenen Ziel, sondern aufgrund der belichteten Photos ausgewertet. Für diese Bordschützenausbildung setzte man vor allem Landflugzeuge ein.

Die im Verlauf des Krieges eingerichtete Bordschützenschule II bestand nach den Erinnerungen von Hans-Friedrich Bruns, der hier von Juni bis August 1944 stationiert war, aus ebenerdigen Holzhäusern, die ungefähr 50 Meter vom Ostseestrand entfernt waren. Als besonders ärgerlich hat er die schreckliche Mückenplage in Erinnerung. Während der Sommermonate mußten Moskitonetze vor dem Gesicht getragen werden. Zu seiner Ausbildung gehörten auch simulierte Luftkämpfe. »Uns standen die Maschinen Ar 66 (Ar = Arado) und Ar 77 zur Verfügung. Es waren ausschließlich Landflugzeuge. Wir starteten in einer Rotte zu mehreren Maschinen. Dabei übten wir die Angriffe aufeinander nicht mit echten Kanonen oder MGs, sondern mit einer Maschinenbildkamera (MBK 1000). Diese konnte 1000 Bilder pro Minute schießen. Die Box war einem MG nachgebildet. Insbesondere die Visiervorrichtung war originalgetreu gestaltet. Bei Betätigung des Abzuges durch den Bordschützenschüler schoß die Kamera Bilder, die einem gedrehten Film glichen. Nach der Landung baute man die MBK's aus, die Filme wurden in der Bildstelle vor Ort entwickelt. Einige Tage später bekam man die Bilder jedes Bordschützen einzeln vorgeführt. Die Auswertungen erfolgten in den Unterrichtsräumen der Bordschützenschule. Wenn man Glück hatte, während solcher Übungen die besten Bilder geschossen zu haben, wurde man vom Kommandeur belobigt. Ähnliche Auswertungsveranstaltungen wurden nach dem ›Turmschießen‹ abgehalten. Auf dem Turm waren ebenfalls MBK's montiert. Die Maschinen flogen uns im Vorbei- oder Sturzflug an. Wir hatten die Aufgabe, die Flugzeuge vom Boden aus zu attackieren. Hinzu kamen Schießübungen mit richtigen MG's am Strand und mit der 20-mm-Kanone. Es wurde wirklich alles geübt, was später einmal beim Fronteinsatz von Nutzen sein konnte.«[30]

Für dieses Ausbildungsprogramm entstanden im Laufe der Jahre immer neue technische Einrichtungen. Die Seeflugzeuge hatten ihre Basis einerseits im Försterhafen, an der Bucht zwischen Blewser Haken und Eckort am Nordbug, andererseits nördlich davon am Boddenufer. Hier standen die Hangars und führten die Ablauf-

Eine Heinkel He 114 im Försterhafen, zwischen Eckort und Blewser Haken. Über die Ablaufbahnen gelangten die Maschinen ins Wasser oder wurden dort zwischen den Einsätzen festgemacht.

Mit dem Schwimmerwagen zog man die Flugzeuge aus dem Wasser in die Flugzeughallen.

bahnen in den Bodden. Die Flugzeuge blieben am Tage auf dem Wasser bzw. lagen auf den Ablaufbahnen, wo sie an Pollern befestigt waren. Abends brachte man sie zu den Slipanlagen. Über einen Schwimmerwagen konnten sie mit einem Trecker oder einer Winde an Land gezogen werden. Bei stärkerem Seegang oder bei zugefrorenem Bodden im Winter wurden die Flugzeuge auf der Ostseeseite von einem riesigen Seekran an Land gehoben und auf die bereitstehenden Schwimmerwagen gesetzt. Diese 200 Meter lange brückenähnliche Stahlkonstruktion wirkte auf Neuankömmlinge besonders eindrucksvoll und war bereits von weither zu sehen.

Während des Schulungsbetriebes, wenn mehrmals am Tag die Besatzungen der Maschinen wechselten, wurde nur kurz im Försterhafen zwischengelandet und auf dem

Der Seekran an der Ostseeseite der Halbinsel mit einer Spannweite von 200 Metern. Er konnte Flugzeuge an Land aufnehmen und auch bei stärkerem Seegang oder zugefrorenem Bodden auf der Wasserfläche absetzen.

Wasser der Austausch der Flugschüler vollzogen. Dazu waren Motorboote, von den Beteiligten »Schwalben« genannt, im Einsatz. Bei ungünstigen Witterungsbedingungen konnten diese Motorboote auch zum Schleppen der Seeflugzeuge vom jeweiligen Landeplatz bis zu den Slipanlagen benutzt werden. Dort erfolgte auch die Betankung. Die Zapfstellen waren unmittelbar mit den Kraftstofftanks an Land verbunden, die ein Fassungsvermögen von jeweils 50 Tonnen hatten. Aufgefüllt wurden sie von Tanklastwagen aus Sagard oder von einem Tankschiff »Ernst« aus Kiel-Holtenau.[31]

An Land arbeiteten auch die Instandhaltungstechniker, die für die vielfältigen Reparaturen und Wartungen zuständig waren. Ihnen zur Seite standen die Flugzeugprüfer, die verpflichtet waren, nach jeder größeren Reparatur an einem Testflug teilzunehmen und die Leistungsfähigkeit des Motors zu beurteilen. Zu ihren Aufgaben gehörte es auch, nach Flugzeugabstürzen die Unfallursache zu untersuchen. Als beispielsweise in einem Winter ein Landflugzeug kurz nach dem Start vom Flugplatz auf dem Südbug ins flache Wasser am Ufer stürzte, stellte sich heraus, daß versäumt worden war, die Tragflächen vom Schnee zu befreien. Durch das zusätzliche Gewicht konnte die Maschine nicht die erforderliche Flughöhe erreichen.[32] In einem anderen Fall wurde festgestellt, daß die Leitwerke derart vereist waren, daß sich Seiten- und Höhenruder nicht mehr bedienen ließen. Wenn eine Maschine über offener See abgestürzt und auf Grund gesunken war, mußten die Taucher ausrücken und die Opfer bergen.

Die Ausmaße des Seekrans werden erst im Größenvergleich mit einem Menschen deutlich.

Trotz solcher Zwischenfälle empfanden viele angehende Flugzeugführer die Situation auf dem Bug als vergleichsweise angenehm. So auch Hans-Friedrich Bruns: »Man muß sich vorstellen, daß an der Ostfront täglich Tausende Soldaten starben, an der Westfront war es auch nicht gerade ruhig. Wir aber saßen auf dem Fliegerhorst Bug und hatten ausreichend und gut zu essen. So reichlich wurde ich während meiner gesamten Militärzeit nicht verpflegt. Ich machte bei meinem Chef, einem Hauptfeldwebel, die Bude sauber. Er hatte öfter Damenbesuch. In diesen Fällen bekam ich immer seine Theaterkarten, da er ja verhindert war. Die anderen Offiziere wunderten sich dann, wie ich zu den teuren Karten in der ersten Reihe kam. So konnte ich unter anderem Evelyn Künecke in einer Veranstaltung erleben. Der Bug war auf diese Weise für uns alle ein Stück vom Paradies mitten im Krieg.«[33]

Im Gegensatz zum Ersten Weltkrieg, als die auf dem Bug stationierten Kräfte wichtige taktische Aufgaben zu erfüllen hatten und vom Stützpunkt aus Fronteinsätze geflogen wurden, war der Bug in der Frühphase des Zweiten Weltkrieges ausschließlich ein Ausbildungsort. Die Flugschüler kamen erst anschließend zu ihren Einheiten, bei denen sie dann als Bordschützen, beim Geleitschutz, der Aufklärung oder der U-Bootbekämpfung die Härten des Krieges zu spüren bekamen. Am 8. August 1944 wurde auf dem Bug eine Luftkriegsschule (Kommandant Generalmajor Walter Schröder) aufgestellt; die letzte Veränderung, welche der Stützpunkt im Ausbildungssystem bis zum Kriegsende erfuhr. Offiziere wurden aus dem Mannschaftsstand heraus ausgebildet. Die vor Kriegsausbruch typische Gesamtausbildungsdauer von drei Jahren wurde im Oktober 1942 aufgrund des Nachschubbedarfs und der unaufhaltsamen Verluste an Soldaten in den aufreibenden Schlachten der zahlreichen Kriegsschauplätze zunächst auf die Hälfte der Zeit, später auf acht Monate verkürzt. Mit dem notorischen Kraftstoffmangel war es nicht mehr vereinbar, Maschinen zu Ausbildungszwecken aufsteigen zu lassen. Der fliegerische Teil wurde folglich ausgespart. Geplant war für den 1. April 1945 die Überführung der Bestände der LKS 12 Bug/Rügen zur Aufstellung der 10. und 11. Fallschirmjägerdivision (Fsch. Jg. Div) in Graz, deren Umsetzung jedoch nach bisherigen Hinweisen mit Zweifeln behaftet ist.[34]

Mit der Stationierung einer Seenotrettungsgruppe und der Wende im Kriegsverlauf sollte aber auch der Bug alsbald von den Entwicklungen an der Front eingeholt werden.

## Kein Atomtest auf dem Bug

Um eine entscheidende militärische Wendung im Kriegsgeschehen zu erzwingen, rangen seit Jahren deutsche Wissenschaftler um die Entwicklung von Massenvernichtungsmitteln. Und sie schienen näher am Ziel gewesen zu sein, als lange Zeit von Historikern angenommen wurde.[35]

Unbestritten ist, daß es aufgrund des Mangels an spaltbarem Material den Deutschen unmöglich war, eine Atombombe im klassischen Sinne herzustellen. Es scheint jedoch in Deutschland an einem alternativen Weg zur Herstellung von taktischen Atomwaffen oder radiologischen Bomben geforscht worden zu sein.[36] Es gibt Hinweise darauf, daß in den letzten Monaten des Zweiten Weltkrieges zwei kleine Atomtests in Deutschland stattgefunden haben könnten. Die möglicherweise verwendete Bombe koppelte Spalt- und Fusionsreaktionen. Ihre Sprengkraft soll deutlich unter 100 Tonnen TNT-Äquivalent gelegen haben, so daß die Reichweite der freigesetzten Strahlung begrenzt war.[37] So ließ Rainer Karlsch im März 2005 mit seinem Buch »Hitlers Bombe« aufhorchen, als in dem Kapitel »Oktober 1944 – Ein erster Kernwaffentest auf Rügen« erwähnt wurde, daß am 12. Oktober 1944 auf dem Südbug wahrscheinlich ein solches Ereignis stattgefunden habe. Der Autor gründet seine Ortswahl insbesondere auf den Bericht des italienischen Journalisten Luigi Romersa, der einem Test einer »Auflösungsbombe« beigewohnt haben will, jedoch in seinen Ausführungen darlegt, daß ihm der genaue Ort unbekannt war. Romersa berichtete, daß er nach der Ankunft »auf der Insel« am 12. Oktober 1944 von drei Deutschen begleitet in einen »einige Kilometer vom Explosionsort entfernten« turmähnlichen Unterstand aus Beton mit einem Sichtfenster aus dickem Glas geführt wurde.[38] »Plötzlich hat ein furchtbares Geräusch die Wände unseres Turms erschüttert; danach kam ein blendendes Licht. Ein dichter Vorhang von Rauch breitete sich über das Feld aus. Mit meinen Augen an dem Rauchglas sah ich, wie diese dichte Wolke auf uns zukam. Wir wurden von ihr verschlungen. Das Gefühl war, daß der Turm in einen Abgrund stürzte.«[39] Erst vier Stunden später durften die vier Männer den verriegelten Beobachtungspunkt verlassen, in Begleitung von Soldaten und in Asbestschutzanzüge verpackt. Abgesehen davon, daß Romersas Bericht in der Fachwelt umstritten ist, erscheint der Bug als Testort schlichtweg ungeeignet zu sein. Der italienische Zeitzeuge konstatierte nämlich, er sei von einem Begleiter darauf hingewiesen worden, daß die Bombe tödliche Strahlen aussende. Ihr Wirkungskreis liege ungefähr bei 1,5 Kilometern. Nimmt man eine Entfernung von zwei Kilometern des Unterstands zum Detonationszentrum an (Romersa berichtete von »einigen Kilometern«), so lag der Unterstand nördlich des Testgebietes. Dann wäre der Bunker nur einen knappen Kilometer vom nördlich gelegenen Landflugplatz des Fliegerhorstes Bug entfernt gewesen, die nächste Kaserne war ungefähr 500 Meter vom Flugplatz entfernt. Um die stationierten Soldaten nicht zu gefährden, hätten 3000 Schutzanzüge verteilt werden müssen. Ohne Schutzmaßnahmen wären aber aufgrund der radioaktiven Staubwolke vermehrt Symptome der Strahlenkrankheit aufgetreten. Trotz militärischer Geheimhaltung wäre dieser Umstand »nach draußen« gedrungen, da viele Soldaten ihren Familienwohnsitz im benachbarten Dranske hatten. Derartige Umstände werden von Zeitzeugen, die sich auf dem Bug aufhielten, ausgeschlossen.

Auch Luftbildaufnahmen aus dem Jahre 1944 lassen nicht auf ein atomares Ereignis schließen. So waren die seit 1934 vereinsamten, ungenutzten Bauwerke auf dem Südbug auch Ziele für Zementbomben im Ausbildungsbetrieb und wurden nachweislich sukzessive deren Opfer.

Auch bei im Auftrag des Landesamtes für Umwelt, Naturschutz und Geologie untersuchten Bodenproben vom vermeintlichen Testgelände Bug konnten keine Spuren eines nuklearen Ereignisses nachgewiesen werden.[40] So spricht alles dafür, daß auf dem Bug kein Atomtest stattfand.

## Seeflieger als Teil des Seenotrettungssystems

Einen Tag vor Beginn des Zweiten Weltkrieges, am 31. August 1939, wurde von der deutschen Militärführung in aller Eile eine »vorläufige Organisation des Seenotdienstes im Kriege« angeordnet.[41] Danach war unter anderem in Swinemünde eine Seenotzentrale (Ost) aufzustellen, die sich in vier Seenotbezirke gliederte. Ihre Kommandozentralen befanden sich fortan in Kiel-Holtenau, Bug auf Rügen, Nest in Pommern und Pillau in Ostpreußen.[42]

Aufgabe war es, Schiffbrüchige zu bergen und den Besatzungen abgestürzter oder notgelandeter Flugzeuge zu Hilfe zu kommen. Dies galt in den ersten Kriegsjahren für alle in Not Geratenen, egal welcher Nation. Als Ende 1939 beispielsweise ein britisches Bombergeschwader an der deutschen Nordseeküste schwere Verluste erlitt, starteten die Seenotrettungseinheiten zu ihrer ersten großen Aktion und bargen mehrere englische Piloten, die dann in deutsche Kriegsgefangenschaft gerieten.

Zum Einsatz kamen dabei vor allem die Flugboote des Typs Dornier Do 24, an denen zu Friedenszeiten auch auf dem Bug die Ausbildung erfolgt war. Sie hatten jetzt für den Kriegseinsatz noch zahlreiche zusätzliche Einbauten erhalten, die dann bei den ab 1940 produzierten Maschinen serienmäßig angebracht wurden. Deutschland ließ derartige Maschinen verstärkt in den besetzten Gebieten bauen, auf den Flugzeugwerften in Frankreich und den Niederlanden, wo zugleich auch Fernaufklärer und Transportflugzeuge entstanden.[43]

Im weiteren Kriegsverlauf änderten sich die Unterstellungsverhältnisse für die Seenotrettungseinheiten mehrfach, zumal durch die Ausdehnung des deutschen Machtbereichs neue Strukturen in den besetzten Gebieten entstanden. Auf dem Bug hatte im August 1943 zeitweilig das Seenotbereichskommando VI seinen Sitz, im Jahr darauf war es die Zentrale des Seenotbereichskommandos IX. Offensichtlich verlor man aber in den letzten beiden Kriegsjahren zunehmend die Übersicht. Immer wieder waren in der Planung von Kommandoabschnitten Gebiete enthalten, die der sich nun zurückziehenden Wehrmacht längst verlorengegangen waren. Das Oberkommando der Luftwaffe erließ daher am 19. August 1944 eine Verfügung, in der befohlen wurde, die noch vorhandenen Seenotstaffeln und Seenotflottillen zu Seenotgruppen zusammenzufassen. Die Unterstellungsverhältnisse änderten sich abermals.[44] Die allgemeine Verwirrung war nun perfekt. Kaum jemand fand sich noch im Dickicht der Zuständigkeiten zurecht. Die Militärs schienen mit ihren Planungen schon längst nicht mehr dem Kriegsverlauf und den sich häufenden Niederlagen folgen zu können.

Die Einsatzkräfte auf dem Bug fanden sich im September 1944 in der Seenotgruppe 81/Ostsee wieder, die auch ihre Führungszentrale im Seefliegerhorst der »Fliegerwaffenschule See 2« in Bug hatte. Das Einsatzgebiet betraf nunmehr die gesamte Ostsee.[45] Truppendienstlich war diese Seenotgruppe 81 der Luftwaffe unterstellt.

Flüchtlingstreck in Ostpreußen 1945. Die grausame Wirklichkeit des Krieges drang nun auch allmählich bis zum Bug vor.

Die Zeit der Siege war vorbei: Über der Sowjetunion abgeschossenes deutsches Flugzeug.

Disziplinarisch war man jedoch dem Seenotführer Mitte weisungsgebunden. Die eigentlichen Aufgaben des Seenotdienstes waren ohnehin nur in engster Zusammenarbeit mit der Kriegsmarine zu erfüllen. Geleitet wurde die Gruppe ab dem 20. Oktober 1944 vom Flugkapitän und Hauptmann der Reserve Karl Born. Ihm unterstanden im letzten halben Kriegsjahr noch folgende Einheiten: Seenotstaffel 81 unter Hauptmann Körner (Seefliegerhorst Bug); Seenotflottille 81 unter Oberleutnant von Aswegen (Swinemünde); Seenotflottille 60 unter Hauptmann Schirmack (Pillau) sowie die Such- und Schutzstaffel unter Oberleutnant von Petersdorff (Parow bei Stralsund).

Einzig die Such- und Schutzstaffel von Parow verfügte über Zerstörerflugzeuge des Typs Messerschmidt Me 410 »Hornisse«, die erforderlich waren, um die Operationen der kaum kampftüchtigen Flugboote Do 24 zu schützen.[46] Gerade sie wurden jetzt aber dringend gebraucht, um die eingeschlossenen Truppenteile und Zivilisten an der Ostfront zu evakuieren.

Nachdem die Nationalsozialisten Europa in Schutt und Asche gelegt hatten, stand Deutschland selbst 1944 am Abgrund. Sogar viele führende Militärs glaubten zu diesem Zeitpunkt nicht mehr daran, daß der Krieg militärisch noch zu gewinnen sei. Längst näherte sich die Front im Westen wie im Osten der Reichsgrenze. Millionen Menschen mußten auf die Flucht gehen. Vor den heranrückenden Truppen der Roten Armee räumten die SS-Einheiten zahlreiche Vernichtungs- und Konzentrationslager in Osteuropa und brachten Zehntausende Gefangene auf sogenannten Todesmärschen um. Parallel lief eine beispiellose Fluchtbewegung der deutschen Bevölkerung aus den Ostgebieten an.

Am 20. August 1944 erreichte die Rote Armee das lettische Tukkum. Die deutschen Heeresgruppen Nord und Mitte wurden getrennt. Der heranbeorderte Schwere Kreuzer »Prinz Eugen« ermöglichte es durch massives Feuer noch einmal, daß ein deutsches Panzerkorps unter Generalmajor von Strachwitz den sowjetischen Korridor durchbrechen konnte. Es entstand für kurze Dauer ein Nadelöhr von 45 Kilometern zwischen Riga und Schlock, das den Weg in Richtung Deutschland freimachte. Bis Mitte Oktober 1944 konnten sich so 29 deutsche Divisionen, zwei Brigaden, 190 Flakbatterien, 28 Heeresartillerieabteilungen und 69 Pionierbataillone mit insgesamt 111 000 Fahrzeugen nach Westen absetzen.

Hoffnungslos war die Lage bereits am Finnischen Meerbusen. Die deutsche Front um Leningrad war zusammengebrochen, die Aufgabe Estlands nicht mehr zu verhindern. Finnland als Verbündeter trat aus dem Krieg aus, wodurch Deutschlands Position weiter geschwächt wurde. Doch von den unverbesserlichen Propagandisten wurde immer noch Hoffnung geschürt. Der Reichspropagandaminister und Generalbevollmächtigter für den Totalen Kriegseinsatz Goebbels prophezeite den baldigen Sieg durch den Einsatz von »Wunderwaffen«, die man in Peenemünde auf Usedom zu entwickeln suchte.[47] Doch die Rote Armee konnte ihren Vormarsch gen Westen unaufhaltsam fortsetzen.

Bis 1944 war der Ostseeraum von Kampfhandlungen weitgehend verschont geblieben. Das änderte sich endgültig, als die sowjetischen Truppen im Januar 1945 in Ostpreußen die Reichsgrenze überschritten. Nachdem die Wehrmacht die Sowjetunion mit einem grausamen Vernichtungskrieg überzogen hatte, dem Millionen zum Opfer fielen, fürchtete man nun die Rache der Soldaten der Roten Armee. Der Seenotgruppe 81/Ostsee oblag es daher, im Zusammenspiel mit anderen Einheiten möglichst noch viele Deutsche auszuschiffen oder auszufliegen. Nahezu sämtliche Flugsicherungsschiffe und Flugbetriebsboote waren dazu im Einsatz, wodurch insgesamt 141 000 Personen evakuiert werden konnten. Die jeweils nur für 14 Personen zugelassenen Flugboote waren ebenfalls rund um die Uhr im Einsatz – solange der Sprit reichte. Sie konnten etwa 5000 Personen nach Deutschland bringen. Insgesamt kamen 1944/45 rund 1,5 Millionen Menschen über die winterliche Ostsee.

Besonders schwierig war die Lage in Pillau bei Königsberg, von dessen Hafen aus möglichst viele Flüchtlinge vor Eintreffen der Roten Armee ausgeschifft werden sollten. Der Ort konnte tatsächlich einige Zeit verteidigt werden und wurde erst am 25. April 1945 durch die Rote Armee besetzt.[48] Da die Stadt auf dem Landweg nicht mehr zu erreichen war, richtete die Seenotgruppe 81 eine Luftbrücke ein. Mit den Flugbooten Do 24 lieferte man auf den Hinflügen Munition, Treibstoff, Arzneimittel und Sanitätsausrüstung, während auf den Rückflügen Verwundete transportiert wurden. Der Hauptstrom der Flüchtlinge bewegte sich zumeist mit Schiffen und Booten von Pillau aus nach Swinemünde, Schleswig und Kiel.

Da die deutsche Führung in ihrem Verteidigungs- und Endsiegwahn die Erlaubnis zur Flucht vielerorts unverantwortlich hinauszögerte, zogen die Flüchtlingstrecks meist viel zu spät los. Sie gerieten dadurch nicht selten zwischen die Fronten oder wurden sogar von der Front überrollt. In besondere Bedrängnis gerieten auf diese Weise auch Kinder, die im Rahmen der »Kinderlandverschickung« aus bedrohten Industriezentren im Kinderheim Groß Möllen an der ostpreußischen Küste untergebracht worden waren. Gisela Treptow, damals eine der Erzieherinnen dort, erinnert sich:

»Unser Schicksal war uns schon durch die vielen seit einiger Zeit durchziehenden Trecks aus West- und Ostpreußen bewußt geworden. Ihr Elend ließ bei uns erste Ahnungen aufkommen, was auf uns mit großer Wahrscheinlichkeit noch zukommen würde. Dies wurde durch die Greuelberichte aus dem Rundfunk und durch Erzählungen Dritter verstärkt. Auch die Soldaten einer nahegelegenen Nachrichteneinheit ... beschworen uns zu fliehen. Doch unsere täglichen Telefonate nach Stettin mit der für uns verantwortlichen Gauamtsführung wurden von dort mit dem Hinweis beantwortet, Busse wären bereits unterwegs und würden uns herausholen. Diese Nachricht wurde auch noch an uns weitergegeben, als bereits das Feuer der nahenden russischen Panzer zu hören war und sich damit zeigte, daß die Front immer dichter heranrückte.

Auf unsere wiederholte Bitte, uns eine Rettung zu ermöglichen, schlug man mir vor, den Jungen Uniformen anzuziehen und uns gemeinsam am Wasser entlang nach Kolberg durchzuschlagen. Dieser Aufforderung zu folgen war jedoch sehr gewagt. Es war kalt. Wir hatten nicht genügend Kleidung und Verpflegung. Schließlich waren es hauptsächlich Kinder, für die wir die Verantwortung trugen. Ich wußte von dem sich in der Nähe befindlichen Flugplatz Nest. Er war ungefähr fünf Kilometer entfernt. Ein Soldat war so freundlich, mich und meine Freundin dorthin zu fahren. Uns erklärten zwei Piloten, die sich vor dem Abflug zum Bug befanden, sie würden jetzt den letzten Flug mit Personal und Angehörigen durchführen. Danach sollte der Flugplatz gesprengt werden. Russische Jäger überflogen bereits das Gebiet. Die Flieger erkannten unsere ausweglose Situa-

Dornier Do 24 auf dem Wieker Bodden. Diese Flugboote waren die Standardmaschinen der Seenotflieger.

tion. Sie sahen es in unseren verängstigten Gesichtern. Sie konnten uns zwar nichts versprechen, wollten jedoch ihrem Kommandeur von uns und unseren Kindern berichten. Wir hinterließen unsere Adresse und erwähnten, daß außer uns noch ein großes Kinderheim in der Nähe sei. Erwartungsvoll und teils auch traurig fuhren wir zurück.

Seit einigen Tagen schon lagen wir nachts vollständig bekleidet auf unseren Betten. Die Kinder hatten Taschen mit dem Notwendigsten griffbereit liegen. Daher konnten wir, als in der folgenden Nacht das Telefon klingelte, sofort aufbrechen. Ein Wunder war geschehen. Von den Soldaten der Nachrichteneinheit wurden wir mit LKW zum Fliegerhorst gefahren.«[49]

Die Lage um den Flugplatz Nest war bereits sehr ernst. Am 1. März 1945 hatten Einheiten der 2. Belorussischen Front einen bewaldeten Höhenzug östlich von Köslin erreicht. Aus der Ferne beobachteten sowjetische Aufklärer den Flugbetrieb auf dem Seefliegerhorst Nest. Zwar wurde der Fliegerhorst nicht beschossen, aber seine Einnahme stand unmittelbar bevor.[50]

In dieser Situation startete die Seenotstaffel 81 am 3. und 4. März 1945 eine großangelegte Rettungsaktion. Am Vormittag des gleichen Tages war bereits die erste vom Bug aus gestartete Do 24 zur Aufklärung in Nest gelandet. Eine ganze Schar von Kindern wurde in der Maschine verstaut. Sie landete gegen Mittag wieder auf dem Wieker Bodden.[51] Hauptmann Born schickte weitere zwölf Do 24 in Richtung Nest auf den Weg. Sie flogen ohne Begleitschutz. Schon beim Anflug konnten die Piloten die vorstoßenden sowjetischen Truppen beobachten. Vor den gelandeten Maschinen drängten sich die Massen. »Frauen und Kinder zuerst!« Manche Flugzeugführer mußten ihre Pistolen ziehen, da einige Männer verzweifelt versuchten, mit Gewalt an Bord zu gelangen. Die Dornier Do 24 war eigentlich nur für 14 Passagiere zugelassen, in einem Fall wurden jedoch 17 Erwachsene und 99 Kinder auf einer Tour evakuiert. Aber auch die anderen Do 24 nahmen an die 75 Personen pro Flug an Bord. Die Flüchtlinge mußten all ihr Hab und Gut, das sie bis zum Flugplatz bei sich getragen hatten, zurücklassen. Nachdem die Flugboote nach einstündigem Flug sicher auf dem Bug gelandet waren, starteten sie wenige Minuten nach Wiederauftanken erneut in Richtung Nest. Da der Bug nicht alle Flüchtlinge fassen konnte, flog man teilweise Parow bei Stralsund an. Andere wurden nach kurzem Zwischenaufenthalt auf dem Bug in benachbarten Orten auf Rügen oder auf Hiddensee untergebracht. Insgesamt 3 000 Menschen konnten bei diesem Einsatz gerettet werden.[52]

Werbeanzeige von Arado im »Adler Jahrbuch« von 1942.

Während der Einsatz in Nest ohne größere Verluste ablief, war die anschließende Rettungsaktion in Kamp bei Kolberg wesentlich dramatischer. Der von der 2. Belorussischen Front eingekesselte Stützpunkt war mit Menschen völlig überfüllt, darunter erneut Hunderte Kinder aus Landverschickungslagern in Kamp und Deep. Alle hofften nun auf Hilfe aus der Luft und bestürmten die eintreffenden zwölf Flugboote. Doch die total überfüllten Maschinen kamen nicht alle heil an den Bestimmungsorten an. Eine Do 24 stürzte beispielsweise hecklastig in den Kamper See in der Nähe von Kolberg. Mit einer Ausnahme fanden alle 76 Passagiere der fünffach überladenen Maschine den Tod.

In den letzten Tagen des Krieges ging es dann um Einsätze direkt vor Rügens Haustür. Als Greifswald am 30. April eingenommen worden war, erreichten Gerüchte über Mißhandlungen schwer verletzter Lazarettpatienten den Bug. In der darauffolgenden Nacht waren die Kämpfe bereits kurz vor Stralsund entflammt.[53] An die Seenotrettungsstation auf dem Bug wurde das Hilfeersuchen herangetragen, das Marinelazarett und die Militärkrankenhäuser Stralsunds zu evakuieren und nach Dänemark auszufliegen. Ein ähnlicher Plan war Tage zuvor noch vom Chefarzt zurückgewiesen worden. Nun stand aber nur noch ein Flugbetriebsboot zur Verfügung. Mit ihm konnten lediglich 119 Verletzte evakuiert werden. Weitere wurden durch das Lazarettschiff »Rügen« und das Verwundetentransportschiff »Nadir« aus der Kampfzone gebracht. Die übrigen gerieten in sowjetische Gefangenschaft.

## Kampfeinsätze über dem Meer

Doch nicht nur Seenot- und Evakuierungsflüge wurden vom Fliegerhorst Bug aus gestartet. Ab Januar 1945 waren von hier aus auch Aufklärungs- und bombentragende Flugzeuge im Einsatz. Zuständig dafür war die Seeaufklärungsgruppe 126 innerhalb der Luftflotte 6 mit Hauptsitz in Pillau und später in Parow bei Stralsund. Die 1. und 3. Staffel dieser Seeaufklärungsgruppe operierten vom Bug aus. Jede von ihnen war mit neun Maschinen ausgerüstet, vornehmlich mit Flugbooten vom Typ BV 138 der Firma Blohm & Voss.[54] Ihre Aufgabe bestand unter anderem darin, sowjetische U-Boote zu lokalisieren. Nachdem es den deutschen Truppen nicht gelungen war, trotz 900 Tagen Belagerung Leningrad zu erobern, konnte sich die Baltische Rotbannerflotte aus der Umkesselung befreien und griff nun deutsche Schiffe im gesamten Ostseeraum an.

Auch der Stab der Bordfliegergruppe 196 wurde in dieser Zeit auf den Bug verlegt. Die Flugzeuge der 1. Staffel der Bordfliegergruppe 196 flogen ihre Einsätze in See von Kampfschiffen aus. Die Maschinen der 2. Staffel vom Typ Arado Ar 196 waren aus Italien nach Deutschland verlegt worden und gingen nun vom Landstützpunkt Bug aus im Ostseeraum Aufklärungsaufgaben nach.

Heinz Albach, einer der Flugzeugführer dieser Staffel, erinnert sich: »Ende März 1945 erhielten wir von Fernaufklärern Photos von U-Booten, die sich im Hafen von Stolpmünde befanden. Dort sollten sie bombardiert werden. Nach der Lagebesprechung berechneten wir unsere Flugroute und den Spritbedarf. Wir erhielten genau die Menge, die wir für Hin- und Rückflug benötigten. Als Reserve billigte man uns Treibstoff für fünf Minuten zu. Wir durften uns also in keine längeren Luftkämpfe verwickeln lassen. Um 22 Uhr starteten wir. Als wir das Einsatzgebiet erreichten, war nur noch ein U-Boot im Hafen auszumachen. Ich vermute, es hatte einen technischen Defekt und konnte gar nicht mehr auslaufen. Mit sechs Maschinen luden wir unsere Bomben ab. Das Boot war danach vollständig zerstört.

Auch einen Bombenalarm habe ich auf dem Bug erlebt. Alle Lichtquellen wurden sofort ausgeschaltet. Die Sirene heulte. Kurz darauf haben alliierte Luftkräfte einen Notabwurf von Bomben in den Wieker Bodden durchgeführt. Sie befanden sich offensichtlich auf dem Weg nach Berlin und waren von unseren Nachtjägern angegriffen worden. Nach der Entwarnung traten wir zusammen, um die Vollständigkeit der Einheiten zu überprüfen – es gab keine Schäden. Ein Bombenangriff, der direkt dem Bug galt, fand nie statt.«[55]

Gustav Sturm, mit seiner Einheit ebenfalls auf dem Bug stationiert, berichtet von seinem letzten Einsatz am 28. März 1945: »Ziel war Stolpmünde in Pommern. Dazu wurden alle noch verfügbaren Flugzeuge an die Startbahn geschoben, selbst solche, die schon seit einem Jahr nicht mehr geflogen waren. Um 22 Uhr sollten zwei Rotten mit jeweils vier Maschinen starten. Ich gehörte der zweiten Rotte an. Die erste Rotte stieg auf. Als wir zeitversetzt starteten, bemerkte ich, daß einige Maschinen sofort wieder runtergingen. Mein Flugzeug blieb aber in der Luft, obwohl der Motor nicht so lief, wie er sollte. Wir setzten unseren Flug zum Zielort fort. Schließlich meldete der Beobachter, der hinter mir saß, wir wären gleich da – ich war schon wegen Spritmangels unruhig geworden. Da bekamen wir Flakfeuer. Stolpmünde lag direkt vor uns. Wir warfen unsere Bomben ab. Anschließend sind wir in möglichst niedriger Flughöhe in Richtung See weggeschlichen. Unsere Maschinen waren vergleichsweise langsam, und ich befürchtete, daß wir mit einem Nachtjäger konfrontiert werden

Kampfeinsatz als Briefmarkenmotiv und in der Realität. Die Flugzeugführer schwimmen noch neben dem Flugzeug.

könnten. Der Flug verlief glücklicherweise aber ohne eine derartige Störung.

Ich hatte immer noch Sorge, uns könne der Sprit ausgehen. Die Tanks befanden sich in den Schwimmern. Als Flugzeugführer verfügte man über eine Leuchtkontrolle über den Füllstand. Die Anzeige des ersten Tanks zeigte schon rot. Ich fragte den Beobachter, wo wir uns befänden. Er meinte, daß wir in Höhe Swinemünde sein müßten. ›Fliege Südkurs und wir landen in Swinemünde.‹ Ich zweifelte jedoch … Kurze Zeit später zeigte

Absturz einer Blohm & Voss BV 138 auf das Dach der Nordwache auf dem Bug am 28. Oktober 1943.

auch die zweite Anzeige rot. Langsam wurde es tatsächlich Zeit für uns. Endlich war Land in Sicht. Mein Beobachter wollte noch weiterfliegen, da der Bug nicht mehr weit entfernt sein konnte. Ich aber entschloß mich zur sofortigen Landung, da ich kaum noch Treibstoff hatte und die Landebedingungen günstig erschienen. Es war ein ganz schmaler Landstreifen zu erkennen. Wo wir uns befanden, wußte ich nicht. Wir sind gewassert, haben eine rote Leuchtkugel abgeschossen und die Maschine am Strand auf den Sand rutschen lassen, damit sie gesichert war. Der Peilstab im Tank zeigte noch etwa einen Zentimeter Treibstoff an. Das bedeutete, daß wir über kurz oder lang abgestürzt wären. Auf keinen Fall hätten wir die Distanz zum Bug zurücklegen können.

Wie ich später feststellte, hatten wir uns weit südlich vom Bug befunden, also an der Festlandküste. Wir stiegen die Böschung hoch und sahen ein Haus. Das Gebäude war tatsächlich bewohnt. Der Mann hatte den Schuß und das Motorengeräusch der Maschine gehört und dachte zunächst, es wäre ein ›Tommy‹. Der Beobachter lief los, um ein Telefon zu suchen und Hilfe herbeizuholen. Es dauerte ungefähr eine Stunde, bis er wieder zurückkehrte. Man hatte ihm mitgeteilt, daß keiner es zum Bug zurückgeschafft hatte. Einer unserer Kameraden fehlte ganz. Da wir am nächsten Tag Sprit erhalten sollten, übernachteten wir bei dem Hausbesitzer in der Küche. Am nächsten Morgen habe dann auch ich telefoniert. Man wußte immer noch nichts von dem Vermißten. Ich erhielt die Information, daß wir keinen Sprit mehr bekommen könnten, sondern abgeschleppt werden sollten. Damit war der Luftkrieg für mich zu Ende.

Anfang April verließen wir dann den Bug endgültig. Wir flogen mit unseren Maschinen bis Parow. Von dort aus brachte man uns mit einem LKW zur Bahn. In Neustrelitz angekommen, wurden wir mit Tarnanzügen der

Fallschirmjäger ausgerüstet und waren in den letzten Kriegstagen noch zur Verteidigung Berlins eingesetzt.«[56]

Am 16. April 1945 wurde schließlich die Luftkriegsschule auf dem Bug aufgelöst.

Der Stab und die 2. Staffel der Bordfliegergruppe 196 verließen den Bug vollends am 20. April 1945.[57]

## Die letzten Kriegstage

Auch nachdem Hitler am 30. April 1945 in seinem Bunker in Berlin Selbstmord begangen hatte, ging das Sterben in Europa weiter. Bis zur letzten Minute forderte der Krieg sinnlose Opfer auf allen Seiten. Edith Spiering, die Tochter eines damals auf dem Bug tätigen Angehörigen der Bootsgruppe, mußte dies in der Nacht zum 1. Mai 1945 erfahren: »Mein Vater war auf einem Prahm mit aufmontiertem Kran tätig, mit dem verunglückte Flugzeuge aus dem Bodden gehievt wurden. Außerdem steuerte er die Motorboote, mit denen gelandete Flugboote an die Ablaufbahn geschleppt wurden. Auch in jener Nacht ging mein Vater dieser Aufgabe nach. Ein Flugzeug vom Typ BV 138 hatte noch den Kampfbefehl erhalten, U-Boote im Ostseeraum aufzuklären und mit Bomben zu bekämpfen. Geraume Zeit nach dem Start kehrte die Maschine aber zum Fliegerhorst zurück. Sie sollte kurzfristig für die Dransker Fliegerfamilien zur Evakuierung zur Verfügung zu stehen. Nach der Landung wurde die BV 138 von dem Motorboot meines Vaters zu einer Ablaufbahn im Försterhafen geschleppt. Beim Entladen der Munition geriet nun eine Bombe außer Kontrolle und detonierte. Sie brachte auch die restliche Munition an Bord der Maschine zur Explosion. Das Boden- und Bootspersonal, insgesamt etwa 20 Menschen, darunter auch mein Vater Hermann Spiering, wurden getötet.

Wir hatten die Detonation in Dranske zunächst nicht weiter beachtet. Wir dachten, daß ein Flugzeug im Überflug ins Landesinnere vielleicht eine Bombe verloren hätte. Am nächsten Tag war ich gerade in der Schulstraße, da kam meine älteste Schwester auf mich zu und sagte: ›Edith, Papa soll verunglückt sein. Du mußt mal zum Bug, weil du dich da am besten auskennst.‹ Dann bin ich mit dem Fahrrad zum Bootshafen gefahren. Mein Blick fiel auf die Landzunge, denn dort war alles zerstört. Die Halle V auf der linken Seite war auch kaputt. Die Türen waren aus den Angeln gehoben. Ich ging zu dem Bootsoffizier, einem Oberleutnant. Der empfing mich, reichte mir die Hand und sagte: ›Mein herzliches Beileid, Fräulein Spiering, Ihr Vater ist heute Nacht bei der Detonation umgekommen.‹ Er verwies auf das Fahrrad und die Aktentasche meines Vaters. Das war alles. Der Oberleutnant war sofort wieder verschwunden. Wir haben nicht einmal ein Schriftstück über den Todesfall erhalten. Nach Kriegsende haben sie die Leiche meines Vaters als einzige in der Nähe der Unglücksstelle wiedergefunden. In den Bäumen in der Umgebung lagen noch undefinierbare Körperteile weiterer Toten. (...) Erst nach 1945 konnten wir uns den Hergang des Unfalls von Arbeitskollegen meines Vaters, die auch in Dranske wohnten, eidesstattlich bezeugen lassen. So bekam unsere Mutter wenigstens eine kleine Rente.«[58]

Erst 1965 wurden in der Nähe des Bugs die Spuren eines ähnlichen Unglücks aus dieser letzten Kriegsphase entdeckt. Leutnant zur See Wolfgang Müller fand nach Hinweisen aus der Bevölkerung über gesichtete Munition am Ostseestrand bei einem Tauchgang auf dem Meeresgrund vor Dranske ein Flugzeugwrack. Die Spur wurde zunächst jedoch nicht weiter verfolgt. Erst knapp 20 Jahre später, im Jahre 1984, gingen Mitglieder der damaligen »Sektion Tauchen Dranske«, heute eingegliedert in den Landesverband Unterwasserarchäologie Mecklenburg-Vorpommern, in die Tiefe und wurden

Mit dem Flugbetriebsboot wurden die Flugzeuge an die Ablaufbahn geschleppt.

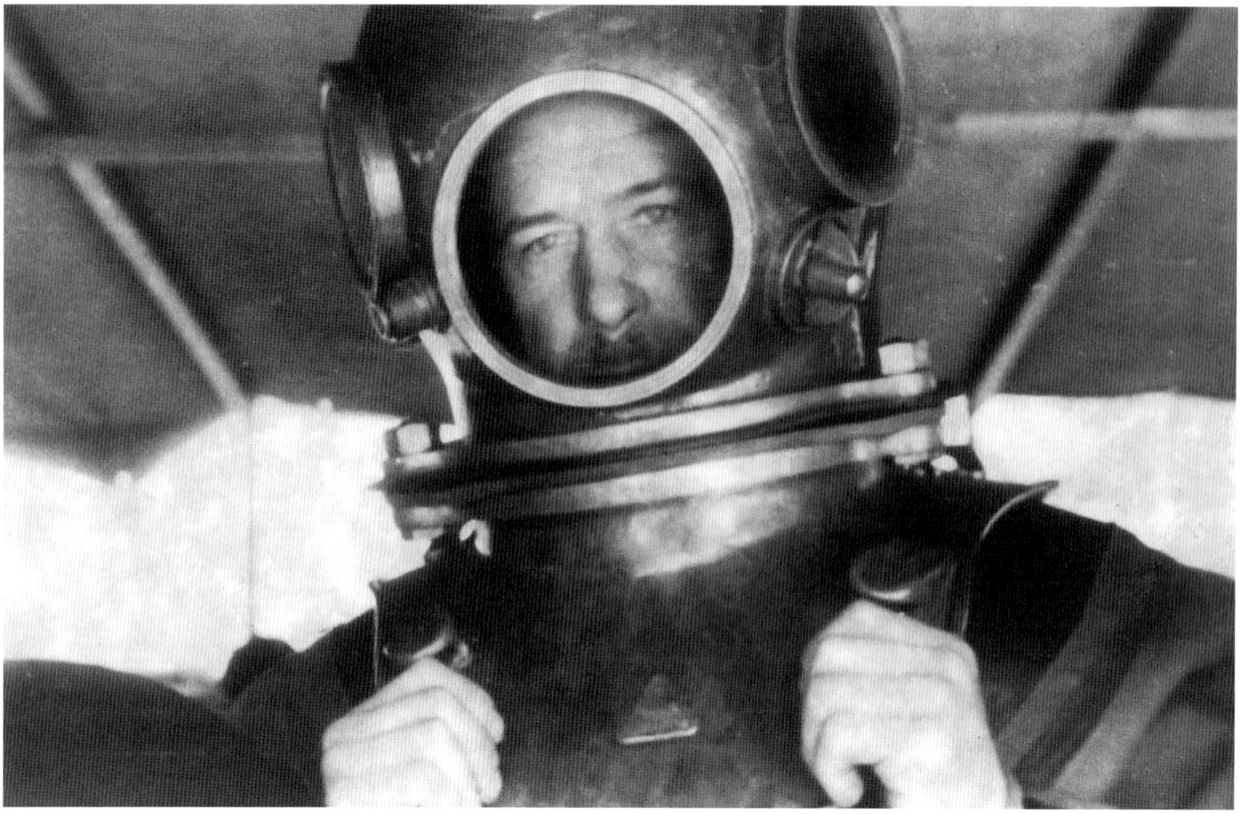

Hermann Spiering, der als Zivilbeschäftigter auf dem Bug tätig war, im Taucheranzug. Er gehörte zu den vielen, die noch in den letzten Kriegstagen sinnlos sterben mußten.

wieder auf das Wrack aufmerksam. Es handelte sich um eine BV 138. Eine Munitionsbergung wurde unverzüglich eingeleitet. Wie sich herausstellte, hatte sich das Unglück am 2. Mai 1945 ereignet. Karl Born, damals Kommandeur der Seenotgruppe 81/Ostsee, erinnert sich:

»In den letzten Kriegstagen befand sich neben den Flugzeugen meiner Einheit ein Flugboot im Fliegerhorst, das zur BV-138-Staffel der Flieger-Ergänzungsgruppe (See) Kopenhagen gehörte. Am Vormittag dieses 2. Mai kam es zwischen dem Piloten, einem jungen Leutnant, und einem Zahnarzt auf dem Horstgelände zu einem schwerwiegenden Vorfall. Ein vorübergehender Feldwebel grüßte den Arzt mit dem Hitlergruß. Der Zahnarzt dagegen legte die Hand an die Kopfbedeckung. Während der Feldwebel dieses nicht bemerkte, wurde aber der sich zufällig dort aufhaltende Leutnant auf die Grußerweisung des Arztes aufmerksam. Es kam zu einem energischen Wortwechsel, welcher Gruß nach dem Tode Hitlers zu gelten habe. Der Arzt bestand darauf, daß der Gruß der deutschen Wehrmacht durch Handanlegen an die Kopfbedeckung zu leisten sei. Darauf zog der Leutnant seine Pistole und erschoß den Arzt. Ich kam hinzu. Für mich war es glatter Mord. Ich ließ den Leutnant verhaften und zum Horstkommandanten, einem österreichischen Luftwaffenoberst, bringen.

Dieser sperrte den Leutnant in den Keller der Fliegerhorstkommandantur ein. In den Nachmittagsstunden beobachtete ich den Start der BV 138. Der rechte Seitenmotor qualmte, das Flugzeug verlor an Höhe, streifte in Dranske ein Dach oder einen Baum und stürzte in die Ostsee. Die Feuerwehr des Fliegerhorstes rückte sofort zur Rettung aus. Da sich die Maschine beim Absturz überschlagen hatte, mußte der Rumpf des Flugbootes mit Äxten geöffnet werden. Für die meisten Insassen kam jede Hilfe zu spät. Der Flugzeugführer dieser BV 138 war der Mörder des Arztes. Er war aus unerklärbaren Gründen aus dem Arrest entlassen worden und wollte vermutlich wieder nach Kopenhagen fliegen.«[59]

Edith Spiering, die nach dem Unfall ihres Vaters noch täglich auf dem Fliegerhorstgelände unterwegs war, um eventuelle Spuren des Unglückes zu finden und somit Antworten auf die offengebliebenen Fragen zu erhalten, beobachtete den Absturz: »In dieser Woche kam ich mit dem Fahrrad vom Bug und war auf der Hälfte der Strecke zwischen der Nordwache und Dranske. Da sah ich auf der rechten Seite, also auf dem Bodden, eine BV 138 beim Start. Kurz vor Dranske erschien eine schwarze Rauchwolke, am Heck bemerkte ich sogar eine Stichflamme. Das Flugzeug verlor an Höhe. Ich hatte Angst, daß die Maschine direkt in den Ort stürzen könnte. Sie hielt sich jedoch noch geraume Zeit in der Luft. Die Absturzstelle mußte irgendwo am Ortsende Dranskes an der Ostseeseite zu finden sein. So fuhr ich mit meinem Fahrrad dorthin. Und tatsächlich war die BV 138 nahe der Küste heruntergegangen. Ein Sanitätswagen war bereits eingetroffen. Ich sah, daß Männer ins Wasser gingen, um die Passagiere zu retten. Der Bootsrumpf der Maschine ragte zum Teil aus dem Wasser heraus. Einige der Unfallopfer schienen noch am Leben. In ihren Flugzeugkombinationen wurden zwei Piloten auf den Armen der Rettungsmannschaft herausgetragen. Sie waren wohl schwer verletzt. Ich hörte die Hilferufe und konnte auch eine Frauenstimme ausmachen - eventuell saßen sogar Flüchtlinge vom Bug mit im Flugzeug, die ausgeflogen werden sollten.«[60]

Am Abend dieses Tages waren der Arzt und sein Mörder, der die Flucht nicht überlebt hatte, in der Flugzeughalle auf dem Stützpunkt nebeneinander aufgebahrt.

In dieser Schlußphase des Krieges, als noch viele unnütz starben, war es auch Gruppenkommandeur Born klar, daß der Krieg nicht mehr zu gewinnen war. Daß die Sowjetarmee aber bis zur Elbe vorrücken könnte, wollte er lange Zeit nicht glauben. Bei einem Besuch des Fliegerhorstes Parow im März 1945 machte ihm Generalmajor von Wild jedoch klar, daß von den Alliierten vier Wochen zuvor auf der Konferenz von Jalta ein Vormarsch der Roten Armee bis weit in die Mitte Deutschlands beschlossen worden war. Deshalb legte er Born nahe, den Stützpunkt Bug aufzugeben und westlich des 12. Längengrades, also jenseits von Rostock, die Zelte neu aufzuschlagen. Nur so wäre die volle Funktionstüchtigkeit der Seenotrettung in den letzten Kriegswochen sicherzustellen.[61]

Einen Monat später fiel die Entscheidung jedoch anders. An eine erfolgreiche Verteidigung auf deutschem Territorium wollte schon niemand mehr glauben. Guldborg in Dänemark im Nordosten der Insel Lolland wurde als Verlegungsort festgelegt. Die Flucht sollte erfolgen, sobald sowjetische Soldaten Rügenschen Boden betreten. Gruppenchef Born befehligte sicherheitshalber schon Ende April neun Flugbetriebsboote der 81. und 60. Seenotflottille/Ostsee zur Verlegung nach Guldborg.[62]

Da seit März fast nur noch im nordwestdeutschen Raum sowie in Dänemark und Norwegen einsatzfähige deutsche Truppen standen, hofften viele darauf, hier eine deutsche Kernarmee retten zu können. Nicht ohne Grund hatte das Oberkommando der Wehrmacht daher die Parole von der Verteidigung Kopenhagens »bis zur letzten Patrone« und der Vorbereitung eines »Endkampfes im Norden« ausgegeben. Schließlich wurden alle derartigen Spekulationen überflüssig. Die Engländer erreichten am Abend des 3. Mai Lübeck, und Feldmarschall Montgomery konnte am 4. Mai die Teilkapitulation der Truppen im Nordwesten einschließlich Dänemarks entgegennehmen.

Generalfeldmarschall Keitel unterzeichnet am 9. Mai 1945 in Berlin-Karlshorst die Kapitulationsurkunde. Mit diesem Akt war der Zweite Weltkrieg in Europa beendet.

Am selben Tag standen die sowjetischen Truppen vor Rügen, waren nun also nicht mehr weit vom Bug entfernt. In den letzten Tagen hatte man auf mehreren Höfen Rügens Vieh und andere Nahrungsmittel requiriert, die als Verpflegung nach Dänemark mitgenommen werden sollten. Im Morgengrauen des 5. Mai starteten die Flugzeuge der Seenotgruppe 81 nach Guldborg und kamen dort nach einem ruhigen Flug unbehelligt an. Die Staffeln der Seeaufklärungsgruppe 126 flogen vom Bug nach Kopenhagen. Auch die restlichen Flugbetriebsboote der 60. und 81. Seenotflottille schlossen sich den Flugzeugen an. Von den britischen Besatzern wurde die Anwesenheit der Seenotgruppe dort zunächst toleriert, da verminte Ostseeabschnitte Seenoteinsätze auch nach Beendigung des Krieges noch wahrscheinlich machten und eine funktionierende Spezialeinheit den Westalliierten durchaus zweckmäßig erschien.[63]

Mitte Juni kam dann jedoch per Funk der Befehl zum »Unklarmachen« der Maschinen und zum Fußmarsch nach Deutschland. Kommandant Born ignorierte ihn. So wollte er nicht zurückkehren. Schließlich konnte ein Kompromiß gefunden werden. Da die Hospitäler Dänemarks hoffnungslos überfüllt waren und immer weitere Kriegsverletzte eintrafen, schlug er vor, 450 Verwundete nach Deutschland zu fliegen. Die dänische Seite war ohnehin einverstanden, da so ihr medizinisches Versorgungssystem entlastet werden konnte. Auch die britischen Besatzer willigten ein. Am 18. Juni 1945 starteten insgesamt 15 Do 24 und wurden von britischen Jagdflugzeugen des Typs »Typhoon« begleitet. Sie flogen nach Schleswig – diesmal jedoch ohne militärische Mission. Die Boote der Seenotgruppe folgten einige Tage später auf dem Wasserweg. Zusammen mit den Flugzeugen wurden sie den Alliierten zur Abrüstung übergeben.

Im Gegensatz zu den fliegenden Einheiten, die sich absetzen konnten, erlebte ein Großteil der Dransker Zivilbevölkerung das Kriegsende in unmittelbarer Nähe des Fliegerhorstes. Da das Militärareal nicht mehr verteidigt wurde, kam es auch zu keinerlei Gefechten darum, so daß es im Ort keine Zerstörungen gab.

Zurückgeblieben waren auch französische Kriegsgefangene, die man noch wenige Wochen zuvor hierher gebracht hatte. Insgesamt befanden sich zu dieser Zeit noch über zwei Millionen Kriegsgefangene in Deutschland.[64] Während die Franzosen vergleichsweise gut behandelt wurden, überlebten über die Hälfte der 5,3 Millionen sowjetischen Gefangenen die Zeit der deutschen Internierung nicht.

In Dranske wohnten die französischen Gefangenen in einem Barackenkomplex am Ortsausgang, der Mitte der dreißiger Jahre als Unterkunft für Bauarbeiter des Seefliegerhorstes entstanden war. Sie wurden in den umliegenden Wirtschaftsbetrieben eingesetzt, darunter auch in der Gärtnerei, die sich direkt neben dem Elternhaus von Edith Spiering befand:

»Am Ende unseres Gartens hatte mein Vater einen Räucherofen gemauert. Wenn er dort die fertigen Fische herausnahm, reichte er auch den Franzosen immer etwas über den Zaun. (...) Nun war mein Vater inzwischen bei dem Unglück auf dem Bug ums Leben gekommen, so daß sie keine heimliche Unterstützung mehr erhielten. Eines Nachts klopfte es an der Haustür. Meine Mutter öffnete. Fünf Franzosen traten in ihrer Gefangenenkleidung bei uns ein. Sie hatten sich durch den Fußboden der Baracke, die auf Stelzen gebaut war, befreit und danach zu uns geschlichen. Sie konnten vorübergehend bei uns wohnen, verließen uns aber nach kurzer Zeit wieder. Wenig später sahen wir die Franzosen, als sie uns von der Ladefläche eines LKW zuwinkten und uns zu verstehen gaben, daß sie sich nun auf dem Weg nach Hause befänden. Unmittelbar danach marschierten die Russen ein.«[65] Der Lehrer Heinrich Heller notierte: »Am 5. Mai 1945 morgens um 6 Uhr sehe ich im Dorf die ersten Russen. Sie steigen von den Rädern, die Maschinenpistolen auf dem Rükken, und gehen in die zumeist stillen Häuser.«[66]

# Umsiedlungen und Demontage – Die Nachkriegsjahre am Bug

Als die ersten Soldaten der Roten Armee am 8. Mai 1945 in Dranske einmarschierten, trafen sie auf eine Art Geisterstadt. Der Ort war nahezu menschenleer. Mit den Offizieren und Soldaten waren auch deren Familien geflohen. Die wenigen verbliebenen Familien bemerkten die Handvoll Soldaten zunächst kaum. Manch einer wurde erst durch seinen Nachbarn in Kenntnis gesetzt. Es vergingen Wochen bis die Besatzungseinheit verstärkt wurde. Die Schreckensmeldungen über angeblich »verrohte« Russen galten für jene Soldaten, die Dranske und den Bug besetzten, nicht. Nur vereinzelt soll es zu unbegründeten Übergriffen gekommen sein.

Das Hauptproblem der neuen Besatzungsmacht war nicht die militärische Kontrolle der Region, sondern die Bewältigung der großen Flüchtlingsströme, die aus den weiter östlich gelegenen Dörfern und Städten nach Rügen drängten.

Auf der Potsdamer Konferenz vom 17. Juli bis zum 2. August 1945 einigten sich die alliierten Siegermächte USA, Großbritannien und UdSSR nicht nur über die völlige Abrüstung und Entmilitarisierung Deutschlands, sondern auch über veränderte Grenzen in Europa. Während die Sowjetunion Gebiete in Ostpolen und das nördliche Ostpreußen zugesprochen bekam, erhielt Polen die ehemaligen deutschen Gebiete östlich der Oder-Neiße-Linie. Darüber hinaus wurde vereinbart, daß die UdSSR und Polen ihre Reparationsansprüche aus der neu zu bildenden sowjetischen Besatzungszone Deutschlands befriedigen, während die Westmächte ihre Forderungen durch Entnahmen aus den Westzonen begleichen sollten. Im Potsdamer Abkommen, das am 2. August unterzeichnet wurde, schrieben die beteiligten Siegermächte auch die »ordnungsgemäße und humane Überführung« der Bevölkerung aus den neu aufgeteilten Ostgebieten fest.

Wer von den Deutschen nicht schon vor den heranrückenden Truppen geflohen war, sah sich nun einer systematischen Vertreibung ausgesetzt, die sich bis Ende 1947 hinzog. Millionen Bewohner Schlesiens, Pommerns oder Ostpreußens waren auf der Suche nach einer neuen Heimat. Da sich bald herumsprach, daß in Dranske viele Wohnungen leer standen, kamen ungewöhnlich viele Menschen in diesen entlegenen Nordwestzipfel Rügens. Die meisten Flüchtlinge erreichten Dranske zu Fuß, an-

Die Rote Armee auf dem Weg nach Berlin (1945).

Der Seekran am Ostseestrand. Im Zuge der von den Allierten beschlossenen Entmilitarisierung Deutschlands begannen im Februar 1946 auch auf dem Seefliegerhorst Bug die Demontagearbeiten.

dere kamen mit Kähnen auf dem Wasserweg. Das Gemeindeamt hatte bald keinen freien Wohnraum mehr zu vergeben, so daß oft mehreren Familien eine Wohnung zugewiesen wurde und zumeist vier Menschen mit einem einzigen Zimmer vorlieb nehmen mußten.[1]

Ulrich Dunst erinnert sich an seine Kindheit und seinen Weg nach Dranske: »Meine Heimat war ungefähr 70 Kilometer östlich von Frankfurt an der Oder. Mit acht Familien flüchteten wir auf einem LKW im Februar 1945 nach Wiek auf Rügen. Mein Vater kämpfte noch im Krieg. Meine Mutter war in dieser Zeit mit uns vier Kindern auf sich selbst gestellt. Das Nötigste führten wir in Koffern mit. Bei einer Familie erhielten wir zur Untermiete eine Bleibe unweit des Hafens. (...) Im Juli des gleichen Jahres wollten wir wieder in unsere Heimat hinter der Oder zurück. Zu Fuß machten wir uns nach Stettin auf den Weg. Den Rest konnten wir mit einem Güterzug fahren. In unser Haus sind wir jedoch nicht gekommen, da dieses in einem gesperrten Territorium unseres Heimatortes Falkenburg lag. Im Umland standen aber so viele Wohnungen leer, daß die Unterkunftsfrage zunächst kein akutes Problem darstellte. Nach Inkrafttreten des ›Überführungsplanes‹ für alle Deutschen vom 17. Oktober 1945 mußten wir im Dezember aber erneut in Richtung Westen ziehen. Mit dem Zug fuhren wir bis zum damaligen Fliegerhorst Barth südlich vom Darß. Von dort wurden wir schon bald in das Auffanglager nach Wieck/Darß umquartiert. Hier gab es nur sehr wenig zu essen. Daraufhin suchte meine Mutter mit uns erneut ihr Glück in Wiek auf Rügen. Zudem kannten wir von unserem ersten Aufenthalt im Februar 1945 schon einige Einheimische.

Meine Mutter und meine jüngste Schwester erkrankten in diesem Winter an Typhus.«[2]

Der Kran wurde 1947 unter Aufsicht der sowjetischen Besatzer Stück für Stück zerlegt und abtransportiert. Heute zeugen nur noch die Fundamente im Uferbereich von dem Bauwerk. Im Hintergrund liegt die Insel Hiddensee.

Da man eine Ausbreitung ansteckender Krankheiten befürchtet hatte, war auf dem Bug eine Typhusisolierstation eingerichtet worden. Trotz aller Vorsichtsmaßnahmen waren dennoch Todesopfer zu beklagen. Auch Ulrich Dunst mußte diese traurige Erfahrung machen: »Meine Schwester starb im April 1946. Als meine Mutter wieder genesen war, wurden wir von Wiek nach Dranske verwiesen, weil es in diesem Ort eher Wohnraum gab. Ich war sehr vom gepflegten Ortsbild beeindruckt, nichts war zerstört. Der Bürgermeister Fritz Kuhnke beschaffte für uns Flüchtlinge übergangsweise Betten und Möbel vom Bug, aus den dortigen Luftwaffenbeständen. Die Gebäude der Fliegerschule waren ja unversehrt. Man hatte sie inzwischen mit Brettern vernagelt, um Plünderungen zu verhindern. (...) Im Spätsommer 1946 kehrte mein Vater aus der Gefangenschaft zurück. Mit ihm kamen auch weitere Flüchtlinge, die man auf dem Wasserweg nach Dranske schaffte. Es war ein ständiges Kommen und Gehen im Ort.«[3]

Wie schon am Ende des Ersten Weltkrieges hatte die Kapitulation Deutschlands auch 1945 radikale Abrüstungsmaßnahmen zur Folge. Waffen und Militärstützpunkte sollten funktionsunfähig gemacht und eine baldige Wiederaufrüstung verhindert werden. In diesem Punkt bestand absolute Einigkeit zwischen den Alliierten, auch wenn es bei der Frage des neuen politischen Systems in den einzelnen Besatzungszonen zu immer größeren Differenzen kam.

Anfang Februar 1946 begann man dann auch damit, die Bauwerke auf der Halbinsel Bug zu demontieren. Unter Oberaufsicht der sowjetischen Besatzungsmacht wurden regionale Firmen verpflichtet, vereinzelt zurückgelassene Waffen zu zerlegen und auch die militärische

Nach der Bodenreform entstanden ab 1946 überall in der DDR »Neubauerngehöfte«. Auch auf Rügen bekamen kleine Bauern und Umsiedler Land zugewiesen.

Infrastruktur abzutragen. Als Arbeitskräfte teilte man Männer und Frauen aus den umliegenden Ortschaften ein. Der Widerwillen war groß, hatten manche doch schon beim Aufbau der Seefliegerschule mitgearbeitet und wollten nur ungern die Ergebnisse ihrer Arbeit wieder zerstören.

Die Zwangseinteilungen führten immer wieder zu Konflikten, da auch in der Landwirtschaft jeder dringend benötigt wurde. So schrieb das Bauernhilfskomitee Dranske am 20. März 1946 an das Landratsamt in Bergen: »Die Neubauern Franz Werner, Paul Eichelkraut, Stefan Lewandowski, Rudi Ewert und Kurt Tredup waren im Februar von dem Arbeitsamt Wiek für Arbeiten auf Bug verpflichtet. Auf Einspruch wurden Eichelkraut, Lewandowski, Ewert und Tredup durch Gestellung von Ersatzkräften, Werner aufgrund seiner Krankheit von dieser Arbeit befreit. Trotzdem mußten die fünf Männer lt. Schreiben des Bezirksbürgermeisters in Wiek vom 26. Februar am 4. März die Arbeit wiederaufnehmen. Alle bisher erneut geführten Bemühungen um Freigabe von Seiten des Bezirksbürgermeisters, Herrn Lenden, und des hiesigen Bürgermeisters waren ergebnislos. Sämtliche Familien sind ohne männliche Arbeitskraft. Während Werner, Eichelkraut, Lewandowski in der eigenen Wirtschaft tätig sind, arbeiten Ewert in der Wirtschaft der Mutter, da der Vater noch nicht zurückgekehrt ist, und Tredup in der Wirtschaft seiner Schwester, deren Mann auch noch nicht zurück ist. Bei der jetzt fälligen Frühjahrsbestellung macht sich dieser Ausfall an Arbeitskraft äußerst schwer bemerkbar, da außerdem noch vier Betriebe zu betreuen sind, wo die Männer ebenfalls noch fehlen. In Anbetracht dieser schwierigen Lage, wird gebeten, von dort alles zur Freigabe der Bauern veranlassen zu wollen.«[4]

Kurt Tredup, der heute noch in Dranske lebt, und die anderen im Schreiben erwähnten Personen waren Handwerker, die man auf dem Bug für Demontagearbeiten einsetzen wollte. Sie hatten sich jedoch geweigert und wurden daraufhin mit Waffengewalt durch sowjetische Soldaten zum Einsatz gezwungen. Nach vier Wochen erfolgte dann aber die Freigabe für die Bewirtschaftung der eigenen Höfe.

Die Demontagearbeiten waren darauf gerichtet, alle noch brauchbaren Gegenstände aus den Gebäuden zu entfernen. Fachkräfte demontierten vor allem die elektrischen Anlagen und verpackten sie in Kisten. Daneben barg man alle Eisenteile aus den Flugzeughallen und der Werft. Am gefährlichsten war die Demontage von Metallträgern, da diese Arbeiten größtenteils in 15 Meter Höhe ausgeführt werden mußten und keine Sicherheitsausrüstungen vorhanden waren. Alle schweren Teile wurden an einem zentralen Platz zusammengetragen, wo sie versandfertig gemacht werden sollten. Junge Mädchen erhielten von den aufsichtsführenden Soldaten schwarze Farbe und vorgefertigte Schablonen mit russischen Buchstaben, um die Kisten zu beschriften.[5]

Den großen Seekran an der Ostseeseite, mit dem einst Wasserflugzeuge an Land gehoben wurden, begann man Anfang 1947 abzubauen. Die abgetrennten Einzelteile des über die Wasserfläche ragenden Teils des Krans wurden dabei über einen Flaschenzug in eine Schute oder auf ein Ponton unterhalb des Seekranes abgelassen und von dort an Land gebracht. Nun erfolgte der Abtransport mit einem LKW in den Försterhafen am Wieker Bodden. Auch am Seekran wurde freihändig, ohne Sicherungen gearbeitet. Hier gab es ein Todesopfer zu beklagen: Ein Arbeiter rutschte ab, tauchte aber nicht in das Ostseewasser ein, sondern schlug statt dessen auf die zugefrorene Eisfläche auf. Die Segmente des Seekrans mußten numeriert werden, so daß sie nach der Verschikkung in die Sowjetunion dort wieder zusammengesetzt werden konnten. Arbeiter, die damals an diesem Abbau beteiligt waren, sagten später aus, daß sie die Einzelteile vorsätzlich mit falschen Nummern versehen hätten, um eine Wiederverwendung unmöglich zu machen. Andere Beteiligte halten eine Sabotage dieser Art für ausgeschlossen, da für die Beschriftung extra ein Signiermeister verantwortlich war und genauestens über die korrekte Ausführung wachte.

Der Abtransport der kleineren Teile erfolgte dann mit LKW über Land, die großen Stücke wurden aber zumeist mit Kähnen weggefahren. Selbst die Treibstofftanks an den Ablaufbahnen wurden geleert, verschlossen, ins Wasser gerollt und hinter einem Boot im Schlepp über den Bodden gezogen.

Nachdem alles Verwendbare abgebaut worden war, begannen die Sprengungen. Sämtliche Gebäude der Militäranlage, selbst die dazugehörige Sport- und Schwimmhalle, wurden zerstört. Auch das Straßennetz und die Landebahnen des Landflugplatzes machte man unbrauchbar. Die Sprengarbeiten begannen am Landflugplatz auf dem Südbug. In Abständen von drei Metern wurden kleinere Sprengpakete angebracht, die zunächst die Straßendecke aufbrachen. Kurz darauf kamen Hilfskräfte mit Schaufeln aus ihren Deckungen hervor, befreiten das entstandene Sprengloch von den losen Trümmern und hoben es noch tiefer aus. Dort hinein legten die sowjetischen Soldaten nun größere Sprengladungen: Sie zerstörten die Betondecke dann endgültig. Der Großteil der Sprengungen war bis zum Januar 1948 beendet.[6]

Am 2. Februar desselben Jahres begannen die Soldaten vor Ort, den Deich des Buger Halses zu zerstören. Sie sahen seine Bedeutung für den Küstenschutz nicht, sondern vermuteten eine militärische Schutzanlage. Die Anwohner hingegen fürchteten beim nächsten Unwetter eine Flutkatastrophe. Man beschwor die Besatzer, das Sprengen am Deich einzustellen. Sie stießen jedoch nur auf taube Ohren. Drei Tage später fuhren die Bürgermeister von Dranske, Wiek und ein Repräsentant des Kreisbauamtes nach Berlin-Karlshorst, um bei den Verantwortlichen dort ein Ende der Sprengungen zu erbitten. Mit sofortiger Wirkung wurden die Zerstörungen daraufhin gestoppt, und die bereits beschädigten Abschnitte mußten wiederhergestellt werden.

## Ein Ferienparadies auf Zeit

Nach Abschluß der offiziellen Demontagearbeiten wurde das Sperrgebiet Bug im April 1948 zur Materialgewinnung für Zivilpersonen freigegeben.[7] In der Nachkriegszeit war schließlich alles knapp. Die übriggebliebenen Steine der gesprengten Häuser befreite man von Mörtelresten, um sie anschließend beim Bau neuer Wohnhäuser oder Stallungen in der Umgebung zu verwenden. Mit den Resten des gesprengten Landflugplatzes wurden die Straßen in Wiek verfüllt und befestigt. Auch Brennholz ließ sich aus dem Bauschutt vom Bug noch reichlich gewinnen. Einige Wieker Bürger konnten bei diesen Beutezügen jedoch nicht genug bekommen, so daß sie ihre Boote überluden, was auf dem Rückweg zum Kentern manchen Kahnes führte, wobei einige auch ertranken.[8]

Für kleinere Handwerksbetriebe der Umgebung waren die Gebäudetrümmer des Bug zeitweilig die einzige Materialquelle. Die Schmiedewerkstatt Seitz aus Wiek beispielsweise holte mit dem eigenen Segelboot oder einem Pferdefuhrwerk verbliebene Eisenteile vom Bug. Mit der Handsäge mußte das verbogene Metall aus dem Beton herausgetrennt und dann mühsam wieder gerichtet werden.[9] Bis Anfang der fünfziger Jahre bestand noch diese Möglichkeit der »Selbstbedienung«. Wie eine Art Steinbruch wurden die Überreste des Fliegerhorstes als Rohstoffquelle für einen neuen wirtschaftlichen Beginn genutzt.

Bereits 1948 gab es auch die ersten Versuche, auf dem Bug selbst wieder wirtschaftlich tätig zu werden. Der Wieker Bootsbauer Wessel wollte sich mit einer kleinen

Camperparadies Südbug in den fünfziger Jahren.

Segeljolle am Südbug. Dieser Teil der Halbinsel war am leichtesten mit dem Boot zu erreichen.

Bootswerft im Försterhafen niederlassen. Die Auftragslage nach dem Krieg schien zunächst durchaus akzeptabel, gab es doch einen riesigen Reparaturbedarf. Allerdings war der Betrieb bald durch Mißwirtschaft und eine zu kurzfristige Arbeits- und Finanzplanung überschuldet. 1950 mußte das Unternehmen wieder aufgeben.[10]

Auf dem Südbug schmiedete Immanuel Hülsen, einst als Kind selbst zwei Jahre Bewohner der Siedlung Wittower Posthaus, unternehmerische Zukunftspläne. Beim Kreisbauamt Bergen, das nach dem Krieg als Treuhänder für den Bug agierte, unterschrieb Hülsen am 2. Januar 1948 einen Pachtvertrag über zehn Jahre. Nach Ablauf dieses Vertrages sollte er ein Vorkaufsrecht erhalten. Kurz darauf gründete er die Firma »Rügensche Wassergeflügel- und Schafzucht GmbH« und nahm im Mai desselben Jahres zwei Mitgesellschafter von der Insel Hiddensee in das Unternehmen auf. Die Jungunternehmer beseitigten die Trümmer der durch die Bombenabwurfübungen verwüsteten Häuser der Siedlung Wittower Posthaus und errichteten ein kleines neues Haus. Das Geschäft lief gut. Neben dem eigenen Vieh betreute man reichlich Pensionsvieh, denn soviel Weideland wie auf dem Südbug hatte niemand zur Verfügung. Doch bereits 1949 wurde der Gesellschaftsgründer Hülsen zur Arbeit in den sowjetischen Uranbergbau nach Aue zwangsverpflichtet und mußte den Bug verlassen. Hülsen vermutet, daß er den Behörden aus bis heute noch unverständlichen Gründen zu unbequem wurde, vielleicht war einfach auch nur Neid im Spiel. Seine beiden Mitstreiter konnten den Betrieb allerdings noch eine Weile fortführen.[11]

Auf der nördlichen Halbinsel versuchte man zu dieser Zeit, die Spuren der Vergangenheit optisch zu verwischen. 200 ha Land wurden aufgeforstet, wobei man auch in die Krater, die in das Straßennetz gerissen worden waren, Tausende Pappeln pflanzte. Am Ende konnte man 1951 schließlich 30 000 Bäume auf dem Bug zählen, so viel wie nie zuvor.[12]

Nachdem zunächst alle freiliegenden Materialien der alten Militärsiedlung verwendet worden waren, entschloß man sich 1952 zu gezielten Nachsprengungen, um auch noch die Reste jener Gebäudeteile verwerten zu können, die bisher allen Sprengversuchen standgehalten hatten. Das inzwischen entstandene Betonwerk auf dem Bug brauchte neue Rohstoffe und der »Bergungsbetrieb Rügen« war an Schrott, alten Heizkörpern, Wasserrohren und Elektromaterial interessiert. Aus den zerkleinerten Betonresten fertigte ab Mitte der fünfziger Jahre der Volkseigene Betrieb »Bau Bergen« auf dem Bug Hohlblocksteine. Bis zu 620 Stück entstanden hier täglich, die dann beim Stallbau in den umliegenden Landwirtschaftlichen Produktionsgenossenschaften Verwendung fanden.[13] Auch auf dem Nordbug fanden ab 1948 Flüchtlingsfamilien in vier von sieben unversehrt gebliebenen Gebäuden ein neues Zuhause. Horst Stengel war gerade 12 Jahre alt, als seine Familie mit ihm 1949 den Bug auf dem Wasserweg erreichte. »Unsere Familie zählte dreizehn Köpfe. Die Lebensbedingungen waren ohne fließend Wasser und ohne Strom beschwerlich. In Kannen schöpften wir am Brunnen das Wasser für den täglichen Bedarf. Lichtstrom stand erst 1951 zur Verfügung. Arbeitsplätze waren rar gesät. Ländlich geprägte Wirtschaftsstrukturen konnten die vielen arbeitssuchenden

Flüchtlinge nicht aufnehmen. Obgleich standen vielfältige Beschäftigungsfelder offen. Von einer einzigen jedoch vermochte man die Familie nicht zu ernähren. Man musste schon unterschiedlichen Tätigkeiten nachgehen, um den Lebensunterhalt verdienen zu können. Während ich am Morgen zu Fuß nach Dranske ging und die Schule besuchte, half ich nachmittags meinen Eltern bei der Arbeit. Von April bis Weihnachten war die Küstenfischerei die Haupteinkunftsquelle. In der Winterzeit wurden die Netze für die Fangmonate erneuert. Diese bestanden aus Baumwolle und waren bereits nach Ablauf einer Saison verschlissen. Im Januar und Februar wurde das Schilf am Boddenufer gemäht und 60 Bund zu einem Schock zusammengefaßt. 60 Mark waren dafür zu erzielen. Von den letzten im Flachwasserbereich verbliebenen Flugzeugwracks lösten wir das Leichtmetall heraus. Eine Tonne brachte 40 Mark ein. Herumliegende Stromkabel entmantelten wir und lieferten das gewonnene Blei und Kupfer kiloweise ab. Unsere Familie besaß acht Ziegen. Über Nacht brachten wir die Tiere in den Stall, den wir aus Bohlen der Ablaufbahnen neben dem Wohnhaus errichtet hatten. Tagsüber grasten die Ziegen in der Nähe und kehrten abends selbständig zurück. Sie wurden gemolken. Am nächsten Morgen fuhren wir mit unserem Kutter nach Wiek zur Molkerei und lieferten die frische Milch ab. Auch so konnten wir unser Familieneinkommen um monatlich etwa 400 Mark aufbessern. Im Sommer betrieben einige auf dem Bug einen Fuhrwerksbetrieb. Die Urlauber, die mit der ›Nautilus‹ am Anleger Dranske ankamen, wurden mit ihrem Gepäck an ihr Ferienziel befördert – meistens Bakenberg. Außerdem boten wir den Gästen Kutterfahrten nach Hiddensee an.«[14]

Erst 1960 verließen die letzten Flüchtlinge den Bug. Auf dem Südbug wurde währenddessen die Idee der Weidewirtschaft fortgeführt, auch wenn Immanuel Hülsen nach seiner Zeit im Uranbergbau nicht hierher zurückkehrte. Von 1952 an war Gustav Zingrefe der neue »Herr« auf dem Südbug. Er hütete in den Sommermonaten die Kühe vieler Wittower Bauern, die hier reichlich Futter fanden. In den Wintermonaten lebte er in seinem Haus in Dranske. Er war nicht nur ein freundlicher Gastgeber für das Nutzvieh, sondern wurde bald auch Anlaufstelle für viele Segler, Ruderer und Touristen, die sich von dieser abgeschiedenen Natur angezogen fühlten. Da Gustav seine Gäste auf das Herzlichste mit »kalter Pflaume«, Korn, Bier und Bockwurst zu bewirten wußte, kamen viele jedes Jahr an diesen ruhigen, aber geselligen Ort zurück. Einige von ihnen verbrachten hier sogar

Kurzzeitig gehörte der Bug wieder den Erholungssuchenden. Strand bei Dranske im Sommer 1959.

»Und will man mal recht lustig sein/dann kehrt man wohl bei Gustav ein/da kann man trinken, lachen scherzen/ und lustig sein aus vollem Herzen.« Bei Gustav Zingrefe (links), dem »Herrn« auf dem Südbug, waren Besucher stets willkommen.

im Zelt ihren ganzen Sommerurlaub, bis Revierförster Kutz 1960 dieses »wilde Campen« unterband. Die Urlauber allerdings blieben dem alten Mann vom Bug weiterhin treu und besuchten ihn wenigstens einen Abend lang zu Schnaps und Gesang.[15] Davon gibt heute noch Zingrefes Gästebuch Auskunft. Besucher aus Erfurt, Rostock, Dresden, Leipzig, Jena, Düsseldorf, Stralsund, Berlin, Oschersleben oder Halberstadt verewigten sich hier mit begeisterten Sprüchen. Familie Wilhelm Steffen aus Wiek verfaßte als Einleitung auf der ersten Seite folgenden selbstgedichteten Vers: »Auf Rügen ist es wunderschön/viel Schönes gibt es dort zu seh'n/doch ungekünstelte Natur/die gibt es auf dem Südbug nur./... Und will man mal recht lustig sein/dann kehrt man wohl bei Gustav ein/da kann man trinken, lachen, scherzen/und lustig sein aus vollem Herzen.« Urlauber aus dem Vogtland dankten »Onkel Gustav« für die schöne Zeit mit einem Gedicht, an dessen Ende sie 1958 der Hoffnung Ausdruck verliehen, »daß unsere Ostsee wirklich bleibt ein Meer des Friedens!«[16]

Für eine kurze Zeit sollte es auf dem Bug tatsächlich noch friedlich bleiben. Auf dem ehemaligen Militärgelände wurde 1954 eine Jugendherberge eingerichtet, die preiswerte, aber höchst spartanische Unterkünfte anbot. So vermerkt die Dransker Ortschronik: »Die Jugendherberge Bug ist schlecht eingerichtet. Trockentoiletten; Wasser muß mit Handwagen 250 Meter von einem Brunnen geholt werden. Es gibt keinen E-Anschluß. Durch viele Kritiken konnte erreicht werden, daß für 1955 Anschluß hergestellt wurde.«[17] Für die Besucher wurde am Ostseestrand, dort wo einst der Seekran stand, ein Hinweisschild aufgestellt. Aufschrift: »Baden nach 20 Uhr verboten«. Schwimmer sollten so auf die Verletzungsgefahren im Wasser bei Dunkelheit hingewiesen werden.[18] Bis heute befinden sich knapp unter der Wasseroberfläche die Reste der großen Betonfundamente des Seekrans, die teilweise noch aus dem Wasser herausragen.

Doch das kurze zivile Zwischenspiel endete alsbald wieder. 1962 wurde die Jugendherberge geschlossen. Die Militärs hatten erneut ein Auge auf den Bug geworfen.

# Vorposten im Kalten Krieg – Der Stützpunkt der Volksmarine

## Das Militär besetzt erneut den Bug

Die Ostsee, das viel gepriesene »Meer des Friedens«, verwandelte sich in den fünfziger Jahren erneut in einen Ort, an dem politische Konflikte ausgetragen wurden. Deutschland war in Folge des Krieges zunächst in vier Besatzungszonen untergliedert worden. Im Zuge der Zuspitzung des Ost-West-Konfliktes zwischen den ehemaligen Alliierten des Zweiten Weltkrieges, den Sowjets auf der einen sowie den Amerikanern, Engländern und Franzosen auf der anderen Seite, kam es zur Gründung zweier deutscher Staaten, die alsbald in unterschiedliche Militärblöcke eingebunden wurden. Die Bundesrepublik trat 1955 dem bereits 1949 entstandenen Nordatlantikpakt (NATO) bei, die östlichen Länder schufen sich mit dem Warschauer Pakt im Mai 1955 ein eigenes Bündnissystem. In dieses sollten nun auch die militärischen Kräfte der DDR integriert werden, weshalb Anfang 1956 der Aufbau einer Nationalen Volksarmee beschlossen wurde. Sie sollte von Anfang an die Aufgaben einer Koalitionsarmee übernehmen. Mit dem Befehl 1/56 des Ministers für Nationale Verteidigung regelte Generaloberst Willi Stoph am 10. Februar 1956 die Bildung von Landstreitkräften (mit Infanterie- und Panzerdivisionen sowie motorisierten Divisionen), von Luftstreitkräften und Luftverteidigungskräften (mit Fliegerdivisionen und einer Flak-Division) sowie von Seestreitkräften (mit Minenleg- und Räumverbänden und einer Küstenschutzdivision).

Die Seestreitkräfte hatten bis zu diesem Zeitpunkt unter der Bezeichnung »VP-See« (Volkspolizei See) lediglich aus einigen Minenräumschiffen und allgemeinen Sicherungsfahrzeugen aus DDR-Produktion bestanden. Nun sollte eine richtige Marine entstehen, die mit entsprechenden Schiffen aus sowjetischer Produktion ausgestattet wurde. Die neuen Seestreitkräfte mit zentralem Kommando in Rostock gliederte man in drei Flottillen, was den Divisionen der anderen Teilstreitkräfte entsprach.[1]

Nach dem Eintreffen der sowjetischen Küstenschutzschiffe der Baugruppe 50 (unter Militärs Projekt 50 genannt) und von Torpedoschnellbooten (Projekt 183)

Die ersten Freiwilligen der Bundeswehr erhalten am 12. November 1955 ihre Ernennungsurkunden. Der Bundeskanzler Konrad Adenauer schreitet die Front ab.

Das erste Regiment der Nationalen Volksarmee erhält am 30. April 1956 seine Fahne aus den Händen des Ministers für Nationale Verteidigung Willi Stoph.

wollte man die jeweiligen Schiffsgruppen in eigenen Einheiten zusammenfassen. Die 1956 gegründete und in Saßnitz stationierte 6. Flottille wurde 1959 vorübergehend wieder aufgelöst. Stattdessen entstanden selbständige Brigaden. Die neue Torpedoschnellbootsbrigade (TS-Brigade) erhielt den Dänholm, die vor Stralsund gelegene Insel am Rügendamm, als zentralen Standort, die schon im 19. Jahrhundert von der preußischen Marine genutzt wurde. Zu dieser Brigade gehörten zwei Abteilungen, die 6. TS-Abteilung mit neun Booten und die 4. TS-Abteilung mit fünf Booten. Sie waren auf unterschiedliche Standorte entlang der Küste der DDR verteilt. Im Sommer lagen die Schiffe in Dänholm, Parow, Barhöft, Warnemünde, Saßnitz und Peenemünde, im Winter wurden sie in Parow, Peenemünde-Nord oder Rostock-Gehlsdorf an Land geholt. Man suchte für die TS-Brigade jedoch einen zentralen Stationierungspunkt, weshalb der Bug erneut ins Blickfeld der Militärstrategen fiel. Als dann 1961 in Berlin die Mauer gebaut und die übrige Staatsgrenze hermetisch abgeriegelt wurde, war ein vorgeschobener, möglichst westlich gelegener Außenposten besonders willkommen, weshalb 1962 die Entscheidung fiel, den Bug für den operativen Schnellbooteinsatz massiv auszubauen.

Mit zu den ersten Nutzern des neuen Areals gehörte Klaus Trepping, Fregattenkapitän a. D., der als Kommandant eines Torpedoschnellbootes der 6. Abteilung auf den Bug kam. Er erinnert sich, daß damals das Einlaufen in den Wieker Bodden noch ein Problem darstellte, da das Gewässer vom Seehydrographischen Dienst[2] noch nicht vollständig vermessen war. Überall stieß er auch noch auf die Spuren der verschiedenen vormaligen Nutzer. Auf dem weitläufigen Gelände hinter der bereits stillgelegten Jugendherberge fanden sich alte Feuerstellen der letzten Camper, und am Ostseeufer roch es vereinzelt noch nach Nebelsäure. Dies rührte offensichtlich von alten Nebelfässern aus dem Zweiten Weltkrieg her, als man damit künstlichen Dunst erzeugte, um sich vor Bombenangriffen zu schützen. Im Uferbereich des Hafenbeckens fanden sich noch die Trümmer der Ablaufbahnen für Wasserflugzeuge, die während der Demontagen gesprengt worden waren. Nur einzelne Gebäude des ehemaligen Fliegerhorstes konnten wiederverwendet werden.

Die erste Zeit war daher mit Auf- und Umbauarbeiten ausgefüllt. Das früher Försterhafen genannte Becken mußte erheblich ausgebaggert werden, da es nun Liegeplatz für zahlreiche Schiffe werden sollte. Übergangsweise behalf man sich mit Schwimmenden Stützpunkten, von denen aus die Schnellboote mit Munition und Lebensmitteln versorgt wurden und die zugleich als große Wohnschiffe dienten.

Noch liegen die Boote der 6. Flottille in verschiedenen Häfen verteilt. Leichte Torpedoschnellboote im Hafen von Gager.

Torpedoschnellboote des Projekts 183 liegen an einem Schwimmenden Stützpunkt. Er bot Raum für die Besatzungen und lieferte den Nachschub an Betriebsstoffen und Munition.

Zur damaligen Zeit war der Dienst wie folgt geregelt: Montag war Ausbildungstag, an dem politische, fachliche oder allgemeinmilitärische Ausbildung stattfanden. Am Dienstag wurde »seeklar« gemacht und bis Freitag zur Seeausbildung ausgelaufen. Nach dem Einlaufen am Freitag wurde »hafenklar gemacht«. Nun galt es Reparaturen und Farbausbesserungen vorzunehmen sowie »Reinschiff« zu machen. Am Samstag mittag konnte dann ein Teil der Besatzungen, der nicht für den Dienst vorgesehen war, in den Wochenendurlaub gehen. Die Urlauber, die eine längere Fahrzeit hatten, durften schon am Abend des Vortages in Dranske starten. Die Offiziere hatten keinen so langen Weg zurückzulegen. In der Regel wohnten ihre Familien stützpunktnah in Dranske. Bevor es jedoch für alle neue Unterkünfte gab, mußten die jungen Offiziere noch einige Zeit im »Boddenblick« unterkommen. Dieses ehemalige Offiziersledigenheim aus den vierziger Jahren teilten sie sich allerdings mit einigen Flüchtlingsfamilien, die aus den ehemaligen deutschen Ostgebieten nach Dranske gekommen waren und noch keine eigenen Wohnungen hatten.[3] Später wurde aus dem Gebäude das »Haus der NVA«.

Die Seestreitkräfte, die seit 1960 den Namen Volksmarine trugen, wurden 1963 erneut umstrukturiert. Zum 1. Mai kehrte man zur alten Flottillenstruktur zurück, in Saßnitz entstand abermals die 6. Flottille, nunmehr mit Torpedo- und Raketenschnellbooten, Leichten Torpedoschnellbooten, Hilfsschiffen sowie Landungs- und Küstenschutzschiffen bestückt. Letztere beiden gliederte man zwei Jahre später wieder aus. Die Landungsschiffbrigade kam zur 1. Flottille und die Küstenschutzschiffbrigade zur 4. Flottille. In der 6. Flottille faßte man die seit Ende der fünfziger Jahre aufgebauten »Stoßkräfte« zusammen, um so im Falle eines Krieges offensiver handeln zu können.[4] Dies hatte unweigerlich Konsequenzen für den Bug, denn hier sollte nun die gesamte 6. Flottille untergebracht werden, obwohl der abgelegene Ort mit dem vorgelagerten Dorf Dranske bisher nur Standort für kleinere Einheiten gewesen war.[5]

Als erstes kamen die Marinepioniere aus Saßnitz, um die technischen Voraussetzungen zu schaffen. Es galt, leistungsfähige Stromverbindungen zu schaffen und die Straßen zu befestigen. Gerade der Verbindungsweg über die Schaabe zur Halbinsel Wittow war 1963 noch sehr schlecht befahrbar.[6]

Am 8. Mai 1965, zwanzig Jahre nach dem Ende des Zweiten Weltkrieges, wurde der Stützpunkt Bug dann mit einer Musterung offiziell wiedereröffnet. Nach der kaiserlichen Marine und der Luftwaffe des Dritten Reiches hielt mit der Volksmarine nunmehr die dritte Generation deutscher Soldaten auf der Halbinsel Einzug. Sie sollte das Gesicht der Region spürbar verändern.

Auch nach der offiziellen Übergabe der Einrichtungen an die 6. Flottille blieb der Bug eine riesige Baustelle. Mit großem Aufwand entstanden Werkstätten, Slipanlagen, Lager und ein Heizwerk, das bald auch Wohnungen in Dranske mitversorgte. Von 1966 bis 1970 baute man außerdem zahlreiche militärische Ausbildungsanlagen. Bei Aushubarbeiten für einen Schießstand machte man dabei am 21. Juli 1966 eine überraschende Entdeckung. Per Zeitungsartikel wurde die Bevölkerung aufgerufen, bei der Aufklärung mitzuwirken: »Bei Baggerarbeiten auf dem Bug ... wurde ... ein

Abermals hält das Militär auf dem Bug Einzug. Am 8. Mai 1965 wird der Marinestützpunkt der 6. Flottille mit einer Musterung auf dem Dransker Sportplatz offiziell eröffnet.

Leichte Torpedoschnellboote (LTS) im Heimathafen der 6. Flottille, dem ehemaligen Försterhafen. Im Hintergrund die LTS-Halle und ein Schwimmender Stützpunkt.

Massengrab freigelegt, in dem sich Skeletteile von Menschen befinden. Vermutlich handelt es sich um eingescharrte Häftlinge aus der Zeit des Zweiten Weltkrieges. Welche Bürger, die 1945 auf dem Bug tätig waren, können Angaben zu diesem Massengrab machen? Die Untersuchungen werden zur Zeit noch durch die Kriminalpolizei und das Institut für gerichtliche Medizin der Universität Greifswald geführt.«[7] Die exhumierten menschlichen Überreste gaben keinen Aufschluß. Erst Dokumente aus dem Kirchenarchiv in Wiek konnten schließlich den Hintergrund dieses unheimlichen Fundes aufhellen: Hier lagen keine Zwangsarbeiter oder Kriegsgefangene bestattet, sondern die Opfer einer Typhusepidemie unter Flüchtlingen aus dem Jahre 1945/46. 90 Personen waren damals vom Pfarrer aus Wiek auf dem Gelände des Landflugplatzes in Leinentücher eingehüllt beerdigt worden. Die zwanzig Gebeine, hauptsächlich von Frauen und Kindern, die 1966 zum Vorschein kamen, wurden nun auf den Friedhof der Gemeinde Dranske umgebettet.[8]

Der gewaltige Ausbau des Marinestützpunktes hatte zur Konsequenz, daß auch für die vielen Berufssoldaten und Offiziere Wohnraum geschaffen werden mußte. Damit die Familien möglichst stützpunktnah wohnten und im Alarmfall der Anfahrtsweg nicht so weit war, errichtete man in den Jahren 1965 bis 1969 in Dranske acht Neubaublöcke. In den siebziger und achtziger Jahren folgte dann noch eine Erweiterung des Neubaugebietes, wozu im Laufe der Zeit auch Kinderkrippen, Kindergärten, Schulen und diverse Versorgungseinrichtungen ka-

Von Altenkirchen kommend sieht man auch heute schon von weitem die Dransker Plattenbauten.

men. Der Ort erhielt damit sein drittes Gesicht. Nach dem Abriß des alten Fischerdorfes durch die Nationalsozialisten und der Errichtung der »Gartenstadt« kamen nun die sozialistischen Plattenbauten. Diese für die Insel Rügen völlig untypischen fünfstöckigen Blöcke widersprachen nicht nur allen Gesichtspunkten des Landschaftsschutzes, sondern selbst den elementaren Prinzipien der militärischen Tarnung. Der Plattenbau stellte die einfachste Möglichkeit dar, schnell und billig eine größere Anzahl von Wohnungen zu errichten.

Für verheiratete Absolventen der Offiziershochschule in Stralsund bot sich auf dem Bug die seltene Gelegenheit, relativ bald eine eigene Wohnung zu bekommen,

Für die neu zum Bug gekommenen Marineangehörigen und ihre Familien entstanden in den Jahren nach 1965 zahlreiche Neubaublöcke mit Kinderkrippen, Kindergärten, einer Schule und Einkaufsmöglichkeiten.

weshalb der Standort durchaus begehrt war, auch wenn er kein interessantes Großstadtleben zu bieten hatte. Unverheiratete Offiziere mußten dagegen in der Anfangszeit noch auf ihren Schiffen Quartier nehmen. Michael Heese beispielsweise, der ungefähr 20 Jahre auf dem Bug tätig war, lebte übergangsweise in der Kommandantenkammer seines Bootes. Sie hatte einen Rauminhalt von ungefähr zehn Kubikmetern. Hier verrichtete er seinen Dienst und hier »wohnte« er auch.[9] Andere Soldaten, die nicht mit einer solchen Kammer vorliebnehmen wollten, konnten auch Platz auf einem der Wohnschiffe finden.

Gerade für diejenigen, die keine Familie in Dranske hatten, brachte die Abgeschiedenheit schwere Nachteile. Dies betraf vor allem Matrosen und Unteroffiziere, die sich für meist drei Jahre Wehrdienst in der Marine verpflichtet hatten. Fahrten in die Heimat waren nur im Abstand von sechs bis acht Wochen möglich. So bot ein Landgang in der Regel die einzige Abwechslung vom Dienstalltag. Ließen sich Matrosen etwas zu Schulden kommen, konnte ihnen die Fahrt nach Hause und sogar jeglicher Landgang verboten werden – in Einzelfällen über mehrere Wochen hin. Diese »disziplinierende Maßnahme« wirkte angesichts der Einsamkeit des Stützpunktes besonders abschreckend.[10]

Durfte man die Dienststelle hingegen zwecks Freizeitgestaltung verlassen, so befanden sich im Landgangsbereich in Dranske gerade zwei, in Altenkirchen, Wiek und Juliusruh jeweils nur eine Gaststätte, in der man etwas Unterhaltung finden konnte. Ansonsten ereignete sich hier wenig, zumal in den Herbst- und Wintermonaten. Hinzu kam, daß es abends keine öffentlichen Verkehrsverbindungen mehr zum Militärobjekt gab, so daß nach dem Gaststättenbesuch ein kilometerlanger Rückmarsch wartete. So entwickelte es sich zu einer Angewohnheit der Landgänger, im Ort ein beliebiges Fahrrad »auszuleihen« und damit bis zum Stützpunkt zurückzufahren.

Der Ärger unter der Bevölkerung ringsum war entsprechend groß, zumal viele der Räder nie wieder auftauchten. Bei Tauchgängen oder Baggerarbeiten kamen dann im Buger Hafen immer wieder zahlreiche rostige Exemplare zum Vorschein, die man dort sicherheitshalber »entsorgt« hatte, um nicht des Diebstahls überführt werden zu können.

## Der Bootsbestand der 6. Flottille

Die Stoßkräfte der Volksmarine, die im Kriegsfall die wichtigsten Operationen gegen den vermeintlichen Gegner zu führen hatten, wurden in den sechziger Jahren systematisch aufgerüstet. Am Ende dieses Jahrzehnts verfügte die 6. Flottille über insgesamt 12 moderne Raketenschnellboote (RS-Boote) des Projektes 205. Das erste wurde am 20. November 1962 in Dienst gestellt, das letzte im Dezember 1965 aus der UdSSR geliefert. Hinzu kamen 15 Torpedoschnellboote (TS-Boote) des Projektes 206. Sie lösten die bis Ende der sechziger Jahre im Bestand befindlichen TS-Boote des Projektes 183 ab. Daneben gab es noch 30 Leichte Torpedoschnellboote (LTS-Boote) des Projektes »Iltis« (auch Projekt 63 300 genannt, Indienststellung ab Juli 1964) und 18 LTS-Boote des Projektes »Hydra« (auch Projekt 68 200 genannt, Indienststellung ab August 1967), die in Werften der DDR gebaut wurden. Dabei waren die »Wolgaster Boote« des Projekts 63 300 mit ihren zwei Torpedorohren aus Leichtmetall nicht hochseetauglich, so daß sie bei hohem Wellengang alle Schläge recht unvermittelt aufnahmen, wodurch oft ganze Anlagenteile wie Funkmeßgeräte aus ihren Halterungen gerissen wurden. Auch für die Bootsbesatzungen war dies höchst unbequem, denn formal hatte man zwar die Möglichkeit zu sitzen, jedoch war dies bei schneller Fahrt wegen der harten Erschütterungen kaum möglich.[11]

Die Raketenschnellboote des Projekts 205 wurden zwischen 1962 und 1965 in Dienst gestellt.

Torpedoschnellboot des Projekts 183. Die Boote wurden in der Sowjetunion gebaut, von 1957 an in Dienst gestellt und waren bis Ende der sechziger Jahre die Standardfahrzeuge der 6. Flottille.

Leichtes Torpedoschnellboot des Projekts 68 200 nach dem Herstellungsort auch »Berliner Boot« genannt.

Die »Berliner Boote« des Projekts 68 200 aus Holz fuhren dagegen wesentlich geschmeidiger. Sie waren in der Grundform mit drei Torpedorohren ausgerüstet, aber auch vielseitig umrüstbar: Zum Minenlegen wurden die beiden Torpedorohre außen durch je drei Minenabwurfvorrichtungen ersetzt. Wurden alle drei Torpedorohre entfernt, konnten Sitze zum Mannschaftstransport befestigt werden, die dann entgegen der Fahrtrichtung saßen.

Ab Dezember 1974 wurden diese Leichten Torpedoschnellboote (LTS-Boote) nach und nach gegen Kleine Torpedoschnellboote (KTS-Boote) ausgetauscht, die aus der Schiffswerft Rechlin und der Peene-Werft in Wolgast stammten und in etwa die Eigenschaften der Berliner LTS-Boote hatten. Die neuen KTS-Boote waren für eine fünfköpfige Besatzung ausgelegt: Kommandant, Motorenmeister, Steuermann, Elektrogast, Artilleriegast.

Kampfschwimmer werden von einem »Berliner Boot« aus abgesetzt. Diese Boote waren aus Holz gebaut und vielseitig einsatzfähig. Sie konnten zum Minenleg- oder Torpedoboot umgerüstet werden.

Während die DDR-Seite daran interessiert war, neben den Torpedoschnellbooten auch eigene Raketenboote zu entwickeln und zu bauen, um sie dann an die anderen Warschauer-Pakt-Staaten exportieren zu können, setzte Moskau durch, daß ab November 1984 Kleine Raketenschiffe (Projekt 1241 RA) aus der UdSSR angeschafft wurden. Die Peene-Werft in Wolgast entwickelte trotzdem parallel dazu in der zweiten Hälfte der achtziger Jahre ein eigenes Kleines Raketenschiff (Projekt 151). Die ersten beiden Boote dieser Typenreihe wurden schließlich 1990 in Dienst gestellt, konnten jedoch nicht bewaffnet werden, da die Sowjetunion angeblich Lieferengpässe hatte. Erstmalig sollte das Raketenschiff 1991 Raketen erhalten – doch da hatten die politischen Entwicklungen längst alle Planungen der DDR-Volksmarine über den Haufen geworfen.

Ein Kleines Torpedoschnellboot in Fahrt.

Schwimmender Stützpunkt des Projekts 62.0. Sollten diese Wohnschiffe in einen anderen Hafen verlegt werden, waren sie auf Schlepperhilfe angewiesen.

Neben den Kampfschiffen gehörten zu den Einheiten der 6. Flottille auch zahlreiche Versorgungsschiffe, sogenannte Schwimmende Stützpunkte. Dabei handelte es sich um eine Art Wohnschiff, an dem die Schnellboote anlegen konnten und auf dem die Besatzungen untergebracht wurden. Sie ermöglichten eine zeitweise Stationierung von Booten unabhängig von einem festen Hafen in sogenannten Manöver-Basierungspunkten. Die Schwimmenden Stützpunkte boten alle Einrichtungen, die für die Versorgung von Schnellbooten und ihren Besatzungen von Nöten war: Werkstätten, Lager- und Kühlräume, Kombüse, Offiziers-, Unteroffiziers- und Mannschaftsmesse, Filmvorführungsraum, Schiffslazarett, Diensträume, Wohnkammern und Sanitäreinrichtungen. Kraft- und Schmierstoffe, Munition, Torpedos, Trinkwasser und Proviant wurden von hier aus auf die Boote gebracht.[12]

In den ersten Jahren waren Einheiten vom Projekt 62.0 im Einsatz, die allerdings nur in Küstennähe bis zur Seestärke 2 bis 3 operieren konnten. Zudem verfügten sie über keinen eigenen Antrieb und waren in jedem Fall auf Schlepperhilfe angewiesen. Ab 1982 wurden sie durch modernere Stützpunkte des Projektes 162 ausgetauscht, die nun über einen eigenen Antrieb und leistungsfähigere Hebetechnik, aber auch über eine Bordbäckerei, eine Sauna sowie Klub-, Freizeit- und Sporträume verfügten. Zum Bestand der 6. Flottille gehörten darüber hinaus zahlreiche Hilfsschiffe, darunter Schlepper, Bergungsfahrzeuge, Versorger, Torpedofangboote und Feuerlöschboote.

Egal, wo man auch im Einsatz war, überall herrschte drangvolle Enge. Auf den alten TS-Booten des Projektes 183 kam noch ein recht feuchtes Klima hinzu. In der Regel teilten sich in den Schwimmenden Stützpunkten vier Offiziere eine Kammer. Matrosen mußten mit zwölf Mann in einem Raum auskommen.[13] Sie bezeichneten ihre schwimmenden Unterkünfte daher bisweilen auch als »Blechsärge«. Nur die Gemeinschaftsräume machten das Leben an Bord erträglich.[14] Dort gab es in Mannschafts-, Unteroffiziers- und Offiziersmesse je einen Fernseher. Hier aß man, spielte Skat oder verfolgte Fußballspiele der DDR-Oberliga. In den ersten Jahren war in diesen Räumen sogar noch mäßiger Alkoholgenuß gestattet, bevor er mit dem legendären Befehl 20/66 generell verboten wurde. Für die auf den Schwimmenden Stützpunkten wohnenden Soldaten war dies ein wesentlicher Einschnitt.

Besser hatten es da die Einheiten der Rückwärtigen Dienste (RD) an Land, die ebenfalls Bestandteil der 6. Flottille waren. Ihre Aufgabe bestand vor allem darin, die Gefechtsbereitschaft der Boote sicherzustellen. Schiffe und Boote mußten mit Munition, Treib- und Schmierstoff, Verpflegung und Wasser versorgt werden. Waffen und Fahrzeuge waren zu warten und zu reparieren, beschädigte oder gesunkene Schiffe zu bergen. Kranke mußten versorgt sowie Maschinen und Menschen nach einem simulierten Einsatz von chemischen Kampfstoffen dekontaminiert werden.[15]

Schwimmender Stützpunkt der jüngeren Generation. Das Projekt 162 verfügte über einen eigenen Antrieb und leistungsfähigere Hebetechnik.

Musterung der Rückwärtigen Dienste. Sie waren für die Versorgung der schwimmenden Einheiten zuständig.

Neben der Bereitstellung von Technik mußten die Rückwärtigen Dienste auch für die Versorgung der Besatzungen mit Lebensmitteln sorgen. Während auf den größeren Schnellbooten die Verpflegung im Normalfall durch die bordeigene Kombüse erfolgte, mußten die kleineren Boote in See mit »Seepäckchen« - auch Seebeutel genannt - versorgt werden. Der Verpflegungssatz der fahrenden Einheiten war überdurchschnittlich hoch.

## Die »Stoßkräfte« und ihre Aufgaben

Innerhalb der Warschauer Vertragsstaaten ging man seit Anfang der sechziger Jahre von der Annahme eines Überfalls der NATO auf die sozialistischen Länder aus. Die Strategie sollte darin bestehen, die Angreifer offensiv zu bekämpfen, und zwar möglichst auf ihrem eigenen Territorium. Der Volksmarine kam dabei die Aufgabe zu, im westlichen Ostseeraum die Seeherrschaft zu erringen, die gegnerischen Flottenkräfte zu binden und ggf. zu vernichten. Bis zum Eintreffen der Baltischen Rotbannerflotte aus der Sowjetunion sollten die Meerengen bei Dänemark freigehalten werden, danach galt es, die Operationen der schwereren Marineverbände der anderen Warschauer-Pakt-Staaten zu sichern.

Entsprechend dieser großen Strategie leiteten sich jetzt die Aufgaben der drei Flottillen der Volksmarine ab. Die Militärs hatten dazu das Küstenvorfeld der DDR in zwei Abschnitte eingeteilt. Der erste Abschnitt erstreckte sich von der DDR-Grenze in der Lübecker Bucht über Fehmarn (Bundesrepublik) bis zur Linie Hiddensee - Insel Mön (Dänemark) und war das Verantwortungsgebiet der 4. Flottille. Von dort bis zur polnischen Grenze verlief das Verantwortungsgebiet der 1. Flottille. Beide hatten in ihrem Bereich dafür zu sorgen, daß die Nachschubwege für die Stoßtruppen aufrechterhalten werden konnten. Dazu gehörte u. a. die U-Bootbekämpfung, das Minenlegen und die Minenabwehr. Die eigentlich offensiven Aufgaben hatte dann die 6. Flottille zu erfüllen. Sie sollte alle eindringenden gegnerischen Überwasserkräfte aktiv bekämpfen. Dazu waren innerhalb der 6. Flottille Ende der sechziger Jahre drei Brigaden im Einsatz: eine Raketenschnellbootbrigade (RSB), eine Torpedoschnellbootbrigade (TSB) und eine Leichte Torpedoschnellbootbrigade (LTSB).[16]

Die eigentlich schlagkräftigste Einheit, nämlich die Raketenschnellbootsbrigade, hatte jedoch das Problem, daß die Reichweite ihrer Raketen sowjetischer Herkunft wesentlich größer war als ihre funkmeßtechnischen Möglichkeiten. Im Klartext: Das Radar der Raketenschnellboote reichte nicht aus, um Ziele in weiterer Entfernung zu orten und entsprechend angreifen zu können. Um sich aus diesem Dilemma zu befreien, entschloß man sich, Torpedoschnellboote als Aufklärer und Fühlungshalter vorzuschicken. Ihnen oblag es, gegnerische Ziele über Radar zu erfassen und die Daten an die Raketenschnellboote zu übermitteln, die dann entsprechend ihre Raketen abfeuern konnten.[17] Anstelle eines Torpedoschnellbootes ließen sich auch Hubschrauber als Aufklärer einsetzen, oder man griff auf Daten der Küstenbeobachtungsstationen - etwa auf Kap Arkona oder in Warnemünde - zurück.[18] Als Konsequenz aus dieser Situation bildete man innerhalb der 6. Flottille dann sogenannte Stoßgruppierungen, die sich aus Raketen- wie Torpedoschnellbooten zusammensetzten, obwohl sie unterschiedlichen Brigaden angehörten. Ende 1971 erfolgte auch eine Umgruppierung der Brigaden selbst. Aus den beiden reinen TS- und RS-Brigaden wurden drei gemischte Brigaden geschaffen. Jede verfügte über vier Raketen- und fünf Torpedoschnellboote.[19]

Doch nicht nur in diesem Punkt galt es, technische Rückstände durch organisatorische Kniffe zu lösen. Nachdem die Bundesmarine, die in allen Planspielen als potentieller Gegner galt, ihre Raketenschnellboote in Dienst gestellt hatte, wurde den NVA-Strategen klar, daß dort NATO-Raketen zur Verfügung standen, die schneller startklar waren als die eigenen. Diese technische Unterlegenheit wollte man durch effektivere Personalleistungen ausgleichen, also durch ein hartes Training der Besatzungen, was auf eine entsprechende Erhöhung der Startbereitschaft der eigenen Raketen hinauslaufen sollte.

Im Rahmen dieser Ausbildung war jedes Besatzungsmitglied einem von fünf Gefechtsabschnitten zugeordnet: Navigation, Raketen/Artillerie, Sperrwaffen (Torpedos, Minen), Beobachtung/Nachrichten/funktechnische Mittel sowie Maschine/Elektroanlagen.[20] Zu jedem gab es zahlreiche Dienstvorschriften, um den Ausbildungsalltag an Bord einheitlich zu regeln. Das wichtigste Handbuch dazu war »Dienst an Bord«. In der Fassung von 1975 heißt es dort: »Die Gefechtsausbildung ist unter Bedingungen durchzuführen, die den realen Gefechtslagen angenähert sind und den Anforderungen des modernen Seegefechts gerecht werden. Dazu ist die Besatzung systematisch im Einsatz der Waffen, technischen Mittel und Anlagen auszubilden.«[21] Doch dieser Theorie stand oft eine andere Praxis gegenüber. Aufgrund fehlender finanzieller Mittel wurden Gefechtsübungen und bestimmte Trainingseinheiten erheblich eingeschränkt. Die Fahrstundenanzahl der Boote wurde systematisch reduziert, um Kraftstoff zu sparen und die

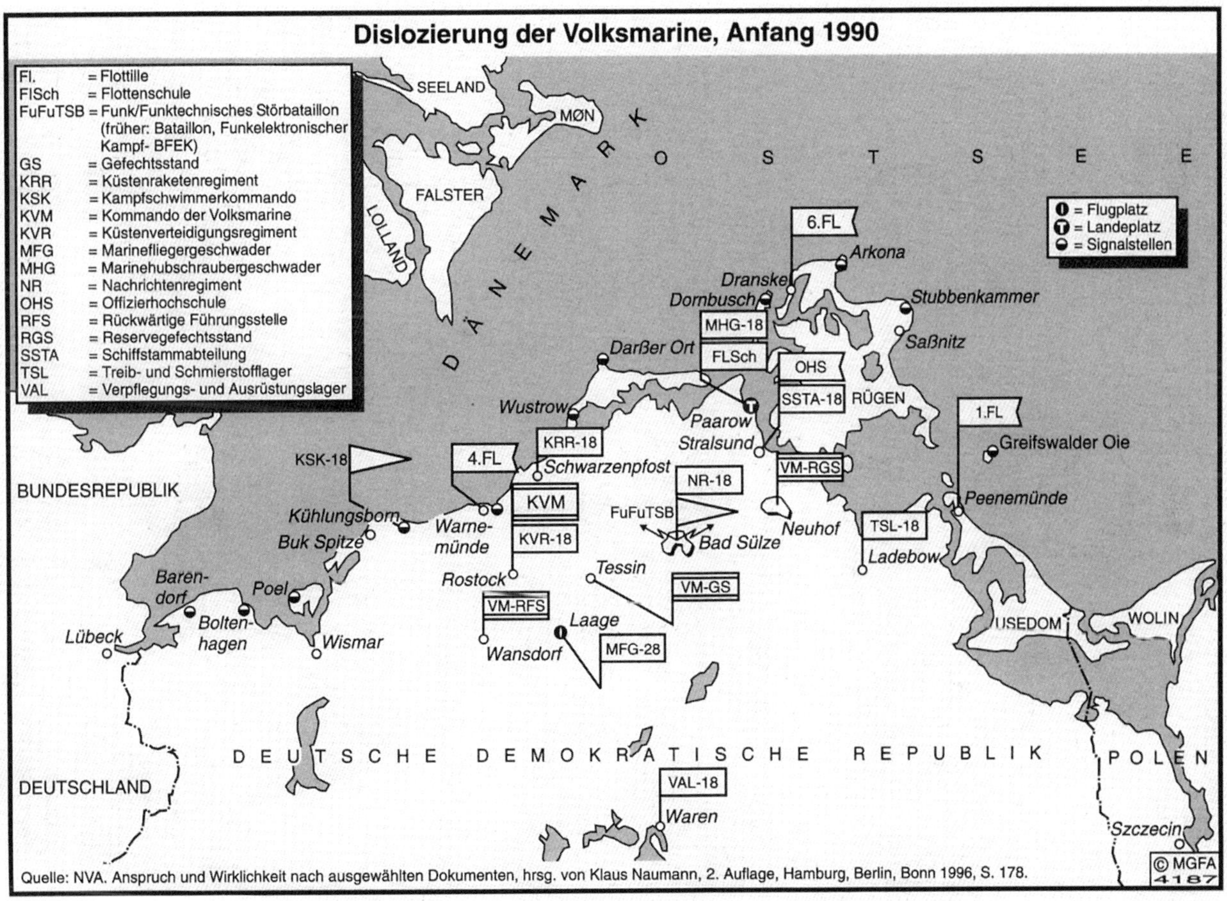


Das Verantwortungsgebiet der 4. Flottille erstreckte sich von der Lübecker Bucht bis zur Insel Hiddensee, das der 1. Flottille von Hiddensee bis zur polnischen Grenze. Die 6. Flottille hatte in dem gesamten Gebiet eindringende Gegner aktiv zu bekämpfen.

Maschinenwechsel auf einem Raketenschnellboot (oben). Bei einer Entgiftungsübung werden die Schutzanzüge der Soldaten abgewaschen. Brandschutzübung auf dem Kasernengelände von Prora (rechte Seite).

Maschinen zu schonen, die nach Erreichen einer bestimmten Laufleistung aus Sicherheitsgründen ausgewechselt werden mußten.[22]

Unverzichtbar waren jene Ausbildungsabschnitte, die der körperlichen Ertüchtigung dienten und dem Schutz vor feindlichen Angriffen mit Atomwaffen, chemischen oder biologischen Waffen. Viele ehemalige Matrosen erinnern sich noch heute mit Schrecken an Übungsstunden mit der Gasmaske, die im Soldatenjargon scherzhaft auch »Schnuppersack« oder »Einheitsgesicht« genannt wurden.[23] In einem solchen Übungsfall wurde beispielsweise über Funk das Vorhandensein einer »kernwaffenverseuchten Zone« gemeldet. Daraufhin mußte das Boot weitestgehend »hermetisiert«, das heißt nach außen abgeschlossen werden. Man ging davon aus, die Folgen eines angenommenen Atomschlages auf diese Art für eine Besatzung minimieren zu können. Alle Schnellboote waren zu diesem Zweck mit sogenannten Atomfiltern ausgerüstet, durch die die Luft zur Kühlung der Maschinen und für die Besatzung ins Innere kam. Im Boot wurde außerdem ein Überdruck erzeugt, so daß keine ungefilterte Luft durch irgendwelche Ritzen eindringen konnte. Dieser Überdruck führte aber dazu, daß sehr bald unter Deck extrem hohe Temperaturen herrschten, die alle Arbeiten erschwerten, zumal die ganze Zeit die komplette Schutzausrüstung (Schutzanzug, -maske, -handschuhe, -stiefel) getragen werden mußte. Pistolen, die unter dieser Verkleidung getragen wurden, setzten in kürzester Zeit Rost an.

Um derartige Übungen möglichst wirklichkeitsnah zu gestalten, setzte man sogar radioaktive Isotope (»Kupfer 64«) aus dem Kernforschungszentrum Rossendorf bei Dresden ein. Nach dem Durchfahren einer »verseuchten« Zone mußte das Boot unter Einsatz waschaktiver Substanzen »entaktiviert«, das heißt von radioaktiven Rückständen befreit werden.[24] Konkret bedeutete dies, daß sämtliche Aufbauten, Waffen und Ausrüstungen des Oberdecks stundenlang geschrubbt werden mußten.[25]

Die Besatzung selbst mußte sich bei den älteren Torpedoschnellbooten, Projekt 183, zu einem »Entgiftungspunkt« im Hafen begeben, um sich von etwaigen gefährlichen Substanzen zu befreien. Bei den Nachfolgemodellen konnte diese Maßnahme an Bord, im Duschbereich des Bootes vorgenommen werden.[26]

Eilmarsch als Teil des sogenannten Härtekomplexes.

Nicht auf dem Bug selbst konnte dagegen der Umgang mit brennenden Substanzen, wie etwa Napalm, geübt werden. Zu derartigen Schutzübungen fuhren die Einheiten nach Prora auf die Ostseite Rügens. Hier befanden sich die Reste des einst von den Nationalsozialisten begonnenen gigantischen Seebades, in dem 20 000 Deutsche gleichzeitig Urlaub machen sollten, um sich für neue Herausforderungen zu stählen. Doch der Bau wurde nie richtig fertig. Während Teile davon während des Krieges als Lazarett, dann als Umsiedlerlager und schließlich als Kaserne der NVA benutzt wurden, standen andere Teile weiterhin als Rohbauskelette in der Landschaft herum. Sie ließen sich gut nutzen, um Brandfälle zu simulieren. Zu diesem Zwecke wurden dort entweder gesonderte Übungshäuser aufgebaut, oder man strich einfach die Ruinenwände mit napalmähnlichen Stoffen ein. Nachdem sie in Brand gesetzt worden waren, mußten die Einheiten in ihren Schutzanzügen dort hindurchlaufen.[27]

Weniger aufwendig war die Ertüchtigung der Matrosen durch eine spezielle Sportausbildung, die problemlos auch auf dem Bug stattfinden konnte. Sie beanspruchte in den letzten Jahren der NVA etwa sieben Prozent der Gesamtausbildungszeit. Zugleich war der Sport auch eine der Freizeitbeschäftigungen, denen man in dieser abgeschiedenen Region jederzeit nachgehen konnte. Manch einer nutzte die Zeit daher für ein ausgedehntes Krafttraining, wie etwa Wolfgang Klafft, der mehrmals bei den Fernwettkämpfen unter dem Motto »Wer sind die stärksten Männer der Armee?« gewinnen konnte.[28]

Keineswegs freiwillig ging es dagegen beim sogenannten Härtekomplex zu, der seit 1966 zweimal jährlich Bestandteil der Ausbildung war. Er bestand aus einer halben Stunde Kraftsport mit einem Panzerkettenglied, gefolgt von einem 3 000 Meter-Lauf (ab Mitte der achtziger Jahre nur noch 1 000 m), einem 15 km-Eilmarsch und der Überwindung einer Hindernisstrecke, der Sturmbahn. Die letzten Kilometer des Eilmarsches sowie der Rückweg nach Überwindung der Hindernisse mußten zudem mit Schutzmaske absolviert werden. Hatte eine Abteilung die Zeitvorgaben nicht eingehalten oder bestimmte »personelle Ausfallquoten« überschritten, so stand ihr eine Wiederholung des Härtekomplexes bevor. Die Schikanen gegenüber den sogenannten Versagern waren entsprechend.

Ebenfalls zweimal im Jahr stand die Schießausbildung auf dem Programm, wozu es auf dem Bug eigene Anlagen gab. Während die Offiziere mit Pistolen schossen, übten sich Unteroffiziere und Matrosen im Umgang mit sowjetischen Maschinenpistolen.[29]

Um den Herausforderungen des Ernstfalls gewachsen zu sein, mußten die Mannschaften nicht nur in der Lage sein, besonders schnell ihre Raketen startklar zu bekommen, sondern sich auch in den möglichen Einsatzgebieten gut zurechtzufinden, zum Beispiel im Kattegat zwischen Dänemark und Schweden. Dazu standen hin und wieder Navigationsübungen und Belehrungsfahrten auf dem Ausbildungsprogramm. Die Besatzungen sollten wichtige Landmarken, Hafeneinfahrten und Leuchtfeuer erkennen, gerade auch außerhalb der eigentlichen Verantwortungszone der Volksmarine. Bei der Vorbeifahrt an markanten Punkten mußten daher Zeichnungen angefertigt werden. Die Landschaftsstrukturen sollten auf dem Papier festgehalten werden. Nach der Rückkehr auf den Bug wurden dann diese Zeichnungen mit den Abbildungen in den Seehandbüchern verglichen und entsprechend benotet.

Anders als bei vielen Landeinheiten war es den Angehörigen der 6. Flottille so möglich, ziemlich realitätsnah ausgebildet zu werden, weshalb der Standort Bug zum Ausgangspunkt mancher Militärkarriere wurde. Viele Absolventen von Hochschulen und Akademien ver-

Kraftübungen mit Panzerkettengliedern.

setzte man zum Bug, um hier praktische Erfahrungen zu sammeln. Mehrere Admirale der DDR haben hier gedient, so auch Theodor Hoffmann, der vom 18. November 1989 bis zum 23. April 1990 der letzte Minister für Nationale Verteidigung der DDR war.

## Ausbildungsalltag auf See

Um den vermeintlichen Gegner in der Ostsee überhaupt bekämpfen zu können, war es zunächst einmal notwendig, zügig das offene Gewässer zu erreichen, was angesichts des schwierigen Fahrwassers rings um den Bug gar nicht so einfach war. Seit den Zeiten der schwedischen Poststation hatte sich an den geographischen Gegebenheiten ja nichts geändert. Obwohl es für das Passieren des Libben eine speziell ausgearbeitete Militärinstruktion gab, kam es dennoch immer wieder zu Zwischenfällen, insbesondere bei Nacht und schlechter Sicht. So wurde einmal nach dem Ende einer Torpedoübung auf der nächtlichen See das Gespräch einiger Offiziere unter Deck auf der Rückfahrt zum Stützpunkt jäh unterbrochen: Ihr Schiff war an der Backbordseite aus dem Fahrwasser heraus auf Grund gelaufen. Der Bootsführer hatte das Richtfeuer Wittow mit dem Bohrturmfeuer der Geophysik auf Wittow verwechselt, ein scheinbar kleiner Unterschied mit großen Folgen. Alle Versuche, das Schiff aus eigener Kraft loszubekommen, schlugen fehl, und so mußte schließlich die Schlepperhilfe eines am Südbug stationierten Bootes der Grenzbrigade Küste angefordert werden.[30]

Allerdings sind auch Fälle bekannt, bei denen nicht allein das schwer passierbare Fahrwasser die Ursache für eine Havarie war, sondern die Selbstüberschätzung eines Kommandanten hinzukam. So etwa bei einem LTS-Boot, das mit 32–36 Knoten durch das Fahrwasser fuhr, und wegen dieser Geschwindigkeitsüberschreitung in einer Krümmung der Fahrrinne plötzlich »hoch und trocken« auf Grund lag. Schäden an Rudern, Wellen und Propellern waren die Folge.[31]

Der Einsatz auf diesen Leichten Torpedoschnellbooten war besonders hart. In das kleine Boot paßten nur drei Personen, Kommandant, Maschinist und Funkmeßgast. Die Kanzel war so klein, daß man nicht mal ein Instruktionshandbuch aufschlagen konnte. Zudem bewegten sich die Boote ausgesprochen ruckartig, so daß schon die Sicherung des eigenen »festen Standes« während der Fahrt ein Problem war.[32] Da man hier schon die kleinste Welle hart zu spüren bekam, erhielten die Besatzungen eine Art Erschwerniszulage. Abgenutzte Bandscheiben und Wirbelsäulenschäden waren oft die Spätfolgen. Trotzdem wurden wiederholt Versuche unternommen, diese Zulage zu kappen.

Eines Tages erhielt die LTS-Brigade Besuch vom Ministerium. Die Berechtigung der Zulage sollte von zwei Offizieren überprüft werden. Der Chef der Abteilung, Müller, betreute die Gäste persönlich: Er lud sie zu einer Fahrt mit einem LTS-Boot ein. Einer nahm zwischen den beiden Torpedorohren auf einem Fender Platz. Der zweite Offizier wollte stehenbleiben. Man riet ihm, sich am Funkmeßmast festzuhalten und die Schläge des Bootes in Fahrt mit den Knien abzufedern. Die Wellenlänge im Greifswalder Bodden war zu diesem Zeitpunkt ziemlich kurz, die Eingeweihten sprachen in solchen Fällen von »Holperpflaster«. Der Abteilungschef fuhr selbst als Kommandant. Natürlich wollte er beweisen, wie hoch die Belastung durch Schläge des Bootes bei höheren Geschwindigkeiten sein konnte: Also – volle Fahrt voraus!

Nach fünfzehn Minuten waren die Offiziere des Ministeriums bereits sichtlich am Ende: Der am Mast Stehende rutschte immer mehr in sich zusammen und stieß dabei mit seinem Steißknochen auf ein Flügelrad. Die Fahrt mußte abgebrochen werden und über Funk wurden Sanitäter angefordert. Es folgten sechs Wochen Lazarett-Aufenthalt. Dies war dann auch der letzte Versuch des Ministeriums, die Berechtigung einer LTS-Zulage anzuzweifeln.[33]

Dabei hatten die beiden Kontrolloffiziere gar keinen vollen Einsatz miterlebt. Der hielt noch ganz andere Härten parat.

Bei Gefechtsalarm starteten bisweilen auch zwei Abteilungen. Die Leichten Torpedoschnellboote hatten dann ein größeres Torpedoschnellboot als Führungsboot.[34] War die offene See erreicht, jagten die Boote in fester Formation über die Wellen. Der Bug der Boote ragte aus dem Wasser heraus, das Heck grub sich ein und hinterließ aufgewühlte, weiß schäumende See. Wurde

»Hohe Fahrt« mit einem Leichten Torpedoschnellboot.

Torpedoübernahme von einem Schwimmenden Stützpunkt.

ein zu bekämpfendes Objekt geortet, mußten die LTS-Boote auf das Ziel ausgerichtet werden, denn die Geschosse verließen das Boot über das Heck nach achtern.[35] Anders als bei den TS-Booten wurden die Torpedos der LTS-Boote mit Luft ausgestoßen. Jedes Torpedorohr war deshalb mit einer Flasche, gefüllt mit 40 kP/qcm Luftdruck, ausgerüstet. Eine Blasenspur markierte den Weg der »Aale« durch die Wellen.

Die extreme Enge auf den LTS-Boote mußten auch die Oberen anerkennen, weshalb es die einzigen Boote der Volksmarine waren, bei denen man es gestattete, daß das Bootstagebuch erst nach dem Einlaufen geführt wurde. Während der Fahrt machte man sich lediglich mit Fettstiften Notizen an der Kanzelscheibe – das Schreiben an Bord war schlicht unmöglich.[36]

## Politische Schulung und »sozialistischer Wettbewerb«

An Land bestimmte neben der Vermittlung von seemännischen und militärischen Kenntnissen vor allem politische Schulungen die Ausbildung. Die NVA war eine Parteiarmee, die unter der Führung der SED stand. Es gab keine parlamentarische Kontrolle. Die Politische Hauptverwaltung fungierte als höchstes leitendes Politorgan in der NVA, das seit den sechziger Jahren aus ungefähr 5 000 Mitarbeitern bestand: Sie sollten das militärische Leben politisch-ideologisch beeinflussen und die Angehörigen der Armee zu noch höherer Leistungsbereitschaft anspornen. Daneben waren SED-Parteiorganisationen auf allen militärischen Ebenen präsent. Diese Organisationen übten in der Regel einen erheblichen politischen und disziplinarischen Einfluß auf alle Angehörigen der jeweiligen Einheit aus. Für Offiziere war die Mitgliedschaft in der SED seit den sechziger Jahren fast selbstverständlich. Der Prozentsatz der Parteimitglieder im Offizierskorps bewegte sich von 1970 an beständig zwischen 95 und 99 Prozent.[37]

Der Einfluß der Partei war überall zu spüren, ganz besonders im Polit-Unterricht, den die Matrosen »Rotlichtbestrahlung« nannten.[38] Obwohl der Kommandeur jeder Einheit zugleich militärischer *und* politischer Leiter war, hatte er stets noch einen Stellvertreter für politische Arbeit (PV) zur Seite, der sich speziell um die Polit-Ausbildung zu kümmern hatte. Außerdem war es seine Aufgabe, den Kommandeur dabei zu unterstützen, stets »politisch begründete militärische Entscheidungen« zu treffen. Allenthalben wurde jedoch die Diskrepanz zwischen den in den Schulungen vermittelten Idealvorstellungen und der Alltagswelt offensichtlich, zumal wenn die Matrosen mal die abgeschirmte Welt des Bug verließen und auf Urlaub fuhren oder einen längeren Werftaufenthalt hatten. Wie ein ehemaliger Politstellvertreter berichtet, gab es nach der Rückkehr dann stets größere Diskussionen über die ökonomischen Probleme, mit denen die einzelnen konfrontiert worden waren.[39]

Neben dieser Politschulung waren der »sozialistische Wettbewerb« und die »Bestenbewegung« Instrumente, die auf eine Leistungsmaximierung zielten. Alle Ergeb-

Torpedoschießen mit einem Torpedofangboot als Zielschiff. Der von einem Kleinen Torpedoschnellboot abgefeuerte »Aal« hinterläßt im Wasser eine deutlich sichtbare Blasenbahn.

nisse der Ausbildung flossen in den »sozialistischen Wettbewerb« ein. Es wurden Prädikate wie »Bestes Boot« oder »Bester Soldat« verteilt. Sieger dieses Wettbewerbs erhielten Prämien oder wurden – als besondere Auszeichnung – vor der Truppenfahne photographiert. Auf diese Weise sollten andere Besatzungen motiviert werden, dem nachzustreben und ihre Aktivitäten zu steigern. Geführt wurde der Wettbewerb nicht nur zwischen Soldaten, Booten, Abteilungen und Brigaden des Standortes Bug, sondern auch innerhalb der gesamten Volksmarine. Als Vergleichskriterien dienten dabei nicht nur die Ausbildungsergebnisse, sondern auch die Unterbietung von Zeitnormen, etwa bei der Übernahme von Bewaffnung an Bord. Hinzu kamen »gesellschaftliche Aktivitäten« wie etwa im Jahr 1973 Solidaritätseinsätze für Vietnam, das Basteln von Geschenken für die Teilneh-

Die Raketenübergabe sollte durch Verbesserungsvorschläge im Rahmen der »Neuererbewegung« ständig beschleunigt werden.

mer der X. Weltfestspiele in Berlin oder die Organisation von Subbotniks, also freiwilligen, unbezahlten Arbeitseinsätzen in der Umgebung.[40]

Am Ende des Ausbildungsjahres verlieh dann der Chef der Volksmarine die Auszeichnung für den jeweils »Besten Truppenteil«.[41] In der Broschüre »Schnellbootsverband gefechtsbereit« aus dem Jahr 1988 beispielsweise verweist die Politabteilung des Verbandes stolz darauf, daß es mit der Wettbewerbsinitiative »In kürzester Zeit gefechtsbereit« gelungen sei, »die Einarbeitungszeit für die neu zuversetzten Armeeangehörigen bedeutend zu verkürzen und die Geschlossenheit der Kampfkollektive vorfristig herzustellen.«[42]

Doch der permanente Wettbewerb nervte viele und bewirkte mitunter auch das genaue Gegenteil. Ein ehemaliger Chef einer LTS-Brigade erinnert sich daran, daß seine Brigade einst für die Ausbildung in See sechs zusätzliche Torpedoschüsse zur Verfügung gestellt bekommen hatte, was ihn angesichts der knappen Übungsmöglichkeiten besonders freute. Als er seine Kommandanten davon benachrichtigte, waren diese gar nicht begeistert. Sie hatten Angst, einen davon zu »vergeigen«. Ein Fehlschuß hätte ihre Punktestände im Wettbewerb mit den anderen Einheiten spürbar verschlechtert. »Schießt man einen Torpedo vorbei, ist die gesamte Anstrengung des Jahres ›dahin‹.«[43]

Um angesichts knapper Ressourcen und einer wenig flexiblen Planwirtschaft dennoch die Militärtechnik auf dem notwendigen Stand zu halten und an einigen Stellen womöglich noch zu verbessern, gab es die sogenannte Neuererbewegung. Vorschläge Von »Neurern«, wie die Zeitvorgaben durch bestimmte Kniffe unterschritten werden konnten oder wie sich technische Mängel durch Zusatzkonstruktionen ausgleichen ließen, wurden mit Auszeichnungen und Sonderurlaub bedacht. So entstanden auf dem Bug zum Beispiel einige Hilfsmittel, die es erleichterten, die Raketen auf die Boote zu bringen.[44] Besonders gut griffen diese Maßnahmen in den sechziger und siebziger Jahren, als sie teilweise auch noch mit Geld abgegolten wurden. Später wurde vorgeschrieben, daß jede Brigade einen bestimmten Anteil an »Neuerervorschlägen« einzubringen hatte, um im »sozialistischen Wettbewerb« bestehen zu können. Durch diesen Zwang wurden auch viele unqualifizierte Anregungen abgeliefert. Es war fast schon so weit, daß das »Vorziehen des Vorhanges gegen Durchzug« als »Neuerervorschlag« akzeptiert wurde.[45]

So bescherte die »Neuererbewegung« der 6. Flottille auch die Einführung erster Computerprogramme, die Hobbytechniker in ihrer Freizeit entwickelten. Michael Heese etwa versuchte Mitte der achtziger Jahre zusammen mit zwei Matrosen ein rechnergestütztes Führungssystem für die Raketenschiffe des Projektes 1241 zu programmieren, über das vergleichbare Boote der Bundesmarine längst verfügten. Bestimmte militärisch-nautische Abläufe sollten mit Hilfe des Rechners mathematisch dargestellt werden, was wesentlich schneller und genauer gewesen wäre als die bisherige graphische Arbeit mit der Karte und zudem die Fehlerquote minimiert hätte. Doch Heese und seine Leute scheiterten daran, daß es mit der übrigen Technik keine Möglichkeit zur digitalen Nachrichtenübertragung und damit zur notwendigen Verschlüsselung der Daten gab. Die neue Technik konnte dann noch als Trainingssystem genutzt werden. Mit fünf eigenen Booten trat man auf dem Bildschirm – wie in einem Computerspiel – gegen feindliche Kräfte an. Die Neuentwicklung war im Ausbildungsgebäude der 6. Flottille installiert.[46]

## Übungen im Rahmen des Warschauer Pakts

Um dem ewigen Trockentraining an Land und den Kleinübungen mit Attrappen zu entfliehen, gab es nur eine Möglichkeit: die Teilnahme an Manövern der Warschauer Vertragsstaaten. Im Ostseeraum waren dabei die Polnische Seekriegsflotte und die Baltische Rotbannerflotte der Sowjetunion beteiligt. Innerhalb des militärischen Gesamtkonzepts des östlichen Bündnisses spielten die Ostseeflotten insgesamt aber eine eher untergeordnete Rolle, was sich schon aus der geographischen Lage ergab, denn die Ausfahrt in die Nordsee ließ sich von der NATO zwischen Dänemark und Schweden leicht abriegeln. Insofern waren die Flotten weitgehend defensiv ausgerichtet, was sich auch in ihrer Ausrüstung niederschlug. Für die Sowjetunion hatten die in Murmansk stationierte Nordflotte beziehungsweise die

Musterung vor dem Auslaufen zum Raketenschießen (oben). Raketenschnellboote sind im Libben vor Dranske unterwegs. Rechts am Bildrand das Dransker Neubaugebiet.

Raketenstart von einem Schnellboot.

von Wladiwostok aus operierende Pazifikflotte strategisch weit größere Bedeutung.

Ostseemanöver fanden oft in der Nähe der Basis der Baltischen Rotbannerflotte statt, die seit 1956 in Baltisk, dem ehemaligen ostpreußischen Pillau nahe Königsberg, stationiert war. Obwohl möglichst viele Besatzungen von Raketenschnellbooten am Raketenschießen bei Baltisk teilnehmen wollten, wurden aus Kapazitätsgründen zumeist nur zwei Fahrzeuge der 6. Flottille entsandt. Fregattenkapitän a. D. Dieter Stübe, jahrelang in der Führungsriege einer RTS-Brigade tätig, erinnert sich an die Anstrengungen, die man als Raketenschnellbootsbesatzung auf sich nahm, um zum Schießen nach Baltisk fahren zu dürfen. Beste Ausbildungsergebnisse waren Voraussetzung und ein gutes Abschneiden bei den Auswahlverfahren. Dabei galt es, innerhalb der Gefechtsausbildung in See folgende Aufgaben zu erfüllen: Gefechtsmittel, also Waffen und Treibstoff, übernehmen und den sogenannten Dezentralisierungsraum anlaufen. In diesem Seegebiet hatten sich die Boote zu verteilen, um einen effektiven Angriff des Gegners zu erschweren. In der Übung sollte dann ein gegnerischer Verband aufgeklärt und nachfolgend mit Raketen angegriffen werden. Nur wer diese Prüfung als Bester bestand, konnte hoffen, mit seiner Mannschaft auf große Fahrt zu gehen.[47]

Zum Raketengefechtsschießen nach Baltisk fuhr man unter Begleitung eines Hilfsschiffes, das anstelle der Schwimmenden Stützpunkte die Versorgung mit Ausrüstung jeglicher Art übernahm. Hier waren die Instandsetzungsbasis und die raketentechnische Abteilung mit all ihren Ausrüstungen, Maschinen und Schweißgeräten untergebracht, auch eine Verpflegungseinheit fand sich

Schießscheiben auf einem Zielponton beim Raketenschießen vor der sowjetischen Küste.

hier. Auf der Überfahrt vom Stützpunkt Bug nach Baltisk ging es dann intern um das »blaue Band«. Auf einem festgelegten Streckenabschnitt wurden entsprechende Wettfahrten veranstaltet.

Für die Angehörigen der Volksmarine waren die in Baltisk liegenden großen Kriegsschiffe, U-Boote und Luftkissenfahrzeuge der Baltischen Rotbannerflotte ein »besonderes Erlebnis«, denn zu Hause bekamen sie derartiges wegen der in der Volksmarine dominierenden kleineren Fahrzeuge nicht zu sehen. Das eigentliche Übungsschießen erfolgte dann auf verankerte Seezielscheiben, an denen Netze mit Reflektoren befestigt waren. Nachdem die Rakete abgefeuert war, liefen die Boote hinterher, um anhand eines zerfetzten Netzes oder umherliegender Trümmer des Pontons die Wirkung des Einschlags zu prüfen. In den letzten Jahren des Warschauer Paktes änderte sich dies jedoch. Die Geschosse wurden nicht mehr nur auf eine Zielscheibe abgefeuert, sondern sie wurden in der Luft von einem anderen Schiff aus mit Abwehrraketen bekämpft. So konnte man die Präzision zweier Einheiten überprüfen.[48]

Der Ablauf des Raketenschießens war derselbe wie daheim auf dem Bug während der Gefechtsausbildung, nur daß diesmal die Rakete tatsächlich auch von der Rampe abhob und die für das Ziel im Voraus berechnete Flugbahn einnahm. Nach der Befehlskette: »Hangar öffnen! – Stopper von den Rudern! – Hauben vom Luftdruckempfänger! – Stecker drei Strich eins überprüfen und verbinden! – An GS 4, Zielsuche im angegebenen Sektor durchführen, Distanz ... Meilen!« folgte schließlich das Kommando: »Raketenangriff! Personalbestand unter Deck! – Rakete: Start!« Es krachte laut, der Boots-

Leichte Torpedoschnellboote im Buger Hafen melden: »Klar zur Besichtigung«.

körper erzitterte. Der Hangar gab die Rakete frei. Kurz darauf kam dann möglichst die Meldung, daß die Rakete ihr Ziel getroffen hat.[49]

So eindrucksvoll derartige Manöver für die Beteiligten auch waren – noch wochenlang wurde auf dem Bug davon erzählt –, offenbarten sie zugleich die wirtschaftlichen Schwierigkeiten und Engpässe, unter denen die Volksmarine zu leiden hatte. Innerhalb des ohnehin niedrigen Limits von maximal 120 Motorenbetriebsstunden pro Schiff wurden allein für die Hin- und Rückfahrt nach Baltisk sowie für die gemeinsamen Schießübungen etwa 30 Betriebsstunden verbraucht. Gemessen am Ausbildungseffekt war dieser Anteil aufgrund der langen Fahrstrecke fast nicht zu vertreten. Desweiteren war der materielle Einsatz erheblich. Der Aufenthalt in Baltisk selbst, die verschossenen Raketen, die zerstörten Pontons und die Absicherung des Seegebietes erforderten enorme finanzielle Mittel. Da auch die polnische Seite über ein ungünstiges Aufwand-Nutzen-Verhältnis klagte, entschloß sich das Oberkommando der Vereinten Streitkräfte, derartige Manöver nur noch alle zwei Jahre abzuhalten.[50]

Um Sparsamkeit ging es zumeist auch, wenn auf dem Bug unvorangemeldet Inspektionen des Marinekommandos, des Ministeriums oder des Oberkommandos auftauchten. Zahlreiche Kontrolloffiziere überprüften die Flottille vor allem im Hinblick auf den Zustand der Technik, die Gefechtsbereitschaft und den Wissensstand der Soldaten, aber auch in bezug auf den Materialverbrauch.

Große Aufregung löste einmal aus, als eine Inspektion glaubte, einen »Schwarzbau« auf dem sonst so mustergültigen Bug ausgemacht zu haben. Kurz zuvor war im Stützpunktbereich ein Badehaus mit Sauna fertiggestellt worden. Eine Genehmigung darüber konnte jedoch nicht vorgelegt werden. Es drohten Strafen. Doch der Chef der 6. Flottille konnte den Sachverhalt aufklären: Bei der vorangegangenen Inspektion sei der Stellvertreter des Ministers zugegen gewesen und hätte gefragt, warum es denn auf dem Bug noch keine Sauna gebe, wie sie andernorts bereits üblich wäre. Dieser Anregung sei man nachgegangen. Der Flottillenarzt hätte eine Dienstreise zum Lazarett Gotha unternommen, die dortige Sauna inspiziert und sich die entsprechenden Unterlagen kopieren lassen. Anschließend habe man einen einberufenen Bauplaner während seines Reservistendienstes damit betraut, den Bau zu leiten, der aus eigenen Mitteln erwirtschaftet worden sei. Leider hätte man jedoch keine Baugenehmigung dafür erhalten, selbst nicht, als die Sauna bereits fertiggestellt war. Alle Unterlagen seien zwar bei den zuständigen Behörden eingereicht worden, doch der Rücklauf stehe bisher aus.

Der Chef der 6. Flottille bot sich an, dem Leiter der Inspektion, einem General, das Badehaus mit Sauna persönlich vorzuführen, doch leider könne es bis jetzt noch nicht genutzt werden, da eben die Genehmigung fehle.

Einheiten der 6. Flottille sind im Hafen zur Musterung angetreten.

Der General erklärte sich daraufhin bereit, das Problem umgehend zu lösen. Schließlich war die Anregung des stellvertretenden Ministers durchaus eigenständig und kreativ umgesetzt worden. Im Inspektionsbericht verwandelte sich nun der »Schwarzbau« in einen hochgelobten »Initiativbau«. Die ausstehende Genehmigung trudelte wenig später auf dem Bug ein.[51]

## Das System der Gefechtsbereitschaft

Da in der Ostsee zwei hochgerüstete Militärblöcke aufeinander trafen, die sich – im Unterschied zu den Landstreitkräften – auch direkt begegneten, wurden die jeweiligen Aktivitäten des anderen mit besonderem Argwohn verfolgt. Die Staaten des Warschauer Paktes gingen von einer realen Bedrohung aus, denn sie vermuteten, irgendwann von der NATO angegriffen zu werden, obwohl dies dort nie ernsthaft geplant wurde. Die Vereinten Streitkräfte hatten daher seit den sechziger Jahren die operative Aufgabe, den Gegner durch massive Schläge möglichst auf dem Boden der Bundesrepublik und in der Tiefe der Territorien Dänemarks und der Benelux-Staaten erfolgreich zu schlagen.[52]

Die 6. Flottille war in diese Aufgabenstellung direkt eingebunden und einem strengen Bereitschaftssystem unterworfen. Die beiden Torpedo- und Raketenschnellbootsbrigaden hatten jeweils drei Abteilungen, von denen sich eine in der »Kampfreserve«, eine weitere im »Kampfkern II« und die dritte im »Kampfkern I« befinden mußte. Bis Anfang der siebziger Jahre bedeutete dies, daß die neu eingezogenen Wehrpflichtigen, die zunächst ein Jahr lang ausgebildet werden mußten, die »Kampfreserve« bildeten, wohingegen die Matrosen des zweiten Dienstjahres den »Kampfkern II« stellten und sich der »Kampfkern I« aus den erfahrenen Angehörigen des dritten und somit letzten Dienstjahres zusammensetzte. Dieser »Kampfkern I« befand sich in ständiger Bereitschaft.

Anfang der siebziger Jahre erfolgte dann eine Neuordnung des Bereitschaftssystems, um die Gefechtsbereitschaft aller Boote der Brigaden zu erhöhen. Die Neuzugänge wurden nun im ersten Jahr nicht mehr zentral in einer Abteilung im Status der »Kampfreserve« ausgebildet, sondern gleichmäßig im Verhältnis von 20 Prozent der Gesamtbesatzungsstärke auf alle Boote verteilt. Da ab 1971 die Wehrpflichtigen halbjährlich zum Dienst eingezogen wurden, setzten sich die Bootsbesatzungen mitunter aus sechs verschiedenen Diensthalbjahren zusammen. Durch dieses Integrationsprinzip hatten alle Boote einen ähnlichen Ausbildungsstand, so daß sie zu beliebigen Zeitpunkten gleichermaßen in Bereitschaft versetzt werden konnten.

Doch mit diesen Umstrukturierungen wurde zugleich das innere Gefüge der Einheiten verändert, was sich alsbald in der sogenannten EK-Bewegung (EK = Entlassungskandidat) niederschlug. Die älteren Diensthalbjahre machten sich die jüngeren zu Untertanen, wobei es in einigen Einheiten der NVA zu regelrechten Auswüchsen kam. Auf dem Bug breitete sich diese Bewegung aus, als in Dranske die stützpunktnahen Wohnungen fertiggestellt waren und die Offiziere nach Dienstschluß zumeist nach Hause fuhren. Nun blieben die Besatzungen auf sich allein gestellt an Bord. Ältere Unteroffiziere begannen damit, kleinere Dienstleistungen der jüngeren Matrosen und Maate einzufordern. Ab Mitte der siebziger Jahre wurden schon regelrechte Zeremonielle zur »Begrüßung der Neuen« und beim Übergang in ein neues Diensthalbjahr abgehalten.[53] Manch ein junger Matrose mußte über sich das Ritual des Anbadens ergehen lassen, wobei er völlig unvorbereitet mit einem plötzlichen Stoß in den Rücken mit voller Montur in das Hafenbecken befördert wurde. Auf dem Höhepunkt der EK-Bewegung kam es dann zu abendfüllenden, erniedrigenden »Kulturprogrammen«: Jüngere Kameraden mußten sich dabei einen Stahlhelm mit einer Kerze aufsetzen und zur Belustigung der anderen beten oder singen. Kurz vor der Entlassung wurde an Land »Heimfahrt« gespielt. Die Entlassungskandidaten setzten sich in den Fernsehraum und die Männer des ersten Diensthalbjahres mußten draußen vor dem Fenster mit abgeschnittenen Birkenzweigen vorbeilaufen und Zuggeräusche imitieren. Die Neuen hatten wenig Chancen, sich dagegen aufzulehnen, und ergaben sich zumeist in ihr Schicksal, verbunden mit der Zuversicht, wenig später ihrerseits Sonderrechte für sich in Anspruch nehmen zu können.[54] Wurden derartige Vorfälle an die Flottillenleitung gemeldet, schritt man dagegen auch ein,

Im Winter liegt die Bereitschaftsbrigade der 6. Flottille im Saßnitzer Hafen, da der Libben zwischen dem Bug und Hiddensee in Frostperioden ziemlich schnell vereist.

und es gab lange »Auswertungsgespräche im Kollektiv«, doch abends waren die Soldaten wieder allein unter sich, und so mußte der »Verräter« um so härtere Schikanen ertragen.

Während des Bereitschaftsdienstes ging es dann vor allem darum, NATO-Schiffe, die im Zuständigkeitsraum der Volksmarine operierten, zu beobachten und zu überwachen. Wurde ein gegnerisches Fahrzeug geortet, mußten die Boote der Bereitschaftsbrigade auslaufen und dieses so lange begleiten, bis es sich wieder aus dem entsprechenden Gebiet entfernt hatte. Den Gegner auf See eindeutig identifizieren zu können, war daher ein wichtiger Teil der Ausbildung. Anhand der Umrisse und der taktisch-technischen Merkmale (Anzahl der Geschütze, Raketen, Torpedos, Maschinenwaffen, Geschwindigkeiten) sollte man die Schiffe und Boote der NATO möglichst schnell erkennen können.

In vorderster Front bei diesen Aufklärungsaufgaben für den Warschauer Pakt standen die Boote der 1. und 4. Flottille der Volksmarine. Sie waren ständig an den Ein- und Ausgängen der Ostsee, wie etwa dem Fehmarn-Belt, positioniert. Tauchte ein gegnerisches Fahrzeug auf, meldete man dies sofort weiter. Photos wurden angefertigt, um etwaige Veränderungen der bisher bekannten technischen Ausrüstung festzuhalten. Die entsprechenden Erkenntnisse liefen dann bei der Aufklärungsabteilung im Kommando der Volksmarine zusammen. Anhand der Karte des Ostseegebietes wurde dem Täglichen Gefechtsstand (TGS) der drei Flottillen vom Kommando der Volksmarine die Position von NATO-Schiffen durchgegeben.[55]

War ein solches Objekt aufgetaucht, wurde es durch ein Fahrzeug der Volksmarine, das sich gerade im Seegebiet aufhielt, erfaßt und begleitet. Waren keine geeigneten Kräfte in der Nähe, lief ein Bereitschaftsboot der

In der Torpedoregelstelle auf einem Schwimmenden Stützpunkt wird ein Gefechtskopf an einen Torpedo angesetzt.

6. Flottille oder – falls nicht verfügbar – auch eines der Grenzbrigade Küste aus.

Die eigentliche Aufgabe der Grenzbrigade Küste, die aus Einheiten zur See und an Land bestand, mit ihren knapp 2 000 Angehörigen war es jedoch, die Grenze zu sichern, d. h. in erster Linie Fluchtversuche über das Meer zu verhindern. Da damit hauptsächlich in den Nachtstunden zu rechnen war, erfolgte die Überwachung verstärkt mit Funkmeßtechnik, die u. a. in den Stützpunkten Dornbusch, Darßer Ort, Stubbenkammer und Greifswalder Oie installiert war. Von dort kamen dann auch Meldungen zur 6. Flottille, um zu überprüfen, worum es sich bei einem ausgemachten Objekt handelte und ob es ggf. zu verfolgen sei. Wenn es um westliche »Eindringlinge« ging, so folgte nach der Radarortung bei Bedarf auch eine Aufklärung aus der Nähe. Dann fuhr man bis auf Sicht heran, so daß man sich im Fernglas beobachten konnte und auch Photos möglich waren. In besonders interessanten Fällen wurde zusätzlich noch ein Hubschrauber eingesetzt.[56]

Die Gefechtsdienstbrigade der 6. Flottille, die zu solchen Geleiteinsätzen auslaufen mußte, lag im Sommer im Hafen am Bug. Um noch schneller ins Einsatzgebiet zu kommen, richtete man später am Südbug einen Anleger auf der Seite zum offenen Meer hin ein, an welchem ständig eine Abteilung der Bereitschaftsbrigade stationiert war.[57] Im Winter mußte man die gesamte Brigade allerdings in den Saßnitzer Hafen verlegen, da der Libben in Frostperioden ziemlich schnell vereist.

Zwei Boote der Dienstabteilung der Bereitschaftsbri-

Mit einer Torpedo-Attrappe, einem sogenannten Toten Mann, werden die Torpedorohre im Hafen getestet.

gade mußten jederzeit 100 Prozent gefechtsbereit sein. Da in einer Abteilung neun Fahrzeuge fuhren, lösten sie sich untereinander donnerstags im Wochenzyklus ab. Die Besatzungen zweier Boote waren somit sieben Tage lang in Bereitschaft. Die nächsten Wochen konnten die Offiziere dann nach Dienstschluß zur Familie nach Dranske fahren, es sei denn, es kam eine längere Seefahrt oder ein Alarm dazwischen.[58]

Ein ehemaliger Stabschef der LTS-Brigade erinnert sich an diesen Dienst an Bord rund um die Uhr: »Ein Verlassen des Schwimmenden Stützpunktes war streng untersagt. Ausgang gab es nicht. Das war auch eine harte Zeit für die Familien, die drei Kilometer weiter zu Hause waren. Mit dieser hohen Anspannung verbrachten wir einen erheblichen Teil unseres Lebens. Wenn man großes Pech hatte, fand gerade an dem Wochenende, das frei war, eine Übung oder ein Sondereinsatz statt. So erging es mir einmal. Ich meldete mich bei meinem Brigadechef in den Urlaub ab. Kurz danach wurde dem Ministerium für Staatssicherheit mitgeteilt, daß sich ›hochqualifizierte Wissenschaftler‹ von der Küste der DDR in das ›kapitalistische Ausland‹ absetzen wollten. Mein Auto stand schon vor der Haustür. Die Urlaubssachen waren bereits im Kofferraum verstaut. Die Kinder und meine Frau saßen im Auto. Ich wollte gerade meine Wohnungstür abschließen, da klingelte das Telefon. Als Stabschef der Brigade besaß ich ein Diensttelefon. Ich nahm den Hörer aus der Gabel. Mein Chef war erleichtert, daß ich noch nicht abgereist war und er mich noch antraf. Der Urlaub war für mich zu Ende, ich mußte sofort ins Ob-

Torpedoschnellboote im Hafen des Stützpunktes Bug.

jekt zurück. Meine Frau fuhr mit meinen Kindern allein zum vorgebuchten Reiseziel. Ich lag drei Wochen in Gefechtsbereitschaft vor Warnemünde. Die gesamte Küste wurde streng bewacht. Es fand aber gar keine ›Ablandung‹ statt.«[59]

Im Unterschied zu westlichen Armeen befanden sich große Teile der NVA in Ständiger Gefechtsbereitschaft (SG), der Grundstufe des Bereitschaftssystems. Dies galt auch für die gesamte 6. Flottille. Eine Anwesenheit von 85 Prozent des Personalbestandes im Standort der Flottille war vorgeschrieben, wobei allerdings auch das Wohngebiet Dranske dazu zählte. Im Juli 1979 wurde dies noch dahingehend verschärft, daß zur ständigen Gefechtsbereitschaft gehörte, daß auch alle Boote vollständig mit Munition ausgerüstet sein mußten und ein Drittel der Boote ständig Raketen und Torpedos als Hauptbewaffnung an Bord hatte.[60] Täglich um 16 Uhr wurde auf dem Gefechtsstand der Flottille eine Versammlung zur »Präzisierung der Gefechtseinteilung« anberaumt. An ihr nahmen unter der Leitung vom Stabschef der Flottille bzw. vom Leiter der »Unterabteilung Operativ« sämtliche Stabschefs der Brigaden teil. Der anwesende Offizier für operative Führung (OP-Dienst) markierte an einer großen Übersichtstafel von allen zur 6. Flottille gehörenden Booten die Einsatzklarzustände (EKZ). Der EKZ gab an, welche Boote einsatzbereit waren und zu welchen »Schiffsschlaggruppen« sie zusammengesetzt werden konnten.[61]

Neben dieser Ständigen Gefechtsbereitschaft gab es noch drei weitere Stufen der Gefechtsbereitschaft: die Erhöhte Gefechtsbereitschaft, die Gefechtsbereitschaft bei Kriegsgefahr und die Volle Gefechtsbereitschaft.[62] Bei Erhöhter Gefechtsbereitschaft verblieben noch alle Boote im Hafen, nur die Bereitschaftsboote gingen in See. Im Falle der Gefechtsbereitschaft bei Kriegsgefahr wurde die komplette »Friedensstruktur« der Marine in eine »Kriegsstruktur« umgewandelt, bei der sich auch die Befehlsgewalten veränderten. Zur Überführung in die jeweils nächsthöhere Stufe der Gefechtsbereitschaft wurde vom Operativen Dienst Alarm ausgelöst. Danach mußte das gesamte Personal mobilisiert werden. Zu diesem Zweck befanden sich in den Dransker Neubaublöcken in jedem Aufgang lautstarke Hupen. Von einem Tableau im Dienstzimmer aus konnte Alarm in unterschiedlichem Umfang, z. B. brigadeweise, ausgelöst werden. An den Intervallen des Signalhorns war auch zu erkennen, ob es sich um Gefechts-, Atom-, chemischen oder einen anderen Alarm handelte. In wichtigen Fällen fuhr zusätzlich noch die Buger Feuerwehr mit lautem Signalhorn durch Dranske, um auch den letzten Betroffenen aus dem Bett zu scheuchen. Sollte trotzdem noch jemand den Alarm überhört haben, wurde ein Läufer losgeschickt.

Bei Alarmübungen kam es vor, daß dem Diensthabenden am Abend zuvor ein Kuvert ausgehändigt wurde, welches er zu einem bestimmten Zeitpunkt zu öffnen hatte. Darin fand er dann zum Beispiel das Codewort ›Windhose‹ und wußte, daß er jetzt den Panzerschrank zu öffnen und dort ein Kuvert zu entnehmen hatte, das mit dem gleichen Codewort beschriftet war. Darin fand er dann Informationen zum Grad der Gefechtsbereitschaft und das Codewort, beispielsweise »Wasserball«, mit dem er anschließend die Ausführung des Alarms zu bestätigen hatte.[63]

War einmal Alarm ausgelöst, setzte schlagartig hektische Betriebsamkeit im Stützpunkt ein. Das Personal der Gefechtsdienstbrigade, das noch nicht in der Dienststelle war, mußte schnellstens mit sogenannten Einsatz-LKW zum Bug gebracht werden. Alle anderen kamen entweder mit dem Bus oder mit dem eigenen Fahrrad. In den ersten Jahren konnte man auch noch mit eigenen Fahr-

»Alarm!« Ein Torpedoschnellboot legt ab.

Kleine Torpedoschnellboote begeben sich nach Gefechtsalarm zu ihrem Einsatzort.

zeugen in die Dienststelle hineinfahren, doch nach einem schweren Unfall Anfang der siebziger Jahre wurde die Nutzung eigener Kraftfahrzeuge im Stützpunkt generell untersagt. Damals hatte an der Pier 2 ein alkoholisierter Autofahrer einen Zivilangestellten der Flottille erfaßt und tödlich verletzt. Wer dennoch auf die private Autofahrt nicht verzichten wollte, mußte sein Gefährt vor der Wache abstellen und die lange Strecke bis zum Hafen dann zu Fuß bewältigen.

Während sich die Soldaten auf dem Weg zum Bug befanden, ging es auch im Gefechtsstand heiß her. Der OP-Dienst folgte dabei dem »Plan der Alarmierung«, in dem jeder Handgriff bei verschiedenen Arten der Alarmauslösung beschrieben war. Eine Karte des Ostseeraums informierte über die aktuelle Seelage: Welches gegnerische Schiff befindet sich an welcher Stelle des Ostseeraumes? Welche Kurse werden gelaufen? Welche Aktivitäten werden beobachtet? Welche eigenen Einheiten befinden sich im nahen Aufklärungsbereich? Welches Wetter herrscht momentan? Wie lautet die Wetterprognose für die nächsten sechs Stunden?

Man hatte ständig Funkkontakt zu allen Einheiten. Jedes Boot konnte so seinen Standort und die Erfüllung erteilter Aufgaben melden. Über die Analyse der Seelage mußte innerhalb einer halben Stunde beim Chef der Volksmarine (wenn die Übung nur auf Flottillenebene organisiert war, dann an den Flottillenchef) eine Meldung erfolgen. Die nachfolgenden Einsatzbefehle wurden an die beteiligten Brigaden weitergegeben.

Bis zum Eintreffen aller Soldaten wurden die Maschinen der Boote bereits von den Diensthabenden warmlaufen gelassen. Die Offiziere des Brigadestabs, Kommandanten, Abteilungs- und Brigadechefs wurden nun vor Ort eingewiesen. Die Navigationsoffiziere erhielten ihre Unterlagen, Befehl und VS-Koffer (VS=Verschlußsache) wurden verteilt.[64]

War alles an Bord, nahmen die Boote die ihnen zugewiesenen Gefechtsräume in See ein. Diese Gebiete waren mit Nummern gekennzeichnet. Der Sektor westlich der Insel Hiddensee war zum Beispiel der »Dezentralisierungsraum 30«, die Tromper Wiek, die Ostseebucht zwischen Wittow und Jasmund, der »Dezentralisierungsraum 21«.[65]

Da der Weg vom Hafen am Bug bis in diese Gebiete durch das schwierige Libben-Fahrwasser führte, gab es immer wieder Überlegungen, ob sich der Stützpunkt in einem Ernstfall überhaupt als zweckmäßig erweisen würde. Gelänge es einem Gegner, bei Ausbruch eines Krieges Minen in den Libben zu werfen, wäre die Flottille eingeschlossen, ein Auslaufen unmöglich. Trotz solcher Planspiele hielt man jedoch am Standort Bug fest. Ein so plötzliches Auftauchen gegnerischer Kräfte erschien allen zu unwahrscheinlich. Keiner der potentiellen Gegner in einem europäischen Konflikt hätte völlig unbemerkt aufmarschieren können. Schon das Zusammenziehen von Kräften mußte dem jeweiligen Gegner auffallen. In einem solchen Falle wären die Boote rechtzeitig durch das Ausrufen der »Gefechtsbereitschaft bei Kriegsgefahr« vom Bug in ihre Dezentralisierungsräume verlegt worden.

Hecksee eines Torpedoschnellbootes Projekt 206.

Wäre dann Volle Gefechtsbereitschaft, also die höchste Einsatzstufe, ausgerufen worden, hätten sich alle Boote der 6. Flottille aus dem Hafen entfernt und auf See verteilt. Von nun an wäre die zentrale Befehlsgewalt vom Oberkommando der Vereinten Streitkräfte der Warschauer Vertragsstaaten ausgegangen.[66]

## Einsätze in Zeiten des Kalten Krieges

Das Zusammenspiel der drei verbündeten Ostseeflotten und die Führung durch ein Oberkommando wurden regelmäßig auf verschiedenen Ebenen geprobt. Für die Baltische Rotbannerflotte der UdSSR, die Polnische Seekriegsflotte und die Volksmarine lag das Hauptaugenmerk in der Abwehr einer möglichen Aggression aus der westlichen Ostsee. Die Gegner, die man der Militärdoktrin folgend erwartete, waren die Armeen der Mitgliedsstaaten der NATO, zu der auch die Bundesrepublik gehörte. Das Übungsziel gemeinsamer Seemanöver war es daher, einen simulierten Überfall - zum Beispiel durch Einheiten der Bundesmarine - abzuwehren und danach durch offensive Operationen die Seehoheit zu erringen. Der große Konflikt in Europa blieb, trotz zahlreicher ernster Krisen, zum Glück jedoch aus. Typisch für das Nebeneinander der Blöcke war vielmehr eine stete Konfrontation im kleinen. Die Lage spitzte sich zeitweilig zu - etwa unmittelbar nach dem Mauerbau in Berlin 1961 oder während der Invasion in der Tschechoslowakei 1968 -, beruhigte sich dann aber allmählich wieder.

Die allgemeine Spannung war natürlich auch auf See zu spüren, insbesondere wenn sich Boote aus den beiden Militärblöcken begegneten. Es kam etwa vor, daß Besatzungen vorbeifahrender Schnellboote der Bundesmarine die Matrosen der Volksmarine per Lautsprecher aufforderten, über Bord zu springen und Fahnenflucht zu begehen. Auch eine Grußerweisung, wie sie in der Seefahrt allgemein gebräuchlich ist, blieb zwischen Schiffen und Booten der beiden deutschen Marinen meist aus. Erst nach und nach normalisierte sich das Verhältnis im Zuge der Entspannungspolitik.

Charakteristisch für die Einschätzung des Anderen im Europa des Kalten Krieges ist, daß beide Seiten die

Torpedoschnellboote werfen Wasserbomben.

Begegnungen auf der Ostsee ähnlich bedrohlich erlebt haben, die Schuld für das Nicht-Einhalten der Grußgepflogenheiten allerdings beim jeweils anderen suchten. Offiziere der Bundesmarine erinnern sich daran, daß zwischen ihnen und polnischen oder sowjetischen Schiffen ein freundlicherer Ton geherrscht habe.[67]

Hielten die Fahrzeuge einer der beiden Marinen Ausbildungsfahrten ab, so konnten sie gewiß sein, daß sie während des Einsatzes auf See bald schon »Besuch« vom Nachbarn erhielten. Man versuchte immer wieder die Ausbildungsmaßnahmen zu behindern. Der jeweils Belästigte war natürlich bemüht, das Operationsgebiet im Vorfelde weiträumig abzuschirmen. Das gelang jedoch nicht immer, so daß die eine oder andere Übung abgebrochen werden mußte. Jeder der beiden Gegner behauptete, daß er selbst diese »Spielereien« nie so intensiv betrieben habe wie sein Gegenüber. Man ging dabei auf beiden Seiten der Militärblöcke ähnlich vor. Die NATO-Streitkräfte hatten die Aufgabe, die Einheiten des potentiellen Gegners permanent zu überwachen. Die Passage durch den Fehmarn-Belt wurde rund um die Uhr von einem Schiff der Bundesmarine kontrolliert. Jede Einheit der Warschauer-Pakt-Staaten wurde in enger Tuchfühlung beschattet.[68] Auf der anderen Seite erhielten eben die Boote der Volksmarine den Auftrag, Schiffsverbände der Bundesmarine aufzuklären und durch ihre Verantwortungszone zu begleiten.

Dies war keineswegs ungefährlich, zumal bei schlechten Witterungsbedingungen. Zum größten Unglück in der Geschichte des Bug kam es 1968 während der ČSSR-Krise. Die Warschauer Vertragsstaaten beendeten den tschechischen Versuch, das bestehende Sozialismusmodell zu reformieren, mit militärischer Gewalt. Der damalige DDR-Verteidigungsminister Armeegeneral Heinz Hoffmann löste am 21. August 1968 für die gesamte NVA die Stufe »Erhöhte Gefechtsbereitschaft« aus. Dies betraf auch die 6. Flottille auf dem Bug. Die 4. Torpedoschnellbootsabteilung lag bereits dezentral im Hafen Darßer Ort.

Dann, in der Nacht vom 30. zum 31. August 1968, gab es Alarm. Die Fregatte »Karlsruhe« der Bundesmarine lief in die Mecklenburger Bucht ein und passierte dabei ein Vorpostenschiff des Warschauer Paktes. Irgendwann verschwand die Fregatte vom Radarschirm des Vorpostens. Daraufhin erhielten die Bereitschaftsboote 843 und 844 in Darßer Ort den Befehl zur optischen Aufklärung und Begleitung. Das Führungsboot war die »Willi Bänsch« mit der Bordnummer 844. Zur Zeit des Auslaufens um 1.51 Uhr war es nicht nur stockdunkel, sondern es herrschte auch dichter Nebel mit Sichtweiten unter 50 Metern, der sich von Stunde zu Stunde weiter verdichtete. Auf der Brücke des Führungsbootes wurden daher zusätzliche Beobachter eingesetzt. Doch sie konnten weit und breit weder Motorengeräusche noch Nebelwarnsignale wahrnehmen.[69] Alles schien wie von Watte verschluckt. Im Boot selbst gab es nur einen kleinen Radarschirm, der allerdings noch einige Ungenauigkeiten in der Zieldarstellung hatte: Der Kommandant mußte die gelieferten Daten immer durch seine eigene seemännische Erfahrung ergänzen. Endlich konnte von ihm ein Objekt erfaßt werden. Das mußte die Fregatte »Karlsruhe« sein. Auf sie hielt man zu. Doch dann gab es plötzlich eine schwere Kollision. Die »Willi Bänsch« stieß mit der schwedischen Fähre »Drottning« zusammen, die von Travemünde nach Trelleborg unterwegs war.[70] Die »Drottning« meldete der Seenotrettungsstelle Warnemünde, daß sie gegen 3.15 Uhr ein kleines Ziel gerammt habe. Die »Willi Bänsch« hatte keine Chance. Sie kenterte und sank. Da der Funkkontakt plötzlich unterbrochen war, begab sich das Boot 843 auf die Suche nach dem Führungsboot: Es konnte wenig später neun der 16 Besatzungsmitglieder bergen. Sofort wurde eine umfangreiche Rettungsaktion nach den übrigen sieben Seeleuten mit zahlreichen Booten und Hubschraubern der Volksmarine eingeleitet. Mehrere Schiffe von Anrainerstaaten waren an der Suche beteiligt. Die »Drottning« selbst soll sich, nachdem sie Rettungsmittel über Bord geworfen hatte, in dieser Zeit ebenfalls im Rettungsgebiet aufgehalten haben.

Peter Henke, damals Leitender Ingenieur eines herbeigeeilten Bootes, erinnert sich nach über dreißig Jahren an das Ende dieser Suchaktion: »Am Morgen des 31. August gegen 6 Uhr wurde Gefechtsalarm ausgelöst. Der Kommandant der 842 kam an Bord. Nachdem wir den Funk abhörten, bemerkten wir, daß der UKW-Verkehr bereits offen lief. Wir sollten auslaufen und machten bereits gegen 7 Uhr seeklar. Doch wir mußten noch bis in den Vormittag hinein liegenbleiben, weil der Nebel sich nicht auflöste. Endlich konnten wir auslaufen. Als wir ankamen, waren viele andere Fahrzeuge bereits seit der Nacht im Einsatz. Überlebende konnten nicht gefunden werden. Nun begann die Suche nach dem Wrack. Dabei ging es nicht nur um mögliche Eingeschlossene, sondern auch um geheime Unterlagen an Bord. Kein Wunder, daß auch die Bundesmarine entsprechende Aktivitäten entfaltete.«[71]

Nach fünf Tagen fanden schließlich Kampfschwimmer der Volksmarine die »Willi Bänsch«. Sie stellten das Bootsnavigationstagebuch und geheime technische Teile sicher. Die Opfer des Unglücks wurden geborgen.[72] Der Artillerist beispielsweise war infolge der Kollision in der Kanone eingequetscht und mit dem Schiff nach unten gezogen worden.[73]

Das Wrack wurde nun aufgebracht und in Warnemünde an Land gesetzt. Jürgen Hoffmann war einer der ersten bei der genaueren Untersuchung. »Es wurde alles photographiert, was zur Aufklärung des Hergangs beitragen konnte. Vom Heck fehlte ein Stück. Die Brücke war heruntergerissen. In der Kammer des Leitenden In-

Kalter Krieg auf der Ostsee. So antwortete der Kommandant eines BRD-Schiffes auf den Flaggengruß eines Schiffes unserer Volksmarine: Die Schlinge – Symbol für den Galgen – wird gehißt.

Auf der Ostsee standen sich die Truppen von NATO und Warschauer Pakt unmittelbar gegenüber.

genieurs wurden zwei weitere Besatzungsmitglieder eingeschlossen aufgefunden. Für sie muß es schier unmöglich gewesen sein, nach dem Zusammenprall mit der Fähre das Schott zu öffnen, um sich befreien zu können. Es wird Chaos geherrscht haben, und es war stockfinster. Alles, was nicht niet- und nagelfest war, schwamm herum. Die Orientierung war nur noch seitenverkehrt nach oben gewandt möglich, da das Boot schnell kieloben schwamm. Und natürlich klemmten dann auch die Ausgänge, wenn man sie denn gefunden hätte. Das Gas der Hauptmaschinen sammelte sich in der Luftblase des Bootes, so daß die Verunglückten vermutlich an den giftigen Abgasen erstickten. Die anderen Opfer wurden auf See oder an der dänischen Küste tot geborgen.«[74]

Fünf Jahre später widmete man den verunglückten Seeleuten einen Gedenkstein auf dem Bug. Im Zyklus von fünf Jahren wurde im Beisein der Angehörigen an der Unglücksstelle der »Willi Bänsch« ein Kranz in die See geworfen. Außerdem ehrten die Reservisten des Truppenteils am Tag ihrer Entlassung die Toten. Heute hat die »Marinekameradschaft Bug 92 e. V.« diese Tradition übernommen. Man fährt jährlich nicht mehr zur Unglücksstelle selbst, sondern zu einer Stelle östlich Rügens hinaus, um einen Kranz im Gedenken an die Opfer der See zu übergeben.[75] Bei der Auflösung des Stützpunktes Bug Anfang der neunziger Jahre wurde das Denkmal mit Hilfe einiger ehemaliger Angehöriger der 6. Flottille auf den Friedhof nach Dranske umgesetzt.

Nach einem Aufklärungseinsatz kehrt ein Boot zurück zu seinem Stützpunkt auf dem Bug.

Die »Willi Bänsch« sank nach einer Kollision mit einer schwedischen Fähre. Alljährlich wurde den Opfern des Unglücks gedacht.

Die Ostsee forderte aber auch noch Opfer ganz anderer Art: Einige tausend Bürger, die der DDR den Rücken kehren wollten, wählten nach dem Mauerbau die See als Fluchtweg. Dabei kamen vermutlich an die hundert Menschen ums Leben, genaue Zahlen sind nur schwer zu ermitteln.[76] Manche legten mit Schlauchbooten des Nachts von der Küste Rügens mit Kurs zur dänischen Insel Mön ab. Es soll vorgekommen sein, daß die Flüchtlinge unterwegs die Orientierung verloren und bei der Ankunft am Ufer glaubten, schon in Dänemark zu sein, doch tatsächlich am Strand von Hiddensee gelandet waren.

Bemerkten Boote der Volksmarine Flüchtlinge auf See, mußten Meldungen an die Befehlshaber der Volksmarine und an die Grenzbrigade Küste abgesetzt werden. Obwohl die zuständige 6. Grenzbrigade Küste eigentlich zu den Grenztruppen und nicht zu den Seestreitkräften gehörte, war sie operativ dem Kommando der Volksmarine in Rostock-Gehlsdorf unterstellt.[77] Hier entschied man dann, welche Kräfte losgeschickt wurden. Waren keine Boote der Grenzbrigade Küste im Einsatzgebiet verfügbar, hatten Einheiten der Volksmarine gemäß eines gleichlautenden Befehls die »Hoheitsrechte der DDR« wahrzunehmen und die Flüchtigen zu stellen.

Doch nicht nur »Republikfluchten« galt es wirksam zu verhindern, auch der Informationsfluß aus den Reihen der Volksmarine zum potentiellen militärischen Gegner war zu unterbinden. Wie jede Armee der Welt hatte die

Das militärische Sperrgebiet war nach allen Seiten hermetisch abgeschirmt. Schild aus dem Jahr 1990.

NVA zahlreiche Maßnahmen zur Geheimhaltung ergriffen. Auch für Angehörige der Bundeswehr galten Einschränkungen, was etwa die Benutzung der Transitwege nach Westberlin anbelangte. In der DDR wurde jedoch ein richtiggehendes Kontaktverbot ausgesprochen: Laut Dienstvorschrift war es einem NVA-Angehörigen untersagt, Kontakte mit Personen im »kapitalistischen Ausland« zu unterhalten. Das galt auch für Familienangehörige, die im Haushalt des Geheimnisträgers lebten. Selbst Radio- und Fernsehsender der westlichen Welt durften nicht empfangen werden, westliche Zeitungen waren verboten. Regelmäßig fanden sogenannte VS-Belehrungen (VS=Verschlußsache) statt. Die Teilnahme war Pflicht, und die Angehörigen der Flottille mußten sie mit ihrer Unterschrift bestätigen. In diesen Belehrungen wurde darauf hingewiesen, daß jede Art von Westkontakt zu melden sei. Sollte ein Armeeangehöriger beispielsweise bei der Beerdigung eines Familienangehörigen unvorhergesehen mit einem West-Bürger zusammentreffen, hatte unbedingt nachträglich eine Meldung zu erfolgen.

Mit solchen Maßnahmen sollten Geheimdienstaktionen westlicher Staaten erschwert werden. Es galt, sowohl personelle als auch technische Informationen strikt abzuschirmen. Verboten waren daher auch ganz harmlose Briefe an Verwandte oder Bekannte in der Bundesrepublik. Ein Fregattenkapitän a. D. erinnert sich, wie er mit diesen Auflagen zurecht kam. Er wußte, daß seine Schwiegermutter mit Nichten und Neffen aus Schleswig-Holstein in Briefkontakt stand. »Da sie einen eigenen Hausstand führte und auch die Post nur mit ihrer Anschrift in Berührung kam, war dieser Sachverhalt für meine Obhutspflicht unerheblich. Dann zog sie in unsere Wohnung ein. Ein möbliertes Zimmer mit separater Anschrift hielt sie zwar weiterhin aufrecht, suchte dieses aber nur noch gelegentlich auf. Die Post empfing sie seither unter unserer Adresse. Auf diesen Umstand hatte ich nie richtig reagiert: Nun pflegte ein Mitglied meines Haushalts Korrespondenz mit dem ›kapitalistischen Klassenfeind‹! Ich wurde zur Verantwortung gezogen, nachdem jemand eine Meldung über diesen ›illegalen‹ Briefwechsel gemacht hatte. Wer das war, weiß ich bis heute nicht. Ich erhielt eine Parteistrafe und hatte sogar noch Glück dabei, wie mir am Beispiel eines anderen bewußt wurde:

Ein Fregattenkapitän aus einem benachbarten Aufgang in Dranske unterhielt auch Briefkontakt mit Verwandtschaft aus der BRD und wurde ähnlich wie ich verwarnt. Geraume Zeit später fuhr er mit seiner Familie in den Urlaub und traf zufällig in einer Gaststätte seine Verwandten – er war selbst überrascht. Noch nicht ganz aus dem Urlaub zurückgekehrt, wußten die zuständigen ›Herren‹ in der Flottille bereits Bescheid. Aus dem Fregattenkapitän wurde ein Matrose. Begründung: eklatanter Verstoß gegen die Dienstvorschriften. Verbunden mit der Degradierung war außerdem der Parteiausschluß und bald darauf die unehrenhafte Entlassung aus der NVA.«[78] In einem kleinen Ort wie Dranske, dessen gesamtes Leben vom nahen Stützpunkt geprägt wurde, kam dies einem sozialen Absturz gleich.

Auch räumlich versuchte man, den Bug möglichst gut abzuschirmen und »Spionagetätigkeit« jeder Art zu unterbinden. Vor der Einfahrt auf die Halbinsel Wittow waren mehrsprachige Schilder mit dem Hinweis angebracht, daß die Zufahrt für Vertreter ausländischer Militärmissionen verboten sei. Sollte sich doch mal ein Jeep dorthin verirren, war über ein dichtes Netz von Meldern dafür gesorgt, daß die Militäreinheit auf dem Bug rechtzeitig gewarnt war und den »Eindringling« stellen konnte. Auf diese Weise wurde im September 1985 ein britisches Fahrzeug daran gehindert, bis zum Stützpunkt vorzudringen. Außerdem gab es ein umfassendes Photographierverbot. Dies galt in der DDR ohnehin nicht nur für militärische Sperrgebiete, sondern auch für alle Anlagen mit strategischer Bedeutung wie Brücken oder Bahnhöfe. Mitarbeiter der weißen Flotte, die den Verkehr über die Wittower Fähre abwickelten, hatten darauf zu achten, daß von ihren Schiffen aus keine Photos mit Blickrichtung Bug aufgenommen wurden. Ja sogar auf den Dampfern, die nach Hiddensee übersetzten, wurde über Lautsprecher darauf hingewiesen, daß es strengstens untersagt sei, in Richtung Bug zu photographieren.[79] Doch im Zeitalter moderner Luftaufklärung verfügte die andere Seite ohnehin über alle wichtigen Angaben.

## Kulturangebot und Freizeitgestaltung

Um die Abgeschirmtheit des Standortes aufzuwiegen, bemühten sich die verantwortlichen Militärs um ein attraktives Freizeit- und Unterhaltungsangebot im Stützpunkt. Überhaupt gehörten geistig-kulturelle Aktivitäten zum festen Bestandteil der militärischen Erziehung.[80] Kulturgruppen wurden ins Leben gerufen, Tanzmusikkapellen entstanden, zeitweilig existierte ein Chor.

Im Rahmen von »militärisch-kulturellen Leistungsvergleichen« sollte diese Entwicklung gefördert und ein breites Spektrum an Angeboten geschaffen werden.[81]

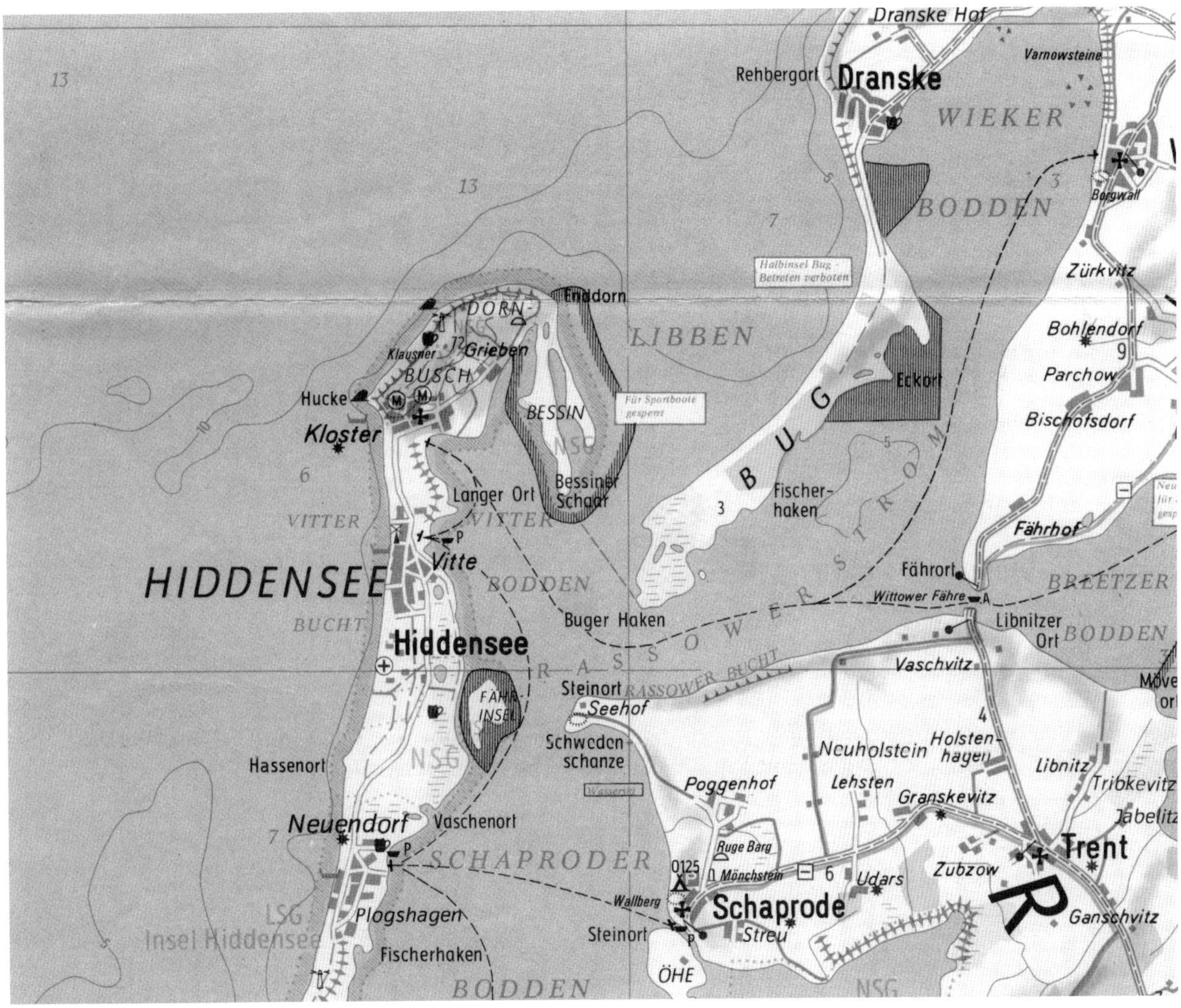


Auf dieser Touristenkarte der DDR sind die Sperrgebiete zu Land und zu Wasser eingezeichnet.

Das 1971 eingeweihte Klubhaus war mit Kino- und Konzertsaal, Bibliothek und Clubräumen das kulturelle Zentrum auf dem Stützpunkt. Hier fanden alljährlich auch Feiern zur Jugendweihe statt.

Es wurden Modellbau-, Schach-, Photo-, Film-, Bordfunk- und Schießzirkel eingerichtet. Finanzielle Mittel wurden dafür großzügig bereitgehalten.

Ab 1971 löste ein neues großes Klubgebäude auf dem Bug mit Kino- und Konzertsaal, Bibliothek und Kabinetten für die Zirkelarbeit die bis dahin genutzte provisorische Baracke ab. Für militärische und zivile »Kollektive« wurden Kleinveranstaltungen mit geselligem Charakter angeboten, die durchaus gefragt waren. In dem neuen Klubhaus konnten nun auch Großveranstaltungen stattfinden, wie zum Beispiel richtige Theateraufführungen. Ein Freundschaftsvertrag wurde daraufhin mit den Leipziger Theatern abgeschlossen, deren Ensembles mindestens zweimal im Jahr auf dem Bug gastierten. Da auch die Besatzungen des Gefechtsdienstes daran teilnehmen wollten, wurden für sie die letzten Reihen reserviert, auf daß sie im Falle eines Alarms als erste ausrücken konnten.[82]

Wie auch schon in der militärischen Vergangenheit der Halbinsel standen diese kulturellen und sozialen Einrichtungen auf dem Bug nicht nur den Angehörigen der Dienststelle, sondern auch ihren Familien zur Verfügung. Sie waren zu NVA-Zeiten im Besitz der »grünen Karte«. Alle anderen Bürger Dranskes hatten zu Klubhaus, Kino, Sauna, Schwimmhalle und Sporthalle jedoch keinen Zutritt. Ausnahmen gab es nur für jene Kinder, die im Rahmen des Schulsports Sportplätze und Schwimmhalle auf dem Gelände nutzen durften.

Familiensportfest unter dem Motto »Mach mit – mach's nach – mach's besser«. Prominenter Teilnehmer ist der Bobfahrer und mehrfache Medaillengewinner Meinhard Nehmer (rechts im Bild).

Lediglich zu außergewöhnlichen kulturellen Veranstaltungen, bei denen der Erwartungsdruck besonders groß war, durften auch andere Bürger Dranskes nach Anmeldung und Kontrolle ins Klubhaus. So erinnert sich Mathias Berndt, damals Schüler der »Dr. Richard-Sorge-Oberschule« in Dranske an einen legendären Auftritt der Puhdys: »Die Väter zweier Klassenkameraden hatten Eintrittskarten für das Konzert besorgt. Meine beiden Kumpels hatten die sogenannte grüne Karte, um den Bug betreten zu dürfen, die Väter waren Armeeangehörige. Mein Vater war Abschnittsbevollmächtigter der Polizei in Dranske, aber ohne direkten Kontakt zum Bug. Allerdings war es einem Zutrittsberechtigten gestattet, eine weitere Person in den Stützpunkt mitzubringen. Zu dritt machten wir uns deshalb mit unseren Fahrrädern auf den Weg. Am Kontrollpunkt angelangt, verweigerte man mir jedoch wider Erwarten den Zutritt. Ich mußte allein den Heimweg antreten und war maßlos enttäuscht. Als mein Vater mir zu Hause die Tür öffnete und ich ihm die Geschichte erzählte, war er außer sich. Er schnappte sich sein Fahrrad und fuhr mit mir erneut zum Bug. Dort machte er dem Wachposten eindringlich klar, daß ich eine Eintrittskarte erworben hätte und es eine Frechheit wäre, wenn man mich jetzt nicht reinlassen wolle. Außerdem legte er sein Polizeidienstbuch vor, um dem Gesagten Nachdruck zu verleihen. Endlich zeigte der Uniformierte Einsicht. Beim Klubhaus erwarteten mich meine Freunde bereits. Offensichtlich hatten sie die Hoffnung, mich zu sehen, noch nicht aufgegeben. Es war zum Glück das einzige Mal, daß ich an der Wache Schwierigkeiten bekam. Ansonsten war ich nämlich Mitglied der Sektion ›Segeln‹ und konnte wöchentlich den Bug betreten. Außer dieser Veranstaltung besuchten wir auch Auftritte der Gruppen ›City‹, ›Karat‹ und von Petra Zieger. Das kulturelle Angebot übertraf beinahe das so mancher Stadt.«[83]

Das Leben in Dranske wurde von der Dienststelle auf dem Bug nicht nur durch solche Aktivitäten beeinflußt. Die wenigen Familien, die keine direkte Verbindung zum Marinestützpunkt hatten, kamen zum Beispiel durch die Patenschaftsverhältnisse zwischen der 6. Flottille und den Schulen der Umgebung mit dem Militär in Berührung. Außerdem waren die Elternbeiratsvorsitzenden der Klassen zumeist in der Dienststelle beschäftigt. Zwischen der Polytechnischen Oberschule »Dr. Richard Sorge« in Dranske und der 6. Flottille wurde bereits 1965 der erste Patenschaftsvertrag abgeschlossen. Jede Schulklasse hatte danach eine Pateneinheit innerhalb der 6. Flottille. Oftmals war der Vater eines Kindes der Schulklasse Angehöriger dieser Einheit. Man lud sich zu gegenseitigen Besuchen in die Schule bzw. auf den Bug ein.

Im Marinestützpunkt selbst war ein Offizier speziell für diese Patenschaftsarbeit verantwortlich. Er sorgte dafür, daß offizielle Höhepunkte im Schulalltag, wie etwa der »Pioniergeburtstag« im Dezember, durch die 6. Flottille organisatorisch unterstützt wurden. An Großveranstaltungen wie den Jugendweihen war die 6. Flottille ebenfalls durch die Bereitstellung des Klubgebäudes für den Festakt und durch einen entsprechenden Festredner beteiligt. Zum »Tag der NVA« am 1. März wiederum

Zeichenwettbewerb im Haus der Nationalen Volksarmee in Dranske. Der Schweriner Maler und Graphiker Gerhard Reinisch gibt fachmännische Anregungen.

»Fest der Soldatenfamilie« im August 1986. Freiluftausstellung von ADN-Fotografen am Haus der Nationalen Volksarmee in Dranske.

überbrachte der Schuldirektor offiziell die Glückwünsche seiner Einrichtung an die Leitung der 6. Flottille. Die Klassen selbst wurden von ihren jeweiligen Patenbrigaden zum Stützpunkt eingeladen und beglückwünschten ihre Einheit zum Jubilaum. Schon im Vorfeld bastelten die Schüler dafür Geschenke. Den Nachmittag verbrachten sie dann z. B. auf dem Schnellboot ihrer Patenbrigade. Dort wurden die Kinder bewirtet und Spiele für sie organisiert.

Auch im sportlichen Bereich lief alles über die Armeesportvereinigung, die seit 1968 u. a. eine Sektion Leichtathletik unterhielt. 1973 erweiterte man das Angebot auf Gewichtheben, Turnen, Segeln sowie Boxen, später kamen noch Schießen, Judo, Tauchsport, Handball, Kegeln und Fußball hinzu. Ein Großteil der Kinder und Jugendlichen Dranskes und der gesamten Halbinsel Wittow gingen hier zum Training. Aus dem anfänglichen Breitensport wurde Schritt für Schritt Leistungssport. War es zunächst nur die Leistungsgruppe Turnen, so wurden später die Trainingszentren Leichtathletik, Gewichtheben und Segeln gebildet, in denen wöchentlich bis zu viermal nach festgelegten Trainingsplänen geübt wurde. In diesen Zentren arbeiteten hauptamtliche Trainer. Um hier zugelassen zu werden, mußte man nicht nur an mehreren Wettkämpfen teilgenommen haben, sondern auch eine gründliche medizinische Untersuchung über sich ergehen lassen.[84] Zwei Spitzensportler der DDR, deren Karrieren in Dranske begannen, waren die Diskuswerferin Diana Gansky (geb. Sachse), die für die DDR etliche Medaillen in internationalen Wettkämpfen errang, und Falko Bier, der 1987 Weltmeister im Segeln wurde.[85]

Es gab kaum ein größeres gesellschaftliches Ereignis in Dranske, das nicht in Zusammenarbeit mit der Dienststelle auf dem Bug ausgerichtet wurde. Die Ostseezeitung kündigte dies dann auch immer groß an, so auch am 26. Februar 1986: »Anläßlich des 30. Jahrestages der NVA findet in der Dienststelle Bug am 1. März in der Zeit von 10.00 bis 14.00 Uhr das ›Treffen der Soldaten mit den Werktätigen‹ statt. Der Chef der Dienststelle nimmt von 10.00 bis 13.00 Uhr Glückwünsche entgegen. Für alle Gäste ist die Besichtigung von Schiffen und Booten sowie Kampf- und Sicherstellungstechnik vorbereitet. Der zentrale Klub und die Feldküche sorgen für das leibliche Wohl. Der Transport für die Besucher wird ab Kaufhalle Dranske zur Dienststelle von 10.00 bis 14.00 Uhr sichergestellt. Besuchergruppen können bereits 9.00 Uhr den Verband besichtigen.«[86]

Am Vortag des 1. Mai 1978 konnte man lesen: »Mit einem Lampionumzug und anschließendem Lagerfeuer am Bodden beginnen die Maifeierlichkeiten am Vorabend in der Gemeinde Dranske. Vor dem Haus der Armee wird um 19.30 Uhr der Maibaum gepflanzt. Auftakt am 1. Mai gibt um 7.00 Uhr das große Wecken durch das Standortorchester der NVA-Dienststelle Dranske. Um 10.00 Uhr trifft sich alt und jung an der Bushaltestelle,

Fahrradakrobatik über Altbenzinfässer beim »Fest der Soldatenfamilie« (oben). Auch Sigmund Jähn, der erste Deutsche im Weltraum, war zu Besuch bei den Schnellbootfahrern. Im Bild festgehalten vom »Fotozirkel Truppenteil Fritz Globig« (rechte Seite).

Das Haus der Nationalen Volksarmee in Dranske am Bodden, jahrzehntelang ein wichtiger Veranstaltungsort, stand viele Jahre leer.

um von hier aus zum Parkplatz an der Schule zu demonstrieren. Um 10.30 Uhr beginnt das Volksfest vor dem Haus der Armee. Für ein Kulturprogramm sorgen der gemischte Chor der NVA-Dienststelle und das Orchester. Der Handel bietet Erbseneintopf, Kartoffelpuffer, Broiler, Bockwurst, Eis und Getränke an. Vielfältige Sportveranstaltungen wie Kegeln, Schach, Luftgewehrschießen, Rollerrennen und Stangenklettern sind vorgesehen.«[87]

Das Haus der NVA am Bodden in Dranske – heute nur noch eine verwahrloste Ruine –, war über zwanzig Jahre lang ein wichtiger Veranstaltungsort. Seine Räumlichkeiten standen allen Bürgern der Gemeinde und der Halbinsel Wittow zur Verfügung. Allerdings war die Platzzahl eingeschränkt. So umfaßte das Minikino, weit und breit die einzige Filmspielstätte, nur 62 Sitzgelegenheiten; die Bauernstube und das Jagdzimmer zählten gar nur 24 bzw. 12 Plätze. Die Veranstaltungsräume und die Gaststätte boten jeweils gerade einmal 80 Stühle. Dies hatte zur Folge, daß die Kartenangebote bei interessanten Veranstaltungen oft nicht ausreichten.

Besonders eng wurde es, wenn von Zeit zu Zeit in Zusammenarbeit mit Berliner Handelseinrichtungen Verkaufsmessen stattfanden. Hier gab es nach oft stundenlangem Anstehen so manches »Schnäppchen« zu ergattern, was sonst nur den Hauptstädtern vorbehalten war. Nun konnte man sich in Dranske mit Krimsekt, der Jugendmode »Made in Germany« oder begehrten Schallplatten eindecken.

Das Haus am Bodden war zugleich Heimstätte für viele Zirkel und Arbeitsgemeinschaften. Den Interessierten standen ein komplett eingerichtetes Amateurfunkerstudio, eine Keramikwerkstatt mit Töpferscheibe und Brennöfen, ein Photolabor, ein Modelleisenbahnraum sowie der Aquarianer-Treff mit Zuchtbecken zur Verfügung.

»Tage der Freundschaft« oder »Tage der Kultur und Kunst« wurden regelmäßig gemeinsam mit den in der DDR tätigen Zentren der Volksrepublik Polen, Bulgariens, Ungarns sowie der ČSSR und UdSSR organisiert. Das DEFA-Filmspielstudio Potsdam-Babelsberg gehörte ebenso zu den Partnern des Hauses der NVA wie die Abteilung »Auslandskorrespondenten« von ADN bzw. ADN-Zentralbild in Berlin. Freundschaftliche Beziehungen gab es über viele Jahre mit dem Berliner Ensemble oder der Volksbühne Berlin, natürlich auch mit dem Theater Stralsund. Es ist daher nicht verwunderlich, daß sich in den erhalten gebliebenen Gästebüchern des Hauses Eintragungen in vielerlei Sprachen finden, u. a. von der japanischen Pianistin Yaeko Ymane, dem Violinvirtuosen Andrej Korsakow aus der UdSSR oder dem Korrespondenten der polnischen Interpress-Agentur Josef Dubiel.

Eine enge Zusammenarbeit gab es auch mit der Akademie der Künste der DDR. Hans Hoffmann, Leiter der Kunstsammlungen der Akademie, war häufig Gast auf dem Bug und stand dann als Gesprächspartner beim sogenannten Treffpunkt Kunst zur Verfügung. Diese Treffen fanden etwa alle zwölf Wochen zu den Eröffnungen neuer Kunstausstellungen in der »Kleinen Galerie am Bodden« statt. In der einzigen Galerie dieser Art auf der Halbinsel Wittow wurden den Besuchern zum Beispiel Graphiken von Werner Klemke oder Arno Mohr, Kleinplastiken des Rostocker Bildhauers Wolfgang Eckert oder Bildhauerskizzen und Plastiken von Fritz Cremer

Das Hallenbad auf dem Stützpunkt ist seit dem Abzug der Militärs ungenutzt und verfällt.

und Heinrich Drake oder Karikaturen von Heinz Behling, dem Mitbegründer der Zeitschrift *Eulenspiegel*, präsentiert. Bei den Veranstaltungen »Schriftsteller zu Gast« konnten die Besucher u. a. mit den Autoren Wolfgang Schreyer, Erik Neutsch oder Friedrich Karl Kaul diskutieren. Auf der Kleinbühne des Hauses stellten sich in der Reihe »Prominente zu Gast« im Laufe der Jahre die Schauspieler Herbert Köfer, Alfred Müller oder Angelika Domröse den Fragen des Publikums.[88] Dranske verfügte damit über ein für die Region und einen Ort dieser Größe außergewöhnliches Kulturleben, das eng an den Marinestützpunkt gekoppelt war und später mit diesem auch wieder verschwand.

In ihren besten Jahren war die 6. Flottille nicht nur Gastgeber für DEFA-Stars, sondern sogar selbst eine Art Filmheld. 1969 wurde die Fernsehserie »Rottenknechte« in Auftrag gegeben, die man zwei Jahre später zum 25. Jahrestag der Gründung der SED präsentieren wollte. Der Name bezog sich auf die deutsche Kriegsmarine, um die es in dem Streifen auch ging. Dort sprach man beim gemeinsamen Einsatz von zwei Schnellbooten von einer Rotte, wobei der Kommandant des Bootes »eins« der Rottenführer, der des Bootes »zwei« der Rottenknecht war.

Dargestellt werden sollten politische Auseinandersetzungen am Ende des II. Weltkrieges sowie die unter-

In der Fernsehserie »Rottenknechte« spielten umgebaute Schnellboote der 6. Flottille eine Hauptrolle (linke Seite). Ein Offizier der Volksmarine fungiert als Kommandant des Bootes während der Dreharbeiten. Neben ihm die Schauspieler Helmut Schellhardt (Mitte) und Klaus-Peter Thiele (links).

Ein Torpedoschnellboot wird zum Abwracken geschleppt. Die 6. Flottille hatte dem Deutschen Fernsehfunk ausgemusterte Boote zur Verfügung gestellt.

schiedlichen Lebenswege der beteiligten Akteure in den Jahrzehnten danach, verbunden mit einem Längsschnitt durch die Entwicklung der deutschen Seestreitkräfte. Das Ganze gipfelt in den Spionageaktivitäten der NATO gegenüber dem Ostblock. Der Geist des Kalten Krieges ist allenthalben zu spüren.

An diesem politisch aufgeladenen Auftragswerk scheiterte bereits der erste Regisseur. Sein Nachfolger quälte sich ebenfalls. Er fühlte sich fachlich nicht gewachsen und bat den Chef des Stabes der Volksmarine um einen geeigneten Fachberater. Man schlug Fregattenkapitän Horst Schulze vor. Er hatte bereits auf Schnellbooten der deutschen Kriegsmarine Dienst getan. Doch als Schulze das bereits vorhandene Filmmaterial sah, verweigerte er die Kooperation. Es hatte wenig mit seinen Erfahrungen zu tun, bestand fast nur aus Studioaufnahmen und ging an der historischen Realität einfach vorbei.[89] Die Arbeiten wurden erneut auf Eis gelegt. Zwei Monate später trug man Frank Beyer als nunmehr drittem Regisseur das Werk an. Er erklärte sich unter der Bedingung bereit, daß neue authentische Szenen entstehen und tatsächliche Einsätze auf See gedreht werden. Unter diesen Voraussetzungen erklärte sich auch Schulze zur Mitarbeit wieder bereit.

Die 6. Flottille stellte daraufhin zwei alte Torpedoschnellboote zur Verfügung, die nicht mehr gefechtstauglich waren, da die Bootskörper die volle Motorleistung nicht mehr aushielten. Auf dem Stützpunkt Bug wurde zunächst die Bewaffnung beider Boote abgerüstet, so daß die Boote nur noch aus dem Bootskörper, den Unterkünften, der Kombüse und dem Maschinenraum bestanden. Danach überführte man beide Fahrzeuge zum Umbau in die Peenewerft nach Wolgast. Hier entstanden nun durch hölzerne Attrappen aus den Torpedoschnellbooten des Projektes 183 zwei Schnellboote 40 der Kriegsmarine.[90] Ein Minenleg- und -räumschiff, das ebenfalls gefechtsuntauglich war, stellte die 1. Flottille aus Peenemünde der DEFA zur Darstellung des Minensuchers M 612 zur Verfügung.

Doch nicht nur auf die Boote, auch auf das dazugehörige seemännische Personal aus der Volksmarine konnte zurückgegriffen werden. Oberleutnant Große und Oberleutnant Endler waren die beiden Schnellbootkommandanten, die mit ihren Besatzungen ein letztes Mal ihre Boote führen durften – jetzt jedoch vor laufender Kamera und in anderer Uniform. Regisseur Frank Beyer bekam vom Chef der Volksmarine auch die Genehmigung, eine Reihe von Soldaten als Statisten einzusetzen. Die Männer erhielten eine entsprechende Kommandierung zu den Dreharbeiten bei Lauterbach im Südosten von Rügen. Es war für sie vermutlich der angenehmste Teil ihrer Dienstzeit.[91]

Nachdem die ersten drei Teile abgedreht waren, wozu man auch in die Gewässer um Kap Arkona sowie den Barther und Greifswalder Bodden auslief, wurden die Boote abermals umgebaut und nun in Aufklärungsboote des britischen Geheimdienstes verwandelt, mit dem angeblich im Baltikum operiert wurde.

Für die Mitarbeit an diesem Film dankte das DDR-Fernsehen der Volksmarine anschließend mit der Auszeichnung »Goldener Lorbeer«. Horst Schulze erhielt für seine Beratung und teilweise tatkräftige Hilfe als Bootsführer den »Silbernen Lorbeer«. Die Premiere des 5. Teils des Fernsehfilms fand im Kinosaal auf dem Bug statt.

Heute noch kann man die Wracks der beiden ausgedienten Schnellboote bei der ehemaligen Fischerei-Produktions-Genossenschaft am Buger Hals auf der Boddenseite liegen sehen – das Ende einer Filmkarriere.

Arbeitseinsatz im Katastrophenwinter 1978/79.

## Hilfs- und Arbeitseinsätze der 6. Flottille

Nicht nur im künstlerischen Bereich, auch in der Wirtschaft mußten Angehörige der 6. Flottille bisweilen einspringen. In vielen Regionen der DDR kam es gehäuft zu Einsätzen der NVA in Landwirtschaft und Industrie – ein Anzeichen für die Schwächen der DDR-Ökonomie. Daß Soldaten wegen Personalmangel eingreifen mußten, war auf Rügen eher die Ausnahme. Doch wenn größere technische Probleme anstanden, war das schwere Gerät des Flottenstützpunktes stets gefragt. Im Herbst 1978 unterstützten Erntekommandos der Volksmarine die umliegenden Landwirtschaftlichen Produktionsgenossenschaften, die wetterbedingt im Rückstand lagen. Diese Hilfsbereitschaft der 6. Flottille sollte sich wenige Monate später erneut auszahlen.

Der Winter 1978/79 ist als Jahrhundertwinter in die Regionalgeschichte der Insel Rügen eingegangen. Am Abend des 28. Dezember 1978 ortete die Meteorologin des Wetteramtes Potsdam auf dem Radarbildschirm nördlich der Insel Rügen einen kleinen hellen Fleck, dem sie keine größere Bedeutung beimaß. Ein übliches Schneefallgebiet. Als sie in der Nacht dessen Entwicklung verfolgen wollte, war es vom Bildschirm plötzlich verschwunden. Vermutlich hatte es sich wohl über der Ostsee aufgelöst.

Das ganze Gegenteil war der Fall. Ein Blizzard-ähnlicher Schneesturm war über Rügen hinweggefegt und hatte dabei Unmengen von Schnee abgeladen.[92] Extrem kalte Luftmassen aus dem Norden prallten mit 20 Grad wärmeren Luftschichten aus dem Süden zusammen. Mit Windstärke elf waren riesige Schneemassen herangetrieben worden, die sich binnen kürzester Zeit über Rügen

Nur mit vereinten Kräften konnten die Straßen nach Dranske und zum Bug passierbar gemacht werden.

abschneiten, und in der zerklüfteten End- und Grundmoränenlandschaft zu starken Verwehungen führten.[93]

Auf dem Bug setzte der Schneesturm am 28. Dezember im Laufe des Tages ein. Bereits der planmäßige Abendbus vom Stützpunkt nach Dranske konnte nicht mehr verkehren.[94] Die Zufahrtsstraße war unpassierbar. Einige wollten daraufhin einzeln zu Fuß nach Dranske losziehen, wurden an der Wache aber wieder zurückgeschickt. Die Gefahr, selbst verweht zu werden, war einfach zu groß. So entschloß man sich, eine Gruppe zu bilden und sich untereinander mit einem Seil zu sichern.

Selbst der Schneepflug und später auch die BAT (schwerer Batterieschlepper) vom Bug kamen nicht mehr durch, jetzt hätte nur noch eine Schneefräse helfen können, aber weder der Winterdienst noch die 6. Flottille verfügten über solches Gerät. Nun blieb nichts anderes übrig, als von Hand zu schaufeln. Die vorhandene Militärtechnik war der Katastrophe in keiner Weise gewachsen.[95] Ein Versuch, zwei Tage später in die Kreisstadt Bergen vorzustoßen und Milch, Medikamente, Brot und Post zu holen, drohte zu scheitern. Die Expedition kehrte erst am 3. Januar zurück. Mit einem Fahrzeug mit Schneeketten gelang es, nach Dranske vorzudringen und unter anderem Brot zu liefern. Es wurde am nächsten Tag auf Zuteilung an die Bevölkerung ausgegeben.[96] Alle Wege waren nahezu unpassierbar, der Ort war von der Außenwelt praktisch abgeschnitten.

Im nahegelegenen Gramtitz türmte sich der Schnee bis zu den Starkstromleitungen hoch. In Dranske waren die Häuser so stark eingeschneit, daß zu den Fenstern

Ein sowjetisches Kettenfahrzeug bringt wieder Lebensmittel in den bis dahin von der Außenwelt abgeschnittenen Ort.

Schneisen geschippt werden mußten, um wenigstens etwas Tageslicht in die Gebäude zu lassen.

Wie sich ein Kapitän zur See a. D. erinnert, wurden zu dieser Zeit auf dem Stützpunkt alle Marineangehörigen in Staffeln eingeteilt, die Schaufeln, Schneeschieber und Spaten erhielten.[97] Sie sollten per Hand erst einmal Bewegungsmöglichkeiten auf dem Militärgelände selbst schaffen. Eine Einheit war mit der Räumung der Straße von der Hafenpier bis zum Stabsgebäude beauftragt, eine weitere war für die Strecke zwischen Stabsgebäude und Wache verantwortlich. Die Wache selbst war bereits bis zum Dach zugeweht. Hier konnte man nur noch Würfel aus der Schneewand schneiden, die dann über mehrere Etagen von Mann zu Mann weitergereicht und oben über einen seitlichen Schneewall geworfen wurden. Eine weitere Staffel schippte beispielsweise außerhalb zwischen Kuhle und dem Wieker Dreieck. Am Ziel angekommen, konnte sie gleich wieder umkehren, da die eben freigeschaufelte Fläche teilweise schon wieder zugeweht war. Leute aus der Umgebung stellten für die Uniformierten Tee und Rum bereit. Defekte Schippen wurden in der Feuerwache Bug wieder geradegehauen, geschweißt und neu aufgestielt.

Nicht nur der Verkehr, auch die Stromleitungen waren unterbrochen. Die zahlreichen Neubaublöcke in Dranske mußten über Notstromaggregate versorgt werden, genau wie das Wasserwerk, wo die Pumpen wegen fehlender Elektrizität nicht funktionierten.[98] In den umliegenden Dörfern waren die außenliegenden Ställe nicht mehr zu erreichen. Viele Kühe konnten weder gefüttert noch

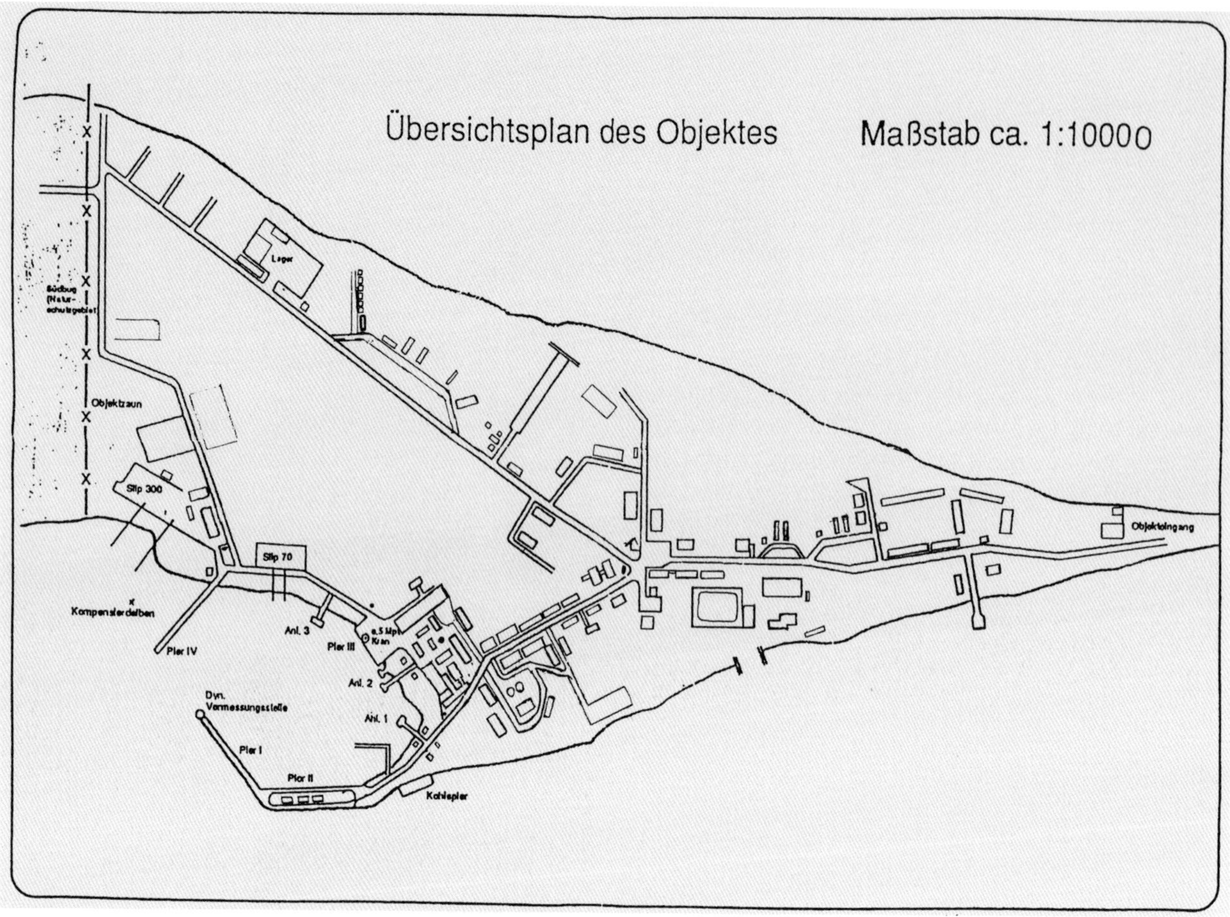


Der Stützpunkt Bug 1988. Die Boote der 6. Flottille lagen überwiegend im ehemaligen Försterhafen zwischen Pier I und Pier IV. In der Nähe der Nordwache (Objekteingang) ist auf der Boddenseite die Nordbrücke zu erkennen. Am linken Bildrand beginnt das Naturschutzgebiet Südbug.

gemolken werden. Erste Notschlachtungen wurden notwendig. Doch auch das entwickelte sich zum Problem, da der einzige Schlachter der Gegend heillos überlastet war. Nun zog man alle gelernten Fleischer der Flottille zusammen und bildete Gruppen, die sich von Stall zu Stall vorarbeiteten und die unumgänglichen Schlachtungen durchführten.[99]

Als die Straßen dann endlich wieder passierbar waren, konnte man sie zunächst nur einspurig befahren. In regelmäßigen Abständen wurden Ausweichstellen in die Schneewände gegraben, so daß der Gegenverkehr passieren konnte.

Die nächste Schneekatastrophe folgte bald. Bereits im Februar 1979 lag der Schnee wieder sechs Meter hoch. Er forderte zwei Todesopfer. Erschöpft von einem stundenlangen Einsatz gegen die Schneemassen erlag ein Offizier in seiner Wohnung einem Herzinfarkt. Eine ältere Frau kam in den Schneemassen um, nachdem sie sich zu Fuß auf den Weg zu ihrer Nachbarin gemacht hatte. Erst im März wurde ihre Leiche gefunden.[100]

## Die Wende und die Auflösung der Dienststelle

Keine Schneestürme, aber ein Wandel in der politischen Großwetterlage brachte dem Bug Ende der achtziger Jahre einschneidende Veränderungen. Eine politische Neuordnung hatte sich innerhalb der sozialistischen Länder seit längerem abgezeichnet. Die Geschwindigkeit, mit der sich die Umwälzung dann im Herbst 1989 in der DDR vollzog, kam für viele dennoch unerwartet.

Die Reformen in der Sowjetunion, in Ungarn und in Polen waren in den Jahren zuvor auch an den Angehörigen der 6. Flottille nicht spurlos vorübergegangen. Immer häufiger wurden Fragen laut, wieso es in der DDR keinerlei gesellschaftliche Veränderungen gab. Die Politoffiziere waren hierzu meist sprachlos, erhielten sie doch auch von der Parteiführung keinerlei handfeste Argumente. Als dann 1989 die Ausreisewelle über Ungarn rollte und die ersten Demonstrationen begannen, wurden die Gruppen Andersdenkender noch als Gegner der Republik verteufelt, bis die Offiziere im Laufe des Herbstes dann erkannten, daß viele davon nur eine »bessere DDR« wollten.[101]

Der lauter werdende Protest auf den Straßen von Leipzig, Dresden, Plauen oder Berlin fand auf dem Bug seinen Niederschlag in Forderungen nach einer Militärreform, besonders nach Abschaffung sinnloser Restriktionen. So mußte man beispielsweise auf den Schwimmenden Stützpunkten ab einer Deckenhöhe von zwei Metern stets Kopfbedeckung tragen, was als erstes abgeschafft wurde. Kurz darauf fiel das Verbot für Soldaten, mit Privatautos zum Standort zu kommen. Nach der Streichung des Führungsanspruches der SED aus der Verfassung am 1. Dezember 1989 redete man sich auch nicht mehr mit »Genosse Schmidt« an, sondern hieß das jetzt »Herr Fregattenkapitän Schmidt«. Die nach den Soldatenstreiks bei den Landstreitkräften Anfang 1990 einsetzenden Militärreformen wurden von vielen als längst überfällig begrüßt. Auch einem Regierungswechsel nach den ersten freien Wahlen am 18. März 1990 sah man aufgeschlossen entgegen. Ein schnelles Ende der DDR konnte sich zu dieser Zeit auf dem Bug niemand recht vorstellen. Im Norden war die Stimmungslage ohnehin anders als im Süden der DDR.

Im Buger Hafen wird ein Kleines Torpedoschnellboot mit dem Kran an Land gehoben.

Der Sieg der Allianz für Deutschland brachte dann das große Erwachen. Plötzlich stand die Frage im Raum, was aus der NVA nach einem Anschluß der DDR an die Bundesrepublik werden solle. Zunächst versicherte der neue Abrüstungsminister Rainer Eppelmann Anfang Mai 1990, daß es auch nach der deutschen Einheit auf dem Gebiet der ehemaligen DDR eine zweite deutsche Armee geben werde, die in kein Militärbündnis integriert sei. Doch nach dem Kohl-Gorbatschow-Treffen Mitte Juli im Kaukasus war davon nicht mehr die Rede, sondern machte Bundesverteidigungsminister Gerhard Stoltenberg klar, daß es nach der Vereinigung keine NVA mehr geben werde und die neue gesamtdeutsche Armee dann Mitglied der NATO sei. Auch der neue Chef der Volksmarine, Vizeadmiral Hendrik Born, konnte den

Die letzte Rakete geht von Bord. 1991 wird die Dienststelle Bug endgültig aufgelöst.

Angehörigen der 6. Flottille keinerlei Perspektive mehr aufzeigen. Das große Zittern begann.

Am 24. September 1990 wurde die NVA dann offiziell aus der Militärorganisation des Warschauer Vertrages herausgelöst und zum Tag der deutschen Einheit am 3. Oktober formal aufgelöst. Am 2. Oktober 1990 fanden die letzten Musterungen von Soldaten der NVA statt. Die alten Flaggen wurden eingeholt. Mit Musterungen am 3. Oktober 1990 erfolgte die Auflösung der Volksmarine als Teilstreitkraft der NVA. Im Ministerium in Strausberg bei Berlin zog das Bundeswehr-Kommando Ost ein. Die Befehlsgewalt über die verbliebenen knapp 90 000 NVA-Angehörigen ging an das Bundesverteidigungsministerium über. Während die Soldaten im Grundwehrdienst direkt übernommen wurden, ruhte das Dienstverhältnis der rund 50 000 Berufs- und Zeitsoldaten. Sie erhielten Feldanzüge in »NATO-oliv«. Bis zum Jahresende mußte etwa die Hälfte von ihnen die Armee verlassen. Einem Teil bot man an, sich als Soldat auf Zeit für zunächst zwei Jahre bei der Bundeswehr zu verpflichten. Doch von den Offizieren der Volksmarine dient heute nur ein verschwindend kleiner Teil in der Deutschen Marine, der ehemaligen Bundesmarine.[102]

In Dranske hoffte man noch eine Weile, daß die Bundesmarine den Stützpunkt Bug übernehmen werde, doch die ungünstige maritime Lage mit dem schwierigen Fahrwasser ringsherum gab dann wohl den Ausschlag dafür, daß man sich dagegen entschied. Die Marinebasis mußte aufgelöst werden.

Für die verbliebenen Angestellten auf dem Bug brachte das noch einmal viel Arbeit. Es galt, die zahlreiche Technik abzurüsten, zu verkaufen oder zu verschrotten.

Allein im Fuhrpark befanden sich über 700 Räderfahrzeuge. Bestimmte Waffen wurden zur »Entlaborierung« abgeführt. Peenemünde war als sogenannter Konversionshafen festgelegt. Dorthin wurde ein Großteil der Boote überführt. Die meisten Raketenschnellboote des Projektes 205 übergab man den jungen baltischen Staaten Estland, Lettland und Litauen. Die Bootsbestände des Projektes 206 und sämtliche Kleinen Torpedoschnellboote (KTS-Boote), mit Ausnahme zweier Exemplare, verschrottete man. Ein KTS-Boot ging an das Marinemuseum Stralsund und ist heute noch dort zu besichtigen, das andere übergab man dem Wissenschaftlichen Institut für Schiffahrts- und Marinegeschichte in Hamburg. Der größte Teil der Schwimmenden Stützpunkte des Projektes 162 wurde von der Bundesmarine übernommen, die sich auch zwei Schiffe des Projektes 151 für den Bundesgrenzschutz umbaute.[103] Schleppfahrzeuge fanden Verwendung in Holland und Belgien.[104]

Mit den Booten und der Militärtechnik mußten schließlich auch die Besatzungen den Bug verlassen. Das Arbeitsamt Bergen war regelmäßig in der Dienststelle präsent, um Anträge entgegenzunehmen. Man bot Umschulungslehrgänge in Rostock, Hamburg und auch auf dem Bug an. In Dranske begann das große Kofferpacken.

## Geheimes Testprojekt der US-Navy: »Tarantul«

Nicht alles, was der Bundeswehr in die Hände fiel, war Schrott. Neben den Schützenpanzern vom Typ BMP bei den Landstreitkräften und den Jagdflugzeugen vom Typ MiG-29 bei den Luftstreitkräften interessierte man sich bei den Seestreitkräften vor allem für die Kleinen Raketenschiffe. Von der 6. Flottille übernahm man die

Das Kleine Raketenschiff vom Projekt 1241 erhielt von der NATO die Code-Bezeichnung »Tarantul«. Ein Schiff diesen Typs kam zu einer Testreihe in die USA.

»Rudolf Egelhofer« (572), die beim Flaggenwechsel am 28. Juni 1991 in »Hiddensee« (P 6166) umbenannt wurde. Damit verfügte die NATO erstmals über eines der modernsten Waffensysteme des Warschauer Pakts, für das vor allem die US-Streitkräfte großes Interesse hatten. Seit Jahren schon wollte man das sogenannte Projekt 1241, in der NATO auch als »Tarantul« bezeichnet, näher untersuchen. Schließlich war man mit diesem Schiffstyp auch weiterhin konfrontiert, da die Polnische Seekriegsflotte und die Baltische Rotbannerflotte im Ostseeraum damit ausgerüstet waren. Außerdem gehörte das hochmoderne Raketenschiff zu den militärischen Exportschlagern der Sowjetunion und war bereits in mehreren asiatischen Staaten, im Iran, Irak und in Libyen im Einsatz.

Zwischen den USA und der Bundesrepublik wurde daher ein Übereinkommen geschlossen, wonach die Bundesmarine die »Hiddensee« der US-Navy für eine ausgedehnte Testserie und zum weiteren Verbleib überstellen sollte. Außerdem sollte sie eine zur Einweisung benötigte (ost)deutsche Besatzung zeitweilig kostenlos zur Verfügung stellen. Im Gegenzug versprach man von amerikanischer Seite, der Bundesmarine das lückenlose Erprobungsprotokoll am Ende der Analyse zugänglich zu machen. Vereinbart wurde ein dreimonatiges Erprobungsprogramm, in dessen Verlauf auch eine direkte Konfrontation von amerikanischen Waffensystemen mit dem »Tarantul-Projekt« getestet werden sollte.

Von russischer Seite aus sah man das gar nicht gern, doch waren zuvor ohnehin schon alle Geheimgeräte wie die Freund-Feind-Kennanlage und das Verschlüsselungssystem demontiert worden. Zudem unterschieden sich die »Tarantuls« der Baltischen Rotbannerflotte in einigen wichtigen Details von der Exportvariante, so daß man letztlich keine schweren Belastungen in dem Testprojekt sah.

Zunächst wurde das Schiff in den Marinehafen Warnemünde/Hohe Düne verlegt, danach ging es in den Kieler Marinehafen. Hier fand ein kleineres Erprobungsprogramm der Bundesmarine statt. Problematisch gestalteten sich dann aber die Bemühungen, eine geschlossene Besatzung für die »Hiddensee« zusammenzustellen, die das Schiff in die USA begleiten sollte. Die Besatzungsstärke wurde auf 20 Mann festgelegt, obwohl sie im Dienst der Volksmarine bis zu 48 Mann umfaßte. Als Kommandant wurde ein Kapitänleutnant der ehemaligen 6. Flottille verpflichtet. Die Mannschaft setzte sich dann vornehmlich aus Offizieren zusammen, da jeder Mehrfachfunktionen zu erfüllen hatte. Im Oktober 1991 wurde schließlich die Überführung nach Amerika vorbereitet. Dies sollte ein Marinetransportschiff bewältigen, ein ehemaliger norwegischer Tanker, welcher so umgerüstet war, daß er wie ein Dock funktionierte. Im November 1991 brachte man die »Hiddensee« zur Kieler Außenreede, wo bei entsprechendem Tiefgang die Verladung stattfinden konnte. Das Ganze geschah unter großer Geheimhaltung. Doch die *Kieler Nachrichten* erhielten einen Tip und stellten Fregattenkapitän Walter Reichenmüller vom Informationsstab der Marine im Bonner Verteidigungsministerium zur Rede. Er wollte zunächst überhaupt keine Angaben über den Hintergrund der Nacht- und Nebelaktion machen, mußte dann aber doch Spekulationen entgegentreten, daß das Geschäft illegal sei. Er erklärte, daß Deutschland und die USA gleichberechtigte NATO-Partner wären, zwischen denen Waffentechnik ohne Genehmigung durch den Bundessicherheitsrat ausgetauscht werden dürfte. Es sei nur zu begrüßen, wenn die US-Militärs in bezug auf gefährliche Raketenwaffen nicht nur auf die Erkenntnisse ihres Geheimdienstes angewiesen seien, sondern diese jetzt auch im Original testen könnten.[105]

Im Dezember 1991 kam der Marinetransporter schließlich mit seiner Fracht in Norfolk/Virginia (USA) an. Der Kommandant selbst war am 13. Dezember 1991 zusammen mit dem Leitenden Ingenieur nach Washington geflogen und bereitete die Übernahme der Besatzung und des Schiffes vor. Die Besatzung traf am 2. Januar 1992 ein. Von Norfolk aus ging es mit dem Kleinen Raketenschiff nach Maryland, wo das US-Testzentrum für Flugzeuge beheimatet ist. Hier nun sollte von den deutschen Kollegen eine amerikanische Zivilbesatzung ausgebildet werden. Bald stellte sich jedoch heraus, daß die ursprünglich veranschlagte Zeit von drei Monaten keineswegs ausreichte. Man hatte vergessen, daß auf dem Schiff die meisten Bezeichnungen in kyrillischen Schriftzeichen angebracht waren, was sich nicht für die ehemaligen Offiziere der Volksmarine, schon eher aber für die Amerikaner als Schwierigkeit erwies. Zudem hatten die Dolmetscher keine Erfahrung mit marinetechnischen Fachbegriffen, so daß es oft zu Mißverständnissen kam. Auf ausdrückliche Bitte der USA verlängerten fünf Offiziere im Mai 1992 ihren Einsatz in den USA.

Die Untersuchungen am sogenannten Target-Ship (Zielschiff) konzentrierten sich auf die Turbinenanlage, die Konstruktion des Schiffskörpers und die Bewaffnung. Die Turbinenanlage galt als erster Schwerpunkt der Tests, da der reine Turbinenantrieb für ein derartiges Schiff untypisch und den Technikern der NATO unbekannt war. Ihnen war bis dahin unerklärlich, wie das »Tarantul-Projekt« bei einer Wasserverdrängung von 450 Tonnen über 43 Knoten Geschwindigkeit erzielen konnte. Möglich wurde dies – wie sich herausstellte – durch vier modifizierte Flugzeugturbinen, die eine Maximalleistung von 32 000 PS erbrachten, auch wenn der Kraftstoffverbrauch dabei immens hoch war. Bei der Bewaffnung galt das Interesse der Reichweite der Raketen von über 80 Kilometern und ihrer enormen Sprengkraft, die die herkömmlichen Raketen der NATO um ein Vielfaches übertrafen.

Sechs Jahre betrieb die US-Navy ihre ausgedehnten Tests mit der »Hiddensee«, bis diese 1998 außer Dienst gestellt wurde. Heute ist sie als Museumsschiff in Vermont zu besichtigen. Von der gleichen Typenreihe des Projektes 1241 existiert ein Schiff auch noch in Deutschland. Es ist als Museumsstück in Peenemünde auf Usedom zu besichtigen.

Als am 20. Dezember 1991 der Marinestützpunkt Bug im Zuge der nationalen Abrüstungsmaßnahmen endgültig aufgelöst wurde, war das für viele Dransker Einwohner ein schwerer Schlag. Seit Jahrzehnten hatte sich der Ort in Abhängigkeit vom Militärstandort entwickelt, und eine Zukunft ohne ihn konnten sich zunächst nur wenige vorstellen. Der Stützpunkt Bug war eben der größte Arbeitgeber der Region.

Das Gelände wurde von der Bundeswehr in die Hände des Bundesvermögensamtes übertragen, das mit dem Areal jedoch nichts anzufangen wußte, zumal weite Teile militärisch verseucht waren und nicht ohne weiteres

Im Dezember 1991 ging das ehemalige Militärgelände in die Hände des Bundesvermögensamtes über.

Die Garagen des Fuhrparks der 6. Flottille auf dem Nordbug stehen leer.

zivil genutzt werden konnten. So beschränkte man sich auf die äußere Absicherung. Im Inneren verfielen allmählich die Gebäude. Lediglich einige wenige Firmen nutzten fortan ein paar ehemalige Militärgebäude als Lagerstätten. Der Fitneß-Club Dranske e.V. durfte ab Ende 1992 in der ansonsten leerstehenden Sporthalle trainieren.

Im Jahre 1993 fand eine internationale Ausschreibung für alternative Nutzungen des Areals statt, doch von den 25 Bewerbern mit höchst abenteuerlichen Konzepten kamen lediglich zwei in die engere Auswahl. Großspurige Ideen wie der Bau von riesigen Bettenburgen direkt am Ostseestrand oder die Schaffung von Freizeitparks für den Massentourismus wurden von der Gemeinde zurückgewiesen. Es sollte möglichst eine landschaftsbezogene Lösung gefunden werden, die neue Arbeitsplätze schuf und zugleich die Interessen der Dransker Bürger berücksichtigte.[106] Doch der Weg dorthin war weit.

# Zukunftsplanungen für den ehemaligen Militärstandort

## Der Südbug: Teil des Nationalparks

Der Südbug, die Gegend, in der vor über 300 Jahren die schwedischen Schiffe landeten und das Wittower Posthaus stand, geht heute eigene Wege. Bereits am 12. September 1990 erließ der Ministerrat der DDR eine Verordnung zur Schaffung von Nationalparks. Der Südbug zählte von diesem Zeitpunkt an zum Nationalpark »Vorpommersche Boddenlandschaft«, der auch die Insel Hiddensee und Teile des Darßes umfaßt. In diesem Gebiet soll künftig der menschliche Einfluß so gering wie möglich gehalten werden, damit sich die Natur ungestört entfalten kann. Fast der gesamte Südbug ist zudem in die Kernzone des Nationalparks eingeordnet worden und genießt dadurch einen besonderen Schutzstatus. Nur knapp ein Drittel ist der etwas geringeren Schutzzone II zugehörig.[1]

Um hier der Natur wieder zur Entfaltung zu verhelfen, bedurfte es seit 1991 enormer Anstrengungen. Mit Geldern des Arbeitsamtes Bergen konnten auch ehemalige Militärangehörige über Arbeitsbeschaffungsmaßnahmen für die Renaturierung des Südbugs eingesetzt werden. Alle Bauten bzw. Militäranlagen der 6. Flottille, die sich auf dem Gebiet des Nationalparks befanden, konnten bis 1995 beseitigt werden. Das Gelände wurde mit einem Zaun abgegrenzt, der sich von der Ostsee- bis zur Boddenküste erstreckt.

Ein besonderes Problem bei den Umgestaltungsarbeiten bildete der ehemalige Sprengplatz der 6. Flottille. Hier fanden sich nicht nur Munitionsreste, sondern auch alte KFZ-Teile und Bootsfilter, die früher benutzt wurden, um daran die Haftladungen für die Sprengungen zu befestigen.[2] Am Ufer des alten Posthafens lagen außerdem noch neun Bootswracks von Leichten Torpedoschnellbooten der Berliner Bauart und zwei Barkassen der 6. Flottille. Ursprünglich sollten sie von der Bundeswehr entsorgt werden. Doch die dortigen Verantwortlichen erklärten, sie sähen in den ausgemusterten Booten keine Gefahr für Mensch und Umwelt, weshalb sie aus Kostengründen auch nicht beräumt würden. Nach lan-

1992 errichtete Aussichtsplattform in den Dünen am Ostseeufer mit Blick auf das Naturschutzgebiet Südbug.

Der Südbug ist heute Teil des Nationalparks »Vorpommersche Boddenlandschaft«.

gen Auseinandersetzungen entsorgten im Sommer 1994 schließlich ABM-Kräfte die militärischen Hinterlassenschaften. Mühsam wurden die Bootskörper zersägt und die Einzelteile mit einem LKW zum Nordhafen gefahren, wo sich ein Kran befand. Dort verlud man den Schrott dann in Schuten und transportierte ihn nach Dänemark ab.[3]

Um das Nationalparkgelände vor unberechtigtem Zutritt zu schützen, mußte auch der Anleger an der äußersten Südspitze des Bugs entfernt werden. Er war einst für die 6. Flottille hergerichtet worden, damit die Boote der Bereitschaftsbrigade schnell in die Ostsee auslaufen konnten. Hier hatte auch die 6. Grenzbrigade Küste zeitweilig einen Anlaufpunkt. Nun lockte er Motorboote und Segler an, die von hier aus in das Innere des Schutzgebietes eindrangen und die seltenen Tiere aufscheuchten. Das Nationalparkamt entschloß sich daher, aus eigenen Mitteln den Anleger abreißen zu lassen. Dabei wurde zugleich das ehemalige Unterkunftsgebäude der Grenzbrigade Küste entfernt.[4]

Nicht mehr beseitigen konnte man dagegen den Landflugplatz aus dem Zweiten Weltkrieg. Seine Überreste hatte sich die Natur inzwischen weitgehend zurückgeholt. In die aufgesprengte Bitumendecke waren nach 1945 zahlreiche Pappeln gepflanzt worden, die inzwischen ein stattliches Ausmaß erreicht haben. Mit den verbliebenen Resten muß man nun wohl leben.

Der für den Aufbau des Flugplatzes damals eingerichtete Teerhafen an einer Landspitze südlich von Eckort auf der Boddenseite des Bugs stellt allerdings bis heute eine gefährliche Umweltbelastung dar. Hier wurden in der Aufbauphase des Fliegerhorstes ab 1935 Bauroh-

stoffe zur Herstellung von Bitumen angeliefert. Dabei sind offensichtlich immer wieder kleinere Mengen ins Erdreich gelangt. Wie bei Bodenuntersuchungen Anfang 1998 festgestellt wurde, treten hier immer noch Giftstoffe aus. Nach starkem Regen kann man auf der ufernahen Wasseroberfläche bis heute einen leichten Ölschimmer ausmachen. Hier besteht also dringend Handlungsbedarf. Zwei Entgiftungsvarianten sind dazu im Gespräch. Die billigere, aber weniger sichere Lösung sieht vor, das verseuchte Gebiet mit Betonwänden zu umschließen, so daß die Schadstoffe nicht ins Umland eindringen können. Kostenvoranschlag: 1,5 Millionen Mark. Die zweite Variante sieht das Ausbaggern und die fachgerechte Entsorgung des belasteten Bodens vor. Kostenpunkt: drei Millionen Mark. Weder das Nationalparkamt noch der Bund können derzeit diese Mittel aufbringen.[5]

Nach Abschluß der Renaturierungsarbeiten sind heute nur noch die Grundmauern des einstigen Wittower Posthauses und der dortigen Siedlung zu erkennen. Allmählich wird alles wieder überwuchert, können sich Tier- und Pflanzenwelt weitgehend ungestört ausbreiten. Ein Betreten ist nur mit Sondergenehmigung des Nationalparkamtes auf wenigen ausgewiesenen Wegen erlaubt, und das auch nur außerhalb der Vogelbrutzeiten.

Für spezielle Führungen durch den Nationalpark stehen seit 1992 zwei Aussichtsplattformen am Bodden- und Ostseeufer zur Verfügung, die von ABM-Kräften errichtet worden sind. Der damalige Ministerpräsident Mecklenburg-Vorpommerns, Berndt Seite, hatte nach einem Besuch des Südbug im Jahre 1993 angeregt, regelmäßig Führungen durch den Nationalpark anzubieten, was von den Besuchern Rügens inzwischen auch stark

Zwergseeschwalbe (oben) und Sandregenpfeiffer gehören zu den seltenen Tierarten, die am Südbug heimisch sind. Rechte Seite: Morgenstimmung am Boddenufer.

Seeadler auf dem zugefrorenen Wieker Bodden. Schon die Soldaten der Luftwaffe beobachteten die Tiere in den dreißiger Jahren am Südbug.

genutzt wird. Für sie wurde im Dezember 1994 auch eine Informationshütte errichtet und in der Folgezeit eine Beschilderung der Wege vorgenommen. Allein 1995 fanden 68 geführte Wanderungen mit annähernd 1 000 Besuchern statt.

Zu den inzwischen wieder auf dem Südbug beheimateten seltenen Pflanzen- und Tierarten gehören die Stranddistel, die Schlingnatter und der Dachs. Muscheln und Würmer haben im unberührten sandigen Meeresboden eine neue Heimat gefunden und teilen sich den Lebensraum mit Algen der verschiedensten Formen. Im Brackwasser des Boddens oder im Salzwasser der Ostsee schwimmen reichlich Hering, Dorsch, Steinbutt, Seelachs, Zander, Barsch, Aal und Flunder.[6]

Dies reiche Nahrungsangebot lockt wiederum die Zugvögel an, die in großer Vielfalt auf dem Südbug Rast machen. Enten, Brand- und Graugänse, Mittelsäger lieben das Brutgebiet der Boddenseite. Watvögel stöbern nach Kleintieren im Spülsaum, Sandregenpfeifer und Zwergseeschwalbe sind vom Biotop längst nicht mehr wegzudenken. Manch eine vom Aussterben bedrohte Art hat hier einen sicheren Lebensraum gefunden.[7]

Seit sehr langer Zeit existiert auf dem Südbug ein Seeadlerhorst, von dem schon die ehemaligen Soldaten der deutschen Wehrmacht sprachen. Dem Naturphotographen Rico Nestmann gelang es, die Tiere aus nächster Nähe zu erleben: »Es herrschte klares, frostiges Winterwetter. Früh morgens machte ich mich bereits auf den Weg zum Bug. Durch den strengen Dauerfrost der vergangenen Wochen war der Wieker Bodden mit einer geschlossenen Eisdecke überzogen. Es war noch finster und ich schlich mich auf einem schmalen Waldweg bis zum Schilfgürtel des Boddenufers heran. Ein perfektes Photoversteck hatte ich seit langem ausgemacht. Ein Zelt schützte meine umfangreiche Technik. Ich richtete eine Futterstelle auf dem Eis her, etwa dreißig Meter von meinem Lager entfernt. Nach Stunden des Wartens wurde ich schließlich belohnt. Zunächst durchbrach ein niedergehender Mäusebussard die Stille. Das Tier wurde von meinem vorbereiteten Lockmittel in Versuchung geführt. Die Sonne war bereits blutrot über dem Bodden aufgegangen. Wieder vernahm ich von der rechten Seite ausgehend stärker werdende Geräusche, die den Mäusebussard zum Verlassen seines Beutestückes bewogen. Ein Seeadler erschien. Dort, wo gerade noch der Mäusebussard sein sicheres Mahl zu haben glaubte, nahm der Seeadler majestätisch seinen Platz ein. Der größte Greifvogel der Lüfte Deutschlands tastete mit Blicken das Revier ab. Keine Bewegung entging seinem scharfen Augenpaar. Deshalb war ich bemüht, mich nicht zu bewegen. Ich atmete noch leiser, noch flacher, um mein Versteck nicht zu verraten. Der Seeadler machte sich am Köder zu schaffen. Endlich kam meine umfangreiche Phototechnik zum Einsatz. Das Klicken des Auslösers empfand ich selbst so laut, daß ich mit dem Aufschrekken des Tieres rechnete. Doch das junge Prachtexemplar zeigte keine Regung und ließ sich beim Zerreißen der Brocken nicht stören. Plötzlich wandte er sich vom Luder ab und reckte seinen Kopf in eine andere Richtung. Nachdem ich die Blickrichtung des Adlers verfolgte, konnte ich weitere Artgenossen seiner Spezies ausmachen, die sich in gewisser Entfernung hinzugesellten. Anfang Februar beginnt die Brutzeit der Seeadler. So war auch das Balzverhalten der ausgewachsenen Exemplare zu erklären. Zwei Seeadler standen sich gegenüber, während das Männchen mit einer Rufreihe die idyllische Winterstille untermalte, gefolgt vom einstimmenden Weibchen. Es war ein beeindruckendes Naturschauspiel«.[8]

Die Verantwortlichen des Nationalparkes »Vorpommersche Boddenlandschaften« gehen davon aus, daß sich in der Zukunft weitere Tierarten auf dem Südbug an-

Dünenlandschaft an der Seeseite des Südbug.

siedeln. Nachdem sich bereits im Prerowstrom am Darß Kegelrobben niedergelassen haben, hofft man nun auch auf eine entsprechende Besiedlung der geradezu idealen Flachwassergebiete des Südbug. Da seit der Wende die Fahrrinne zwischen Bessin und Bug nicht mehr ausgebaggert worden ist, können auch keine Seefahrzeuge mehr die Vögel an ihren Brutplätzen stören.

Neben den Tieren haben sich auch die Pflanzen auf dem Südbug erkennbar ausbreiten können. Zu den von menschlicher Hand aufgeforsteten Flächen kommen zahlreiche Biotope hinzu, welche die Natur ohne menschlichen Einfluß selbst schuf. Dazu gehören beispielsweise die Salzwiesen, auf denen Salzhasenohr, das Tausendgüldenkraut und der Strandwegerich wachsen, während das Wollgras und der Sonnentau die eher sumpfigen Bereiche bevorzugen. Der Bug ist trotz jahrzehntelanger militärischer Nutzung letztlich doch ein Stück lebendige Natur geblieben, die jetzt endlich zeigen kann, was alles in ihr steckt.

## Tourismus auf dem Nordbug – Traum oder Wirklichkeit

Nach dem endgültigen Abzug der Bundeswehr gab es die kühne Idee, im Rahmen der Bewerbung Berlins für die Olympischen Spiele 2000 den Bug als Austragungsort der Segelwettbewerbe herzurichten. Doch mit der Vergabe des Sportfestes an das australische Sydney war dieser Wunschtraum schnell zerstoben. Eine andere Nutzung mußte gefunden werden. Das Bundesvermögensamt schrieb das 180 Hektar große Gelände für private Investoren aus. Letztlich blieb ein mittelständisches Bauunternehmen aus Oldenburg als einziger ernsthafter Betreiberkandidat übrig. Die Investorengruppe Oetken hatte ein ehrgeiziges, aber realisierbares Konzept vorgelegt, das in langen Verhandlungen noch mehrfach überarbeitet und ergänzt wurde, um möglichst den unterschiedlichen Interessen vieler Beteiligter gerecht zu werden.

Danach ist vorgesehen, eine großangelegte Ferien- und Freizeitanlage zu errichten, die auch bei schlechtem Wetter und außerhalb der Saison von bis zu 2000 Gästen genutzt werden kann. Anspruchsvolle Urlaubsgäste sollen dabei angesprochen werden, seien es familiengebundene Gäste, sportorientierte Alleinreisende oder erholungssuchende und naturverbundene Touristen[9].

Um eine hohe Auslastung gewährleisten zu können, mußten bereits im Konzept höchste Anforderungen an Qualität, geschmackvolles Design und ein breites Angebot an Freizeitgestaltung im kulturellem wie in sportlichen Bereich gestellt werden.

Das Gesamtinvestitionsvolumen für das »Baltic Sea Resort« auf dem Bug sollte 250 Millionen Euro betragen. Nach dem endgültigen Ausbau erhoffte man sich für 500 Menschen, vornehmlich Rüganer, neue Arbeitsplätze und wirtschaftliche Impulse für die gesamte Region. Aufträge für einheimische Unternehmen zur Instandhaltung der Anlagen und Betreuung der Touristen sowie Existenzgründungen für die anzusiedelnden Handwerks- und Einzelhandelsbetriebe im neuen Dorf waren anvisiert.

Die Einwohner von Dranske waren für derartige Zukunftsvisionen nur allzu empfänglich, hatte sich die Situation ihrer Gemeinde doch seit dem Abzug der Militärs rapide verschlechtert. Für den seit Jahrzehnten größten Arbeitgeber der Region gab es seither keinen vergleichbaren Ersatz. Ein Großteil der ehemaligen Berufssoldatenfamilien verließ daher Dranske und suchte sich in anderen Regionen der Bundesrepublik eine neue Existenz. Die Einwohnerzahl ging kontinuierlich zurück; Dranske verlor beinahe die Hälfte der ursprünglichen Bewohner. Entsprechend der Wegzugsquote standen zu Beginn des Jahres 2001 sogar bis zu 60 Prozent der Wohnungen des Neubaugebietes leer.

Gerade diese Neubaublöcke waren es auch, die der Gemeinde schwer zu schaffen machten, denn nach der Wende ist hier aus Unkenntnis ein folgenschwerer Fehler gemacht worden. Aus Angst vor Geldhaien aus den alten Bundesländern, die die Immobilien erwerben und dann von den Mietern horrende Mieten verlangen könnten, beschloß die damalige Gemeindevertretung, die alten Plattenbauten vom Bund zu kaufen. Man ignorierte ein vorliegendes Gutachten, das aufgrund des überproportionalen Wegzugs von Einwohnern für die Folgezeit ein Auslastungsproblem prognostizierte. Man entschloß sich, auf Kredit für 8,75 Millionen Mark die Häuser vom Bund zu kaufen. Die Verantwortlichen des

Leerstehende ehemalige Gaststätte in Dranske. Nur noch 60% der früheren Bewohner lebten in den neunziger Jahren am Ort.

Bundesvermögensamtes waren heilfroh, die unattraktiven und sanierungsbedürftigen Bauten auf diese Weise loszuwerden.

Es folgte nicht nur der Leerstand von immer mehr Wohnungen, sondern auch die Zuweisung von Sozialhilfeempfängern aus anderen Teilen Rügens und der Zuzug von sozial schwachen Familien, die sich gerade noch die »billige Platte« in Dranske leisten konnten. Doch wer einmal aus seinen vier Wänden mußte, weil er die Miete anderenorts nicht aufbringen konnte, wird auch in neuer Umgebung kein pünktlicher Zahler. So mußte sich der Ort über lange Zeit mit zahlreichen Mietschuldnern auseinandersetzen, die mehrmonatige Außenstände, teilweise in fünfstelliger Höhe hatten. Die ohnehin schon vorhandene Verschuldung wuchs durch die Bewirtschaftungsverluste stetig an, der Haushalt war bald nicht einmal den Zinsbelastungen gewachsen, an Tilgung überhaupt nicht zu denken. 2001 belief sich der Schuldenberg auf eine Summe von etwa 26,5 Millionen Mark. Seit dem 7. Juli 1998 wurde die Gemeinde Dranske zwangsverwaltet. Im Dezember 1999 drohte die völlige Zahlungsunfähigkeit. Die Heizungs- und Stromversorgung der kommuneeigenen Gebäude einschließlich der Neubaublöcke stand kurzfristig auf dem Spiel; nur eine rückzahlungspflichtige Finanzspritze des Landes Mecklenburg-Vorpommern konnte verhindern, daß Mitten im Winter Wärme und Licht abgeschaltet wurden.

Die offizielle Arbeitslosenquote lag bei knapp 30 Prozent. Rechnet man noch Sozialhilfeempfänger, die nicht beim Arbeitsamt als arbeitssuchend gemeldet waren, Umschüler und die wenigen verbliebenen ABM-Kräfte hinzu, sind es deutlich über 50 Prozent.

Dranske selbst war mit diesem Bündel an Problemen wirtschaftlich überfordert und vermochte sie aus eigener Kraft auch nicht zu bewältigen. Eine Lösung konnte es nur auf politischer Ebene bei Land und Bund geben, denn schließlich waren es stets auch übergeordnete Gremien, die den Ort in seiner ungewöhnlichen Struktur geprägt haben.

In dieser Situation erhofften sich viele Dransker eine Besserung ihrer Lage durch den Bug. Der Investor wurde daher mit offenen Armen empfangen und erhielt jede nur denkbare Unterstützung. Kritiker, die an einer wirtschaftlich vernünftigen Auslastung der 4000 Betten und damit langfristig an der Finanzkraft des Oldenburger Unternehmens zweifelten, kamen nicht zum Zuge. Die Befürworter verwiesen stets auf die positiven Wirkungen, die sie sich von der Verlagerung des Regierungszentrums von Bonn nach Berlin erhofften. Viele Beamte in gehobenen Positionen würden gewiß ihr Ausflugsziel von einem Nordseehafen an die nahegelegene Ostseeküste verlegen – und dafür wäre der Bug mit seinen vielfältigen Möglichkeiten ideal geeignet. Zudem erwartete man eine Ausstrahlung bis nach Skandinavien und ins Baltikum, schließlich war für diese Regionen Rügen schon immer ein wichtiges Zugangstor nach Deutschland.

Jahrelang rang man um eine angemessene Konzeption für den Bug und um ein solides Finanzierungskonzept. Die anfänglich etwas hochgestochenen Vorstellungen, was die Größe der Anlage und ihre Bettenkapazität betraf (4000 Betten, 800 Liegeplätze für Yachten), wurden im Rahmen des Raumordnungsverfahrens halbiert. Der Kaufpreis mußte mehrmals nachverhandelt werden, da immer neue Altlasten auf dem Gelände zum Vorschein kamen, die es kostenintensiv zu sanieren galt. Als sich zeitweise die Fronten verhärteten und das ganze Projekt zu scheitern drohte, bildete sich am 26. Januar 1996 eine »Bürgerinitiative Bug«, die zwischen den Verhandlungsparteien, also dem Bundesvermögensamt, den Genehmigungsbehörden und der Oetken-Gruppe, zu vermitteln suchte. Die Mitglieder

1998 finden erste Tests mit einem modernen Wasserflugzeug am Bug statt. Urlauber sollen hier später vom Bodden aus zu Rundflügen starten können.

der Initiative gingen davon aus, daß eine solche Großbebauung des Nordbug letztlich besser wäre, als die Militärbauten weiter verfallen zu lassen und die Altlasten im Boden nicht zu entsorgen. Das Ergebnis wäre auf Jahre hin eine verbotene Zone mit hohem Gefahrenpotential. Dranske würde zu einem Schreckensort.

Am 20. Mai 1999 wurde dann schließlich der Kauf perfekt gemacht. Die Oberfinanzdirektion Rostock und die Oetken-Gruppe wurden sich handelseinig. Der Sprecher der Bürgerinitiative, Klaus Riedel, gab freudig seiner Hoffnung Ausdruck, daß damit der Niedergang der Gemeinde Dranske aufgehalten und sich die Region zu einem attraktiven Tourismuszentrum entwickeln werde.

Um im Rahmen der Genehmigungsverfahren eine reibungslose und vor allem schnelle Zusammenarbeit sämtlicher Fachbehörden des Landes Mecklenburg-Vorpommern zu garantieren, war auf Initiative des damals amtierenden Arbeits- und Bauministers Helmut Holter eine Interministerielle Arbeitsgruppe angeboten worden.

Die Planungsarbeiten auf dem Bug wurden intensiviert, um so schnell wie möglich die Unterlagen für die notwendigen behördlichen Genehmigungen einreichen zu können. Die Investorengruppe Oetken gewann den international renommierten Architekten Tom Krause. Auch in Mecklenburg-Vorpommern sorgte er mit dem »Land Fleesensee« in Göhren-Lebbin inmitten der Mecklenburgischen Seenplatte für Aufsehen. Bei der architektonischen Gestaltung des »Baltic Sea Resort«, für das sich Tom Krause besonders engagierte, wird seine Handschrift unverkennbar deutlich. Nicht einfach »nullachtfünfzehn«; es hat seinen besonderen Charme.

Seine Visionen flossen in die Bebauungspläne Bodden und Ostsee ein. In diesen Ausfertigungen war jedoch eine anfangs im Konzept enthaltene besondere Attraktion des neuen Komplexes ausgespart – ein Landeplatz für Wasserflugzeuge. Die Flugboote sollten nach ursprünglichen Vorstellungen sowohl der Anreise für besonders anspruchsvolle Zeitgenossen als auch für Rundflüge um die Insel oder für Abstecher in die Anrainerstaaten dienen. Achillesferse: die Umweltverträglichkeit. Dabei ging es um Emissionswerte genauso wie die Geräuschbelastung für die Anwohner in Wiek und Dranske sowie die brütenden Vögel auf dem Südbug. Am 21. und 22. September 1998 fanden dazu erste Tests mit einem modernen Wasserflugzeug des Typs »Lake LA 4-200« der Bremer Luftwerbefirma WeFa statt. Vom Investor war dazu extra an der Stelle der ehemaligen Slipanlage der 6. Flottille eine neue Ablaufbahn errichtet worden. Die Geräuschmessungen ergaben Werte zwischen 70 und 73 Dezibel, was von den Beteiligten als akzeptabel eingeschätzt wurde[10]. Nach Abschluß der Testflüge schwärmte Markus Joost, der Pilot des »Albatros«, von den idealen Bedingungen, die sich hier für die Seefliegerei böten. Bessere Möglichkeiten hätte er nirgends sonst in Deutschland erlebt. Die Pläne vom Wasserflugverkehr wurden fallengelassen, da das verbundene Verfahren den damaligen Planungsfortschritt nur unnötig in die Länge gezogen hätte. Ohnehin mußten viele Gesichtspunkte berücksichtigt werden, um wirklich sämtliche Bedenken von Trägern öffentlicher Belange gegen das Gesamtprojekt objektiv auszuräumen.

Denn nicht überall auf der Insel Rügen stieß das zu startende Großprojekt auf dem Bug auf Zustimmung. Eine zu harte Konkurrenz für die seit Jahren auf der Insel rührigen Vermieter und Hotelbesitzer wurde als Negativeffekt entgegengehalten. Doch ist es nicht gerade der Wettbewerb, der am Ende besonders dem Urlaubsgast durch qualitativ höhere Leistungen zugute kommt? Und je zufriedener jene sind, um so größer ist doch auch die Wahrscheinlichkeit, daß die Urlaubsgenüsse der abgelaufenen Saison die Gäste zum Wiederkehren im Folgejahr bewegen wird, vielleicht sogar durch Mundpropaganda den einen oder anderen Sonnenanbeter, der sich bisher noch nicht in den Gefilden Rügens tummelte, in seinen Bann ziehen wird. Im übrigen spricht das »Baltic Sea Resort« auf der Halbinsel Bug mit seinen Strukturen vordergründig eine gutbetuchte Klientel an, die bisher auf Rügen vernachlässigt wurde.

Die Gemeinde Glowe plagte eine ganz andere Sorge. Aufgrund der Lage im Eingangsbereich zur Schaabe, dem einzigen Verbindungsstück zwischen den Halbinseln Wittow und Jasmund war schon vor der touristischen Erschließung des Bugs ein Durchgangsverkehr von 11000 Fahrzeugen pro Tag zu verzeichnen. Urlauber wollten sich am weißen Strand der Schaabe in der Sonne aalen oder das Kap Arkona besuchen. Im zusätzlichen Verkehr von Baufahrzeugen zum Bug fühlte sich Glowe vor chaotische Verkehrsprobleme gestellt. Eine Umgehungsstraße wurde gefordert, jedoch vom Straßenbauamt nicht bewilligt. Entgegenkommen vom Investor durch die Zusicherung, Massengüter der Bauphasen auch per Schiff auf den Bug transportieren zu wollen, entschärfte die Kontroverse.[11]

Als Schwerpunkt öffentlicher Bedenken kristallisierte sich der Naturschutz heraus. In der Tat sind auch auf dem Nordbug (nicht nur auf dem als Nationalpark ausgewiesenen Südbug) Pflanzen und Tiere an Land und im Wasser anzutreffen, die nicht nur schützenswert, sondern auf der »roten Liste« bedrohter Arten vermerkt sind.

So wurden unter anderem eine Umweltverträglichkeitsstudie, eine Studie zur Verträglichkeit des Vorhabens auf dem Nordbug zum angrenzenden EU-Vogelschutzgebiet sowie ein Fachgutachten zur Untersuchung der Gewässerökologie vor der Halbinsel Bug in Auftrag gegeben. Überhaupt sollen möglichst wenige Eingriffe in die Natur erfolgen, da auf die bereits versiegelten Flächen aus der Militärzeit von ca. 26 Prozent des Nordbug zurückgegriffen werden kann. Im unmittelbaren Grenzbereich des Südbug soll eine 300 Meter breite Pufferzone angelegt werden, die aufgrund eines Grabensystems nicht ohne weiteres überwunden werden kann. Die sensiblen Dünen an der Ostseeküste dürfen lediglich auf dafür vorgesehenen eingezäunten Wegen betreten werden. Oetken präsentierte bewußt die tourismuswirtschaftliche Komponente mit der vorgefundenen einzigartigen Natur. Die Bewahrung der landschaftlichen Reize sowie die Integration und der aktive Schutz von Flora und Fauna werden vielmehr als Bereicherung und Triebkraft denn als Hemmschuh für die gesetzten Ziele verstanden.

Vorbehalte von WWF und BUND konnten gegen Auflagen als Ausgleich für den Eingriff in die Natur ausgeräumt werden. So wurden drei Bereiche des Wieker Boddens vom Landesumweltministerium für die spätere Ausweisung als Naturschutzgebiete einstweilig sichergestellt. Eingeschränkte Befahrensregelungen für Wasserfahrzeuge sollen der Vogelwelt ausschließlich während der Rast- und Zugzeiten die nötige Ruhe garantieren – eine nachvollziehbare Intention.[12] Darüber hinaus mußte der Investor Aufforstungen in Ausgleichgebieten sicherstellen. Da die ungenutzte ehemalige Torpedoschnellboothalle im Hafen (Abriß erfolgte im Sommer 2001) das größte bekannte Winterquartier verschiedenster Arten von Fledermäusen auf Rügen darstellte, waren Ersatzlebensräume für die betreffende Population herzurichten. Kleine Wermutstropfen, die jedoch das Investitionsprojekt nicht beeinträchtigten.

Nach entsprechenden Modifizierungen der Bebauungspläne lagen Ende 2001 die erforderlichen behördlichen Genehmigungen vor. Qualifiziertes Baurecht – wie es im Fachjargon heißt. Bereits nach Freigabe des Bebauungsplanes Bug-Ostsee läutete die Bug GmbH & Co KG neben den weiteren logistischen Arbeiten für die Ausführungsplanung die Sanierungsphase ein. Die erforderliche Baufreiheit mußte geschaffen werden. Fortan wirkte die Firma Baustoff-Recycling Burg mit schwerem Baugerät. Minister Helmut Holter leitete symbolisch die Abrißarbeiten ein, als er am 10. Mai 2001 mit der Schaufel eines gewaltigen Baggers die Fassade eines Gebäudes einriß. Die folgenden Monate regierten neben Bagger Betonschere, Blechschere, Kieslöffel und ähnliches Gerät. Ein Gebäude verschwand nach dem anderen von der Bildfläche. Die anfallenden Trümmer wurden zerbrochen und zerschreddert und sollten bei der nachfolgenden Errichtung der Tourismusanlage größtenteils im Rahmen der Infrastruktur wiederverwendet werden.

Am 23. August 2001 wurde der 80 Meter hohe Schornstein des ausgedienten Heizkraftwerkes, einst für die Schnellbootfahrer der 6. Flottille und allgemein für die Seefahrt markanter Orientierungspunkt, gegen Mittag

Im August 2001 wird der Schornstein des alten Heizkraftwerkes gesprengt. Er war einst für die Schnellbootfahrer der 6. Flottille ein markanter Orientierungspunkt.

Symbolischer Abrißbeginn der ehemaligen Lehrbasis am 10. Mai 2001. Bau- und Arbeitsminister Helmut Holter legt im Bagger selbst Hand an.

gesprengt. Gleiches Schicksal ereilte wenige Monate später auch den 261 Tonnen schweren Kran, der seit 12 Jahren ungenutzt im Marinehafen sein Dasein fristete und für den sich kein Kaufinteressent fand.

Nach der Beräumung des ehemaligen Tanklagers wurde die darunter vorhandene Ölphase abgepumpt – eine der größten übernommenen und zu beräumenden Altlasten. Die kontaminierten Bodenbestände auf dem Gelände des ehemaligen Tanklagers und des Faßlagers am Heizhaus trug man ab und entgiftete diese durch moderne Aufbereitungsverfahren. Dafür allein waren Kosten von etwa drei Millionen Euro angefallen.

Der Nordbug konnte indes schneller als erwartet Touristen begrüßen. Zunächst jedoch noch mit dem Antlitz des im Abriß begriffenen ehemaligen Militärstützpunktes. Die Peter Deilmann Reederei war seit Juli 2000 offiziell mit Binnenkreuzfahrtschiffen, darunter eines der 5-Sterne-Kategorie, die »Katharina von Bora«, in den vorpommerschen Gewässern unterwegs. Auch der Bug wurde ein Anlaufpunkt, von welchem aus die Passagiere mit dem Reisebus markante Ziele der Insel Rügen besuchten und so ihre landschaftlichen Reize hautnah erleben konnten. Der in diesem Stadium noch im Umbruch begriffene Bug stand in sichtbarem Kontrast zu den bereits durchsanierten Inselschönheiten, bot jedoch mit dem vorhandenen großzügigen ehemaligen Marinehafen ideale Bedingungen für die relativ großen Binnenkreuzfahrtschiffe. Natürlich würde dieser erste touristisch geprägte Meilenstein des Nordbugs in seiner Bedeutung in den Hintergrund rücken, angesichts der gigantischen Veränderungen, die der noch im Jahre 2000 mit ungenutzten Militärgebäuden übersäte Landstrich erfahren sollte.

Die letzten vereinzelten steinernen Zeitzeugen würden dem Erdboden gleichgemacht werden, und mit der erlangten Baufreiheit könnte man sich direkt dem Tiefbau widmen. Schließlich stellen die Wasserbau-, Erd- und Erderschließungsarbeiten die Grundvoraussetzungen für den Hochbau dar. Einer Errichtung der vorgesehenen Gebäude einschließlich der entsprechenden Infrastruktur sah man dann in drei Bauphasen über insgesamt vier Jahre entgegen. Dem ehrgeizigen Zeitplan folgend, hätte sich dem staunenden Besucher des Bugs im Jahr 2007 folgendes glamouröses Bild bieten können:

Das ursprüngliche Hafenbecken der Militärliegenschaft ist nicht mehr wiederzuerkennen. Eine grundlegende Verkleinerung wird erreicht, indem man in die Mitte geschickt eine künstliche Insel setzt. Ein einzelstehendes Ferienhaus mit exklusivem, romantischem Flair, dessen Erscheinung Assoziationen mit einem kleinen Schlößchen zuläßt, ziert das Eiland. Eine Halbinsel, deren Kern die ehemalige Pier I und II beinhaltet, ragt von Norden in das Hafenbecken hinein und bietet zusätzlichen Schutz. Die sehr großzügige Marina läßt eine vielfältige Nutzung zu. Ein Fischereihafen faßt Boote, mit welchen die Männer in »Friesennerzen« auslaufen, um am Nachmittag mit fangfrischem Fisch zurückzukehren und die einheimische Gastronomie beliefern zu können. Hier kann man den Fischern bei der Arbeit über die Schulter schauen und erfährt urtypisch nordischen Alltag. Den Freizeitkapitänen, welche die hervorragenden Bedingungen auf dem Bug auf Dauer genießen möchten, werden in einem eigenständigen Bereich Dauerliegeplätze zur Verfügung gestellt. Die kalte Jahreszeit werden die Boote im Winterlager verbringen. Im Innenhafen machen Traditionsschiffe aus aller Herren Länder fest; internationales Publikum läßt die Weltoffenheit erlebbar werden. Einen bedeutenden Anteil nimmt der Gastliegerhafen ein. Im Seglerklub wird die Versorgung sichergestellt, einerseits was die Bootsausrüstung, andererseits was das leibliche Wohl betrifft. Und wer mit seinem Boot schon eine weite Strecke zurückgelegt hat und des Nächtigens an Bord überdrüssig ist, findet wahlweise auch seine Schlafstatt im Seglerdorf. Dessen Appartementhäuser stehen direkt auf der Pier im südlichen Hafenbereich; das sichert zudem die unmittelbare Nähe zur edlen Yacht praktisch vor der eigenen Haustür. Eine Selbstverständlichkeit, daß auch entsprechende Schiffsversorgungseinrichtungen zur Verfügung stehen.

Das Fischerdorf zwischen der Nordpier und dem Gastliegerbereich ist auf Stelzen gegründet. Darunter plätschern die Wellen. Die Gestalt der eingeschossigen Holzbauten erinnert an einen ruhigen Ort im norwegischen Fjord, in dem das Möwengekreisch die Geräuschkulisse bestimmt. Fischrestaurants und kleine Läden werden durch Steganlagen miteinander verbunden; Fahrgastschiffe legen des öfteren an. In der Nachbarschaft im Südhafen grüßt der Leuchtturm mit

Auch das Klubgebäude fällt dem Abriß zum Opfer. Am 9. Juli 2000 fand hier noch die Buchpremiere der 1. Auflage von »Rügens geheime Landzunge« statt.

seinem periodisch umlaufenden Lichtsignal. Er erfüllt nicht nur Funktionen der Schiffssicherheit: Eine Beobachtungsstation kann in luftiger Höhe von 25 Metern den Hafenbereich überwachen, aber auch die Unberührtheit des angrenzenden Nationalparks vom Wasser aus sicherstellen. Nicht zuletzt kann man im Leuchtturm in die urig, nach maritimen Maßstäben eingerichtete Gastwirtschaft einkehren.

Den Hafenbereich umschließt ein völlig neues Dorf, das man in landschaftstypischer Architektur aus eher niedrigen Häusern mit steilen Dächern errichtet hat. Reetdächer, Fachwerk, Feld- und Backsteinflächen, umsäumt von viel Grün, sorgen für ein sehr harmonisches Bild. Aufgelockerte Gassen und Innenhöfe laden die Gäste zum Flanieren ein; Läden verführen zum Shopping. Behagliche Restaurants mit exotischer, mediterraner, aber auch typisch deutscher Küche verwöhnen jeden Gaumen. Die 200 Meter lange Markthalle mit überglastem Innenhof und Ausmaßen von sagenhaften 1,5 Hektar Gesamtfläche bildet das touristische Zentrum, nicht allein wegen der vielfältigen Angebote. Eine umlaufend mehrstöckige Kulissenbebauung zeugt von Phantasie und verbreitet auch bei hoffentlich seltenem schlechtem Wetter angenehme Urlaubsstimmung. Nicht nur die öffentlichen Anlaufstellen wie Post, Polizeidienststelle oder Sanitätsstation sind hier anzutreffen. Verschiedenste Zielgruppen werden angesprochen: sportlich Ambitionierte ebenso wie an Kunst oder der Region Interessierte. Skulpturen, Gemälde und professionelle Photos in häufig wechselnden Ausstellungen vermitteln Wissenswertes. Abends laden verschiedene Diskotheken zum Tanzen ein. Im Obergeschoß wird eine Hotelfachschule untergebracht sein, an der Arbeitskräfte für die Zukunft ausgebildet werden und die nach erfolgreichem Abschluß möglicherweise auf dem Bug eine Anstellung erhalten. In ganz Deutschland wäre eine derartige Bauausführung einmalig. Die Markthalle mündet westlich in den Marktplatz, der aufgrund seiner monumentalen Maße ganzjährig Veranstaltungen unter freiem Himmel zuläßt. Das Gebäudeensemble wird durch die am Hafenrand idyllisch gelegene Kapelle, in der sich heiratswillige Paare auch trauen lassen können, komplettiert. Landseitig wird der Hafen im nordischen Stil mit zweigeschossigen Reihenhäusern versehen, deren integrierte Vorsprünge und Gesimse ein belebtes Gepräge verleihen. Es wird ein in sich geschlossener, gewachsener Gesamteindruck vermittelt.

Das Grandhotel mit seinen fünf Sternen ist dem Yachthafen zugewandt und läßt die Herzen luxusverwöhnter Urlauber höher schlagen. Der Architekt hat sich bei der Konstruktion dem Bäderstil verschrieben. Mit vier Sternen versehen ist das Thermenhotel in ähnlicher Architektur. Die sportlich interessierte Zielgruppe findet direkte Zugänge zu den Sportanlagen der Markthalle und zum Badehaus mit seinen Wellnesseinrichtungen, eingebettet in eine Bade- und Erlebnislandschaft. Im Sommer geht der Innen- fließend in den äußeren Freibereich über.

Vom Erlebnishafen ausgehend verläuft in nördliche Richtung ein Fleet- und Grabensystem, was dazu beiträgt, soviel Küstenverlauf wie möglich zu schaffen. Viele Ferieneinheiten gelangen somit in den Genuß, in der »ersten Reihe direkt an der Lagune« zu stehen.

Während auf der boddenzugewandten Seite unmittelbar am Hafen aufgrund seiner Kernfunktion der Ferienanlage die Bebauung dichter gewählt wurde, erscheint die Ostseeseite weitläufiger. Das Dünenhotel besticht ebenso wie das Strandhotel durch seine unmittelbare Küstennähe mit seinem einzigartigen Ausblick auf die benachbarte Insel Hiddensee. Nur wenige Gehminuten entfernt erreicht man eine Aussichtsplattform, von wo man seinen Blick über die gesamte Anlage schweifen lassen kann. In unmittelbarer Ostseenähe findet man exklusive Einzelhäuser in Klinker-, Putz- und Holzausführung, die von bewaldeten Flächen umsäumt sind. Hier ist auch das Künstlerdorf angelegt worden, in welchem sich Künstler unterschiedlichster Fachrichtungen von der berauschenden Landschaft, der tosenden Brandung in unmittelbarer Nähe und natürlich auch von den Gästen inspirieren lassen. Diese können in den Werkstätten bei der Herstellung von Töpferwaren, Gemälden – unter anderem auch mit inseltypischen Motiven – oder Schmuckgegenständen den Meistern bei der Arbeit zuschauen und auch das eine oder andere Souvenir erwerben.

Seiner maritimen Ausrichtung wird das »Baltic Sea Resort« auf dem Bug nicht zuletzt durch seine Surf-, Segel-, Schwimm-, Tauch-, Angler- und Ruderschulen gerecht. Paragliding und Wasserskilaufen dürfen als Trendsportarten im Angebot nicht fehlen. Für harte »Seemänner« ist an Ausfahrten mit einem Wikingerschiff gedacht. Wem dies zu mühsam ist, kann mit Ausflugsdampfern auf Touren rund um die Insel Rügen gehen. An Land wird für eine facettenreiche sportliche Betätigung gesorgt: Golf, Bowling, Freeclimbing, Bogenschießen, Fußball, Inline-Skating und Fitnesstraining sollen das ganze Jahr über neben den Angeboten in der Markthalle möglich sein. Für Radwanderer hat man ein umfangreiches Wegenetz erschlossen, und den Pferdefreunden steht ein Reiterhof zur Verfügung.

Auch für geschichtlich Interessierte wird gesorgt: Das »Haus Richthofen«, 1923 fertiggestellt, ist als marinehistorisches Museum vorgesehen, welches die wechselvolle Geschichte des Buges mit eindrucksvollen Zeitdokumenten reflektiert. Neben dem Dransker Heimatverein wird auch die Marinekameradschaft Bug in diesem Haus unterkommen.

Ein grundsätzliches Problem für alle Großinvestitionen auf Rügen stellt die schwierige Verkehrsanbindung dar. Selbst mit der neben dem zweispurigen Rügendamm bestehenden breiteren Autobahnanbindung mit neuer Rügenbrücke bleibt die Gefahr von großen Staus in der Saison und der generellen Verkehrsüberlastung der grünen Insel. Für den Bug mit seiner einen schmalen Zufahrtsstraße potenzieren sich diese Probleme noch. Ein ähnlich schwerwiegendes Verkehrsproblem beschäftigt die Einwohner der Halbinsel Wustrow, auf der der gesamte Verkehr durch das Nadelöhr des Ortes Rerik muß. Wie aber läßt sich die Autodichte verringern? Die Investoren der Oetken-Gruppe wollen auf dem Bug einen Hol- und Bringdienst zu den Bahnhöfen in Saßnitz und Bergen einrichten und ihren Besuchern nahelegen, per Bahn, Bus oder Fähre anzurei-

Abriß eines Wohnblocks im Rosa-Luxemburg-Ring von Dranske im August 2001.

sen, falls man nicht ohnehin mit der eigenen Yacht kommt. Von Stralsund aus soll es wieder eine direkte Wasserverbindung zur ehemaligen Nordbrücke auf dem Bug geben, so wie zu Zeiten des Beamten-Erholungsheimes in den zwanziger Jahren. Auf der Landzunge selbst will man das Benutzen von PKW untersagen und durch ein Shuttle-System ersetzen. Wer dann partout mit dem eigenen Auto anreisen will, müßte es auf einem Sammelparkplatz am nördlichen Eingang oder auf dem zentral gelegenen Parkplatz abstellen. Der Straßenverkehr zum Hafen als touristischem Knotenpunkt bleibt den gewerblichen Zulieferern und einer öffentlichen Buslinie vorbehalten. Selbst im Winter und außerhalb der Saison ist eine stündliche Frequentierung durch Busse gewährleistet. Weiträumige Bereiche sind ausschließlich als Fußgängerzonen ausgewiesen, um ein ungestörtes Flanieren zu garantieren.[13]

Doch wurde aus der Vision tatsächlich Wirklichkeit? Bereits im Herbst 2001, mitten im Sanierungs- und dem bevorstehenden Baugeschehen, ging mit einem Paukenschlag die Meldung durch die Presse, daß sich Rügen mit dem Bug in Zusammenarbeit mit der Hansestadt Stralsund um die Ausrichtung der Segelwettbewerbe im Rahmen der Olympischen Sommerspiele 2012 bemühen wird. Erinnerungen an die olympischen Träume 2000 wurden wach. Damals entschied sich im internen Ausscheid das NOK zugunsten des Konkurrenten Rostock-Warnemünde. Doch im Hinblick auf 2012 mußte man sich auf weitere Mitbewerber einstellen: auch Kiel, Lübeck-Travemünde, Flensburg und Hamburg/Cuxhafen waren mit von der Partie.[14] Neben der Auswahl des Hauptaustragungsortes mußte auch der Standort für die Segelwettbewerbe vom NOK nominiert werden. Mit den dann ermittelten Favoriten würde sich das NOK

8

## Optimale Bedingungen

für Sportler und Organisatoren ...

Ansicht des künftigen „Baltic-Sea-Resorts“ von Nord-West

... bietet die wohl durchdachte Anordnung der einzelnen Nutzungskomponenten, die sich auf Grund der natürlichen Gegebenheiten zu einem idealen Gesamtkomplex vereinen. Die kurzen Wege auf dem Lande werden ergänzt durch die wohl kürzesten Wege zu den einzelnen Wettkampfbahnen. Von besonderer Bedeutung erweist sich die Tatsache, dass weder das Überfahrtsgebiet noch das Wettkampfgebiet von Berufsschifffahrtslinien durchkreuzt werden.

Auch die meteorologischen und hydrologischen Bedingungen „stimmen“. Nichts ist für einen engagierten Segler langweiliger als gleichmäßige Winde, da hier überwiegend das Material entscheidet. Das wollen wir nicht! Seemännisches Können, technische und physische Fertigkeiten, letztendlich seglerisches Können der Sportler erhalten in diesem Revier einen höheren Stellenwert.

## Sicherheit steht bei uns ganz oben

nicht nur, weil wir ganz oben sind ...

... oder wir im Jahre 2012 viele Gäste aus der ganzen Welt empfangen wollen. München hat 1972 in dramatischer Weise gezeigt, dass auch Olympia von terroristischen Anschlägen nicht verschont bleibt. Noch schmerzlicher musste Amerika am 11. September in New York erfahren, welche Risiken mit einer hohen punktuellen Unterbringungskonzentration verbunden sind.

Die einmalige geografische Lage des „Baltic Sea Resorts“ auf einer Halbinsel gestattet eine verhältnismäßig einfache Sicherung des Olympiabereiches. Trotzdem erlaubt die Größe der Halbinsel eine verteilte Unterbringung, ohne dass dadurch längere Wege zurückzulegen sind.

Alle wesentlichen Nutzungseinheiten sind z. B. bequem zu Fuß, mit dem Fahrrad oder sonstigen umweltfreundlichen Fortbewegungsmitteln zu erreichen.

Auf umweltbelastenden massenhaften Autoverkehr, wie bei weit auseinanderliegenden Standorten notwendig, kann daher verzichtet werden.

Zuschauer / öffentlicher Bereich

Presse- und Wettkampfbereich

Olympianutzung

Vor- / Nachnutzung

Pressezentrum

Jugendhotel Segelschule

Zuschauerzentrum

Live-Events Gastronomie

Wettkampf-Leitung / Organisation

Tagung Konferenz

Olympiahafen Bootshafen

Sporthafen Erlebnishallen

"Olympiadorf" Logis

"Club-" und "Familienhotel"

Erlebniszentrum Konferenz

Grand- und Thermenhotel Konferenz

„Baltic-Sea-Resort“ Draufsicht

9

www.segeln-in-vorpommern.de

Das Cover (unten) und Seiten der Broschüre für die Olympia-Bewerbung 2012. Im Falle des Zuschlags hätten auf dem Bug die Segelwettkämpfe stattfinden sollen.

anschließend beim Internationalen Olympischen Komitee (IOC) am internationalen Bewerbungsverfahren beteiligen, wo die endgültige Vergabe der Olympischen Spiele im Juli 2005 erfolgen würde.[15]

Für die Segelregion Stralsund/Rügen sprachen vor allem die günstigen Bedingungen, die die Sportler in den hiesigen Gewässern antreffen. Schaulustige könnten die auszutragenden Wettbewerbe hervorragend von der Küste aus beobachten. Weiterhin böte die Kulisse Stralsunds für die Feierlichkeiten zum Auftakt bzw. zum Ende der Wettkämpfe ein beeindruckendes Ambiente. Mit dem auf der Halbinsel geplanten »Baltic Sea Resort« wären zudem beste Rahmenbedingungen vorhanden; ein olympisches Dorf müßte nicht erst aus dem Boden gestampft, um später wieder abgerissen zu werden. Das NOK hatte einen ausführlichen Fragenkatalog mit hohen Maßstäben aufgestellt. Auf 33 Seiten waren die Anforderungen aufgelistet, etwa Belange der Infrastruktur, Olympisches Dorf, Medienzentrum, Transportwege und Umweltschutz. Höchste Standards wurden im Sicherheitsbereich abverlangt. Dazu kamen Bewertungskriterien wie Finanzierung, Unterstützung in der Öffentlichkeit, vergangene Erfahrungen mit Großsportereignissen und die Stimmigkeit des Bewerbungskonzeptes als Ganzes. Mit Hochdruck arbeiteten die Verantwortlichen an einer werbewirksamen Präsentation.[16]

Dabei wurden die bisherigen Planungsunterlagen des Investors maßgeblich eingebunden und »olympische Ergänzungen« eingearbeitet. Das Investitionsvolumen würde um weitere 175 Millionen Euro aufgestockt werden müssen: ein ostseeseitiger Olympiahafen (600 mal 200 Meter), mit Granitwall und Mole gleichzeitig Küstenschutzfunktion entfaltend, eine Bootshalle, ein Amphitheater für 5 000 Gäste, ein großzügiges Pressezentrum und zusätzliche 1 140 Betten im Olympiadorf.[17] Zeitsparende Transporte sollten durch Schnellfähren sichergestellt werden. Am 15. Mai 2002 war Abgabetermin der Bewerbungsunterlagen beim NOK in Frankfurt am Main.[18]

Das Konzept des »Baltic Sea Resort« erregte durch die Exklusivität, gepaart mit Naturverbundenheit und Umweltverträglichkeit, große Anerkennung. Die gesamte Region Rügen/Stralsund fieberte der Entscheidung des NOK entgegen. Wird die Vision schneller als gedacht Wirklichkeit?, fragte man sich. Schließlich würden die Olympischen Spiele bei der Projektumsetzung auf dem Bug zusätzlich motivieren und neue Kräfte freigesetzt werden. Begeisterung. Daumendrücken. Nachdem die Bewerbungsunterlagen auf dem »grünen Tisch« eingehend studiert wurden, besuchte eine fünfköpfige NOK-Kommission am 22. November Stralsund und den Bug, um sich einen persönlichen Eindruck vor Ort bilden zu können. Die Ergebnisse der Beurteilung wurden dann den 138 NOK-Mitgliedern vorgelegt. Am 12. April 2003 fiel die Entscheidung im Hotel »Park Hilton« in München bei der außerordentlichen Mitgliederversammlung des NOK, welcher Bewerber ins Olympia-Rennen gehen wird. Bundeskanzler Gerhard Schröder öffnete gegen 16:30 Uhr einen Umschlag und verkündete: »Rostock« als Ausrichter der Segelwettkämpfe. Wenig später war als Hauptaustragungsort Leipzig gekürt.[19] Der Traum von Olympia auf dem Bug platzte zum zweiten Mal innerhalb von zehn Jahren. Jedoch bedeutete das nicht das Ende des Projektes »Baltic Sea Resort«. Die Olympiabewerbung war zumindest eine hochkarätige und lohnenswerte Marketingmaßnahme, um den Bug und sein Projekt überregional ins Gespräch zu bringen und Aufmerksamkeit zu erlangen.

Wurde Dranske/Bug für internationale Wettkämpfe entdeckt? Vom 24. bis 26. Mai 2003 ein erster Erfolg: Bürgermeister Uwe Ahlers holte die Auftaktveranstaltung

Cover der Werbebroschüre für die Windsurf-WM, die im Oktober 2003 in Dranske stattfand.

des Deutschen Windsurf Cup – ranghöchste deutsche Regattaserie im Windsurfen – nach Dranske. Objektiv unbestreitbar: Es eröffnen sich zwei völlig verschiedene Reviere in unmittelbarer Nähe – die offene See auf der Westseite und ein geschützter Bodden auf der Ostseite – und bieten damit beste Voraussetzungen für den Sport auf schnellen Brettern. Sport als positive Sogwirkung für das finanziell gebeutelte Dranske.[20] Die Feuertaufe bestand man mit Bravour. Rügens Norden war in den Kreis der großen Surf-Veranstaltungsorte an der Nord- und Ostsee aufgenommen worden. Jährlich richtet Dranske das Auftaktrennen des Deutschen Windsurf-Cup aus. Dann die Sensation: Anfang Oktober 2003 traf sich die Surf-Elite zur Surf-WM in Dranske. Ursprünglich sollten auf Sardinien die Weltbesten ermittelt werden, doch man warf dort aufgrund von organisatorischen und auf Rhodos als erster Alternative aus finanziellen Unzulänglichkeiten das Handtuch. Eindrucksvoll wurde von Dranske unter Beweis gestellt, daß trotz finanzieller Misere auf kommunaler Ebene mit Mut, Einsatzwillen und Ausdauer eine derartige Veranstaltung auf die Beine gestellt werden kann. Innerhalb einer fünfwöchigen Werbetour von Bürgermeister Uwe Ahlers stellten 23 Sponsoren die erforderlichen Gelder von 132 000 Euro zur Verfügung und brachten 126 Surfer aus 25 Nationen nach Dranske.[21] Kerry Williams, Präsident des internationalen Windsurfingverbandes, kommentierte vor Ort den Journalisten begeistert: »Das Surfrevier ist große Klasse, die Organisation super. Hier wird nicht darüber diskutiert, ob etwas möglich ist. Es wird einfach gemacht. Und das habe ich noch nicht erlebt.«[22] Seit 2005 ist eine Wassersportschule am Wieker Bodden fest etabliert. Fast genau in der Mitte zwischen Dranske und dem Bug – am schmalen Buger Hals, wo zu DDR-Zeiten ein kleiner Hafen der Fischereiproduktionsgenossenschaft (FPG) angesiedelt war, ist ein weiteres Projekt geplant. Ein Investor ersteigerte 2013 das Terrain, um eine Marina, schwimmende Ferienhäuser und ein Werftgebäude mit Kran zu errichten. Auf dem Grund des Wieker Boddens, direkt vor dem Hafen, liegen Wracks von 13 Torpedoschnellbooten der Volksmarine, die vor Jahrzehnten ausrangiert versenkt worden waren, um als Barriere einer Versandung des Hafens entgegenzuwirken. Diese Bootskörper müßten im Zuge der Investition als potentielle Unfallquelle geborgen werden.[23] Jedoch ist dies bis 2021 nicht umgesetzt worden.

Und der Bug? Er war 2010 Drehort für entscheidende Szenen des Films »Vier Tage im Mai«. Regisseur ist der renommierte Achim von Borries. Erzählt wird eine wahre Begebenheit in den letzten vier Tagen des Zweiten Weltkriegs.[24] Die Premiere fand am 9. August 2011 in Locarno beim Internationalen Filmfestival statt, danach lief der Film auch in deutschen Kinos.

Doch hinsichtlich des touristischen Projektes »Baltic Sea Resort« blieb man den Beweis der Machbarkeit solch vielversprechender Pläne zumindest bis zum Sommer 2021 schuldig. Seit 2003 ist auf dem Bug wieder die Zeit stehen geblieben. Er befindet sich derzeit im Dornröschenschlaf. Über die Abrißarbeiten und Altlastensanierung ist man nicht hinausgekommen, die Tiefbauarbeiten haben nie begonnen. Obwohl Oetken nach damaligen Zeitungsberichten noch eine finanzstarke englische Investorengruppe zur Seite gestanden haben soll, wurde er offensichtlich zu lange mit leeren Versprechungen hingehalten.[25] Doch er ließ den Kopf nicht hängen. 2006 wurde ein externes internationales Bieterverfahren angestrengt, wobei neue ernstzunehmende Kontakte zu potentiellen Investoren hergestellt werden konnten.[26] Doch einige vielversprechende Spuren verliefen sich im Ostseesand. 15 Jahre gingen ins Land. Sträucher und kleine Bäume überwuchern die Schuttberge abgerissener Gebäude. Ende Mai 2021 wurde überraschend vermeldet, daß die Bug GmbH um den Oldenburger Investor Martin Oetken einen Kaufvertrag mit Investoren aus Israel unterzeichnet habe. Mit einer geschätzten Investitionssumme von 680 Millionen Euro wollen die neuen Eigentümer die ursprünglichen Pläne von Oetken umsetzen und den Bug endgültig wachküssen.[27]

Trotz der Bauverzögerung auf dem Bug waren für Dranske die ersten Jahre des neuen Jahrtausends von Aufbruch und Zuversicht gekennzeichnet. Die seit Juli 1998 in der krisengeschüttelten Gemeinde praktizierte Zwangsverwaltung konnte sich zwar in Schadensbegrenzung üben, entscheidende Maßnahmen zur Konsolidierung des Haushaltes wurden jedoch nur langsam auf den Weg gebracht. Die Dransker Gemeindevertretung, die sich das Begehen entscheidender Pfade zur Entschuldung auf die Fahnen schrieb, erhielt seit Mitte 2001 durch die partiell aufgehobene Zwangsverwaltung eine spürbare Kompetenzerweiterung. Bürgermeister Uwe Ahlers an der Spitze der Gemeindevertretung führte fortan Schriftverkehr und Gespräche auf Landes- und Bundesebene und setzte somit die bereits durch den Zwangsverwalter begonnenen Verhandlungen fort. Im Mittelpunkt der Problembewältigung stand die Abtragung des Schuldenbergs. Denn eines ist festzuhalten: Selbst innerhalb der Zwangsverwaltung konnten keine ausgeglichenen Haushalte erstellt werden. Das jeweilige Jahresdefizit lag stets jenseits der Millionengrenze. Es mußten grundsätzliche Änderungen veranlaßt und versucht werden, Fehler der Vergangenheit zu korrigieren.

Doch nicht nur der finanzielle Aufwärtstrend wurde nachhaltig gesucht, sondern auch ein städtebauliches

Eingangsbereich zur ehemaligen Militärliegenschaft auf dem Nordbug (2002).

Konzept für die Gemeinde Dranske, mit dessen Entwicklung die Landesentwicklungsgesellschaft Schleswig-Holstein ab 2000 beauftragt war.

In der 1. Fortschreibung des Entwicklungskonzeptes der Gemeinde Dranske aus dem Jahr 2003 wurde dargelegt, daß die Neubaublöcke einen erheblichen Sanierungsstau aufwiesen. Nach den bereits in der Vergangenheit getätigten Instandhaltungsinvestitionen seien weitere in Höhe von ca. 30 Millionen Euro notwendig. Neben der nicht abzusichernden Finanzierung stand auch der fortschreitende Leerstand einem derartigen Vorhaben entgegen. Das bedeutete, daß entsprechend dem realistischen Bedarf Wohnungseinheiten bereitgestellt werden mußten, darüber hinaus jedoch der Abriß von Plattenbauten die logische Schlußfolgerung war. Nach wirtschaftlicher Betrachtung waren von den vorhandenen 1 092 Wohnungseinheiten langfristig maximal 250 Wohnungseinheiten vorzuhalten. Erste Maßnahme war seit 1999 der aktive Freizug von schlecht ausgelasteten Blöcken. Ausgleichswohnraum für bis zuletzt in den betroffenen Neubauten verbliebene Mieter war reichlich vorhanden. Die betroffenen Plattenbauten wurden zunächst von den technischen Medien getrennt. Mit diesem Eingriff wurde eine Senkung der Bewirtschaftungskosten für leerstehende Wohnungen erreicht, er bedeutete außerdem eine Entlastung des kommunalen Etats. Auch die Beseitigung der seit dem Freizug fensterlosen Geisterhäuser verlief nicht reibungslos. Fast zwei Jahre vergingen, bis der Bund dem Abriß zustimmte und der Gemeinde Dranske über die betreffenden Immobilien Planungshoheit gewährte. Bis 2007 mußten acht Blöcke der Abrißbirne weichen. Die Finanzierung erfolgte aus Zuschüssen des Landes und belastete somit die Gemeinde Dranske nicht.

Die neu gewonnenen Flächen sollen neu erschlossen und einer dörflichen Wohnbebauung zugeführt werden.[28] Die Gebäudehöhe der verbliebenen Plattenbauten sollte abgestuft, die Dachgestaltung der ländlichen Umgebung angepaßt werden. Zur Auflockerung des Wohnumfeldes wurde eine umfassende Begrünung vorgeschlagen. Die Eigentümerin (TLG Immobilien) der Zweigeschosser im alten Ortsteil, die in den dreißiger Jahren errichtet worden waren, sanierte diese Gebäude umfassend. Auch die dazugehörigen Außenanlagen wurden einer Verjüngungskur unterzogen.

Wo bis zur Wende eine Radarbasis der Sowjetarmee stationiert war, wurden die militärischen Altlasten beseitigt. Dort, am nordwestlichen Ostseekliff »Rehbergort«, wo der Blick auf das Wasser selbstverständlich und das Meeresrauschen allgegenwärtig ist, entstand ab 2007 in mehrjähriger Bautätigkeit eine reetgedeckte Ferienhaussiedlung.[29]

Ein Schandfleck am Wieker Bodden verschwand 2010. Das »Haus Boddenblick« (zu DDR-Zeiten Haus der Armee, HdA) am Fuße des ebenfalls maroden und wegen Baufälligkeit gesperrten Seesteges fristete ein ruinöses Dasein, bis ein Investor das denkmalgeschützte Gebäude sanierte und 2012 das mit vier Sternen dekorierte »Strandhotel« eröffnete. Der alte Seesteg wurde bereits 2009 abgerissen und eine neue 170 Meter lange Seebrücke errichtet. Im Juni 2010 nahm man von dieser Seebrücke aus nach historischem Vorbild den Schiffsverkehr zur Insel Hiddensee wieder auf.[30]

Dranske wird sich zukünftig als geschlossenes Ganzes präsentieren, das Neubaugebiet sich landschaftsgerecht in das alte Dorf einfügen und beide werden vereint ein harmonisches Gefüge mit Badeort-Flair bilden.

Im Herbst 2007 stellte Lorenz Caffier, Innenminister Mecklenburg-Vorpommerns, eine Konsolidierungshilfe von 4,2 Millionen Euro zur Verfügung – zur Bewältigung des kommunalen Schuldenbergs. Davon war eine Million Euro bis 2016 rückzahlungspflichtig. Über Grundstücksverkäufe wurde dieser Betrag aufgebracht.[31] 2019 konnte erstmals ein ausgeglichener Haushalt vorgelegt werden. Trotz aller Maßnahmen belasten die Gemeinde aber immer noch Verbindlichkeiten in Höhe von rund drei Millionen Euro. Doch Dranskes Blick in die Zukunft ist hoffnungsvoll.

Wenn es gelingt, die geographischen Bedingungen der Landzunge Bug, die einst die Militärs angelockt haben, endlich auch zivil zu nutzen, wird dies nicht nur für die Gemeinde Dranske von großem Gewinn sein, sondern wirtschaftliche Impulse für die gesamte Region geben. Der Bug hätte dann neben seiner bewegten Vergangenheit auch eine Zukunft.

# Anhang

Kulissen für den Film »Vier Tage im Mai« am Ostseestrand, 2010.

# Anmerkungen

## Eine Landzunge am Ende der Welt – Der Bug in der Geschichte

1 Vgl. Schütze, Hans: Die Haken und Nehrungen der Außenküste von Rügen. Greifswald 1931, S. 58–68.
2 Ebenda.
3 Ebenda.
4 Vgl. Watzdorf, Anna Luise von [geb. von Platen]: Watzdorf-Chronik [unveröffentlicht]. 1932, S. 121–123. Archiv der Familie von Platen in Untereisesheim.
5 Vgl. Mattkay, Heinz: Ortschronik Dranske [unveröffentlicht]. Dranske 1983, S. 123.
6 Vgl. Wieden, Helge bei der (Hg.): Handbuch der historischen Stätten Deutschlands. Mecklenburg, Pommern. Stuttgart 1996, S. XLII.
7 Vgl. Auerbach, Horst: Die Seepostlinie Vorpommern-Schweden. In: Post- und Telekommunikationsgeschichte Heft 1/1997, S. 7.
8 Vgl. Lange, Dieter: Postgeschichte der Stadt Stralsund. Stralsund 1987, S. 18.
9 Ebenda, S. 19.
10 Ebenda, S. 19–21.
11 Vgl. Rudolph, Wolfgang: Insel der Schiffer. Rostock 1962, S. 201.
12 Vgl. Lange: Postgeschichte der Stadt Stralsund, S. 22.
13 Vgl. Mattkay: Ortschronik Dranske, S. 154.
14 Vgl. Käning, Günter: Wiek/Rügen – Chronik eines Inseldorfes. Lauterbach 1992, S. 145.
15 Zit. nach: Krieg, Günter: Der Bug. Teil 1. In: Schriftenreihe des Wieker Heimatvereins. Wiek 1996, S. 24.
16 Zit. nach ebenda, S. 25.
17 Vgl. Farin, Andre: Als schwedische Briefe per Postjacht kamen. In: Ostseezeitung vom 26.4.1997.
18 Vgl. Lange: Postgeschichte der Stadt Stralsund, S. 31.
19 Vgl. Mattkay: Ortschronik Dranske, S. 142.
20 Vgl. Wieden, Helge bei der (Hg.): Handbuch der historischen Stätten Deutschlands. Mecklenburg, Pommern, S. XLI.
21 Vgl. Stephan, H.: Geschichte der Preußischen Post von ihrem Ursprunge bis auf die Gegenwart. Berlin 1859, S. 574.
22 Vgl. ebenda, S. 768.; Lange: Postgeschichte der Stadt Stralsund, S. 44; Auerbach, Horst: Die Seepostlinie Vorpommern-Schweden. In: Post- und Telekommunikationgeschichte Heft 1/1997, S. 10 sowie Vorpommersches Landesarchiv Greifswald: Rep. 65 c Nr. 2285, S. 76. In den genannten Werken vertreten die Autoren Lange und Auerbach die Ansicht, die »Constitution« sei das erste Dampfschiff gewesen, welches die Ostsee befuhr. Stephan dagegen vertritt die Ansicht, es sei der Dampfer »Adler« gewesen, dies läßt sich durch Archivmaterial des Landesarchives Greifswald stützen. Da die erstgenannten Autoren auch auf archivalische Quellen verweisen, bleibt die Frage weiter offen.
23 Vgl. Lange: Postgeschichte der Stadt Stralsund, S. 47.
24 Vgl. Entscheidung über den Standort einer Lotsenstation. In: Vorpommersches Landesarchiv Greifswald, Rep. 80 Nr. 383.
25 Eid der Lotsen. In: Vorpommersches Landesarchiv Greifswald, Rep. 80 Nr. 383.
26 Vgl. Lageplan Wittower Posthaus. In: Vorpommersches Landesarchiv Greifswald, Rep. 80 Nr. 383.
27 Vgl. Käning, Günter: Kleinste Schule ohne Klassenzimmer. In: Ostseezeitung vom 13.07.1993.
28 Vgl. Schreiben der Kgl. Oberbaudeputation an den Kgl. Geheimen Staatsminister für Handel, Gewerbe und öffentliche Arbeiten, von der Heydt, vom 17.3.1849. In: Vorpommersches Landesarchiv Greifswald, Rep. 80 Nr. 386, S. 44–50.
29 Vgl. Prager, Hans-Georg: Beitrag in: Rugia-Journal – Rügener Heimatkalender 1995.
30 Vgl. Mattkay: Ortschronik Dranske, S. 153.
31 Vgl. Borgwardt, Hans-Joachim: Raketen als optisch-akustische Telegrafenlinien auf Rügen. In: Ostseezeitung vom 19.12.1997.
32 Vgl. Krieg, Günter: Der Bug – Teil 1. In: Schriftenreihe des Wieker Heimatvereins. Wiek 1996, S. 8 f.
33 Ebenda.
34 Vgl. Scheibert, J.: Der Krieg zwischen Deutschland und Frankreich in den Jahren 1870/71. Leipzig 1900, S. 162.
35 Vgl. Mattkay: Ortschronik Dranske, S. 158.
36 Vgl. Lange: Postgeschichte der Stadt Stralsund, S. 57.
37 Vgl. Käning, Günter: Wieker und Wittower Geschichten. Lauterbach 1994, S. 216.
38 Vgl. Vorpommersches Landesarchiv Greifswald, Rep. 80 Nr. 392.

## Das Militär zieht auf den Bug – Die Seeflugstation der kaiserlichen Marine

1 Vgl. Eberhardt, Walter von: Unsere Luftstreitkräfte 1914–1918. Berlin 1930, S. 14–16.
2 Vgl. Schubert, Peter: Geschichte der Luft- und Raumfahrt in Mecklenburg-Vorpommern. Rostock 1999, S. 23.
3 Vgl. Eberhardt: Unsere Luftstreitkräfte 1914–1918, S. 20.
4 Vgl. Israel, Ulrich: Marineflieger einst und jetzt. Berlin 1991, S. 8.
5 Vgl. Schubert: Geschichte der Luft- und Raumfahrt in Mecklenburg-Vorpommern, S. 47.
6 Ebenda.
7 Vgl. Israel: Marineflieger einst und jetzt, S. 8.
8 Vgl. Schreiben des Befehlshabers der Marine-Luftfahrt-Abteilung an den Staatssekretär des Marineamtes vom 20.12.1915. In: Bundesarchiv-Militärarchiv Freiburg, RM 110/21.
9 Vgl. Staatssekretär des Reichsmarineamtes an den Befehlshaber der Marine-Luftfahr-Abteilungen vom 31.12.1915. In: Bundesarchiv-Militärarchiv Freiburg, RM 110/21.
10 Aufstellung der Bauten der Stützpunkte Bug und Wiek. In: Bundesarchiv-Militärarchiv Freiburg, RM 31/2024.
11 Vgl. Besprechungsprotokoll (anwesend: Geheimer Baurat Hagen und Marineintendanturrat Hahn) vom 15.3.1917. In: Bundesarchiv-Militärarchiv Freiburg, RM 31/2024.
12 Vgl. Schreiben an das Marine Hafenbauamt Warnemünde vom 3.1.1917. In: Bundesarchiv-Militärarchiv Freiburg, RM 31/2024.
13 Vgl. Israel: Marineflieger einst und jetzt, S. 15.
14 Vgl. Personalaufstellung vom 5.11.1917. In: Bundesarchiv-Militärarchiv Freiburg, RM 31/2024.
15 Vgl. Bundesarchiv-Militärarchiv Freiburg, RM 31/2024.
16 Ebenda.

17 Ebenda.
18 Vgl. Flugbefehl Nr. 2 vom Chef der Küstenschutzdivision Ostsee vom 4.5.1917. In: Bundesarchiv-Militärarchiv Freiburg, RM 112/29.
19 Zit. nach: Breeger Schulchronik.
20 Zit. nach Krieg, Günter: Der Bug. Teil 2. Wiek 1995, S. 3.
21 Kriegsministerium, gez. von Stein, an die Königliche Inspektion der Fliegertruppen vom 3.9.1917, Stadtarchiv Stralsund, Rep. 18 Nr. 105, S. 51.
22 Vgl. Kriegstagebuch vom 14.6.1918. In: Bundesarchiv-Militärarchiv Freiburg, RM 110/91.
23 Kriegstagebuch vom 25.10.1918. In: Bundesarchiv-Militärarchiv Freiburg, RM 110/91.
24 Vgl. Schreiben des Staatssekretärs des Reichsmarineamtes an das Marine-Hafenbauamt Warnemünde. In: Bundesarchiv-Militärarchiv Freiburg, RM 110/21.
25 Vgl. Lageplan Bug. In: Bundesarchiv-Militärarchiv Freiburg, RM 45 Ost/1.
26 Vgl. Krieg, Günter: Der Bug. Teil 2. Wiek 1995, S. 3–5.
27 Vgl. Ebenda.
28 Vgl. Israel: Marineflieger einst und jetzt, S. 12.

## Der Schein trügt – Stützpunkt zwischen den Kriegen

1 Vgl. Zeidler, Manfred: Reichswehr und Rote Armee 1920–1933. Wege und Stationen einer ungewöhnlichen Zusammenarbeit. München 1993, S. 34.
2 Vgl. Mattkay, Heinz: Ortschronik Dranske [unveröffentlicht]. Dranske 1983, S. 177.
3 Vgl. Käning, Günter: Wieker und Wittower Geschichten. Lauterbach 1994, S. 257.
4 Vgl. Mattkay: Ortschronik Dranske, S. 178.
5 Vgl. Schreiben der Handelskammer an den Regierungspräsidenten vom 13.12.1920. In: Vorpommersches Landesarchiv Greifswald, Rep. 80 Nr. 392.
6 Bekanntmachung im Amtsblatt. In: Vorpommersches Landesarchiv Greifswald, Rep. 80 Nr. 392.
7 Die »Schiffercompagnie« wurde im Jahre 1488 von 50 Stralsundern als Bruderschaft gegründet. Die Schiffer wollten damit ihre Rechte gegenüber den Patriziern und Kaufleuten der Stadt besser durchsetzen. Die Bruderschaft unterstützte vor allem in Not geratene Mitglieder und deren Hinterbliebene. Auch heute noch sind in der »Schiffercompagnie« etwa 50 Mitglieder vereint, darunter auch Schiffsoffiziere der Handelsmarine.
8 Vgl. Vorpommersches Landesarchiv Greifswald, Rep. 80 Nr. 392.
9 Vgl. Prager, Hans-Georg: Beitrag in: Rugia-Journal – Rügener Heimatkalender 1995.
10 Vgl. Vorpommersches Landesarchiv Greifswald, Rep. 80 Nr. 392.
11 Pachtvertrag vom 1.7.1921. In: Vorpommersches Landesarchiv Greifswald, Rep. 80 Nr. 392.
12 Brief des Deutschen Beamten-Wirtschaftsbundes an den Lehrer Wioland aus Alfeld vom 2.7.1925.
13 Ebenda.
14 Vgl. Mattkay: Ortschronik Dranske, S. 185.
15 Eberhardt, Walter von: Unsere Luftstreitkräfte 1914–1918. Berlin 1930, S. 62.
16 Vgl. Deutsches Marine Institut (Hg.): Von der Marineluftschiffabteilung zur Marinefliegerdivision. Bonn 1988, S. 37.
17 Vgl. Zeidler: Reichswehr und Rote Armee 1920–1933, S. 36 f.
18 Notizen Liebers unter dem 30. 3. 1921 aus dem Tagebuch Hasses, BA-MA, N 62/39, S. 83, zit. nach: Zeidler: Reichswehr und Rote Armee 1920–1933, S. 38.
19 Zeidler: Reichswehr und Rote Armee 1920–1933, S. 171 f.
20 Vgl. Israel, Ulrich: Marineflieger einst und jetzt. Berlin 1991, S. 15.
21 Vgl. Käning, Günter: Wiek/Rügen – Chronik eines Inseldorfes. Lauterbach 1992, S. 148 f.
22 Interview mit Immanuel Hülsen am 27.7.1999.
23 Ebenda.

## Geheime Kommandosache – Der Seefliegerhorst im Zweiten Weltkrieg

1 Vgl. Urban, Wolfgang: Inseln im Visier von KZ-Planern. In: Der Rüganer vom 13.11.1996.
2 L. A. Nr. 750/34 g. Kdos. II 3 A, Bundesarchiv-Militärarchiv Freiburg, RL 2 III 102.
3 Der Reichsminister der Luftfahrt vom 16.4.1934. In: Bundesarchiv-Militärarchiv Freiburg, RL 2 III 380.
4 Der Reichsminister der Luftfahrt bezüglich der Aufstellung des Flugzeug-Waffenlehrgangs (See) Bug a./R. vom 26.3.1934. In: Bundesarchiv-Militärarchiv Freiburg, RL 2 III 102.
5 Verfügung des Reichsministers für Luftfahrt. In: L. A. Nr. 1430/34 g. Kdos. II 3 A, Bundesarchiv-Militärarchiv Freiburg, RL 2 III 102.
6 Verfügung des Reichsministers für Luftfahrt. In: Bundesarchiv-Militärarchiv Freiburg, RL 2 III 102.
7 Generalleutnant Rieckhoff: Trumpf oder Bluff? Genf 1945, zit. nach Eyermann, Karl-Heinz: Luftspionage. Bd. 2. Berlin 1963, S. 85.
9 Vgl. ebenda, S. 32.
10 Vgl. Aufstellung von Einheiten der Luftwaffe 1936. In: Bundesarchiv-Militärarchiv Freiburg, RL 2 III 104.
11 Vgl. Knopf, Martens: Görings Reich. Berlin 1999, S. 13–16.
12 Interview mit Walter Kühn am 21.12.1998.
13 Vgl. Deutsches Marine Institut (Hg.): Von der Marineluftschiffabteilung zur Marinefliegerdivision. Bonn 1988, S. 38–40.
14 Ewald Käning zit. nach Käning, Günter: Wieker und Wittower Geschichten. Lauterbach 1994, S. 120.
15 Reichsverkehrsministerium (Hg.): Seewasserstraßenordnung. Berlin 1939, S. 193.
16 Zur Siedlungsarchitektur von Dranske vgl. Lichtnau, Bernfried: Militärsiedlungen in Dranske und Wiek auf Rügen. In: Rügen. Impressionen, Informationen, Visitenkarten. 7. Folge. Bergen 1998, S. 62–66.
17 Vgl. Schreiben des Fliegerhorstkommandanten vom Bug an das Preußische Wasserbauamt West, Stralsund vom 22.7.1936. In: Vorpommersches Landesarchiv Greifswald, Rep. 80 Nr. 926, 927.
18 Schreiben der Wehrwirtschaftsinspektion II Stettin an das OKW/Wehrwirtschaftsstab vom 30.8.1939. In: Bundesarchiv-Militärarchiv Freiburg, WF 01/9852.
19 Vgl. Schütz, Erhard und Gruber, Eckhard: Mythos Reichsautobahn. Berlin 1996
20 Interview mit Conrad Schnur im März 1995.
21 Vgl. Käning, Günter: Wieker und Wittower Geschichten. Lauterbach 1994, S. 235.

22 Interview mit Edith Spiering am 11.10.1998.
23 Interview mit Conrad Schnur im März 1995.
24 Vgl. Dierich, Wolfgang: Die Verbände der Luftwaffe 1935–1945. Gliederungen und Kurzchroniken. Eine Dokumentation. Stuttgart 1976, S. 179.
25 Interview mit Paul Nietert am 10.3.1999.
26 Interviews mit Conrad Schnur im Februar 1995.
27 Interview mit Helmut Heckeroth am 12.2.1999.
28 Zit. nach Heier, Heinz: Limitierte Jugendzeit. Unveröffentlichter Aufsatz, Köln 2001.
29 Vgl. Carlsen, Sven und Meyer, Michael: Die Flugzeugführerausbildung der Deutschen Luftwaffe 1935–1945. Zweibrücken 2000, S. 357 ff.
30 Interviews mit Hans-Friedrich Bruns im Februar 1999.
31 Interviews mit Conrad Schnur im März 1995.
32 Interview mit Thomas Petersen im April 1995.
33 Interviews mit Hans-Friedrich Bruns im Februar 1999
34 Vgl. Carlsen, Sven und Meyer, Michael: Die Flugzeugführerausbildung, S. 336 ff.
35 Vgl. Karlsch, Rainer: Hitlers Bombe. Die geheime Geschichte der deutschen Kernwaffenversuche. München 2005.
36 Karlsch zeigt in seinem Buch »Hitlers Bombe« mögliche Wege alternativer Kernforschung in Deutschland auf.
37 Brief von Dr. Rainer Karlsch an Marten Schmidt vom 19.9.2005.
38 Romersa, Luigi: Gestern Nachricht, heute Geschichte. Die »Geheimwaffen« von Hitler, etwas mehr als (nur) Phantasie. In: Defensa, Nr. 76–77, August/September 1984.
39 Zit. nach ebenda.
40 Vgl. Nestmann, Rico: Keine erhöhte Radioaktivität auf dem Bug meßbar. In: Ostseezeitung vom 25.4.2005.
41 Az. 101 Nr. 2670/39 g. Kdos. II B.
42 Vgl. auch Püschel, Erich: Die Seenotverbände der deutschen Luftwaffe und ihr Sanitätsdienst 1939–1945. Düsseldorf 1978, S. 49–51 sowie Bundesarchiv-Militärarchiv Freiburg, RL 29/9.
43 Vgl. Born, Karl: Rettung zwischen den Fronten. Hamburg 1996, S. 50–53.
44 Vgl. Püschel: Die Seenotverbände, S. 56.
45 Müller, Wolfgang; Kramer, Reinhard: Gesunken und verschollen. Herford 1994, S. 19.
46 Vgl. Müller, Wolfgang: Schiffsschicksale Ostsee 1945. Hamburg 1996, S. 46
47 Vgl. Bode, Volkhard; Kaiser, Gerhard: Raketenspuren. Peenemünde 1936–1996. Berlin 1996
48 Vgl. auch Born, Karl: Rettung zwischen den Fronten. Hamburg 1996.
49 Vgl. Briefe von Gisela Treptow vom 18.5.1995 und 15.6.1999.
50 Vgl. Müller: Gesunken und verschollen, S. 44.
51 Vgl. Born: Rettung zwischen den Fronten; Müller: Gesunken und verschollen, S. 45–48; Interview mit Karl Born am 29.5.1999.
52 Interview mit Karl Born am 29.5.1999.
53 Vgl. Born: Rettung zwischen den Fronten, S. 291 f.; Interview mit Karl Born am 29.5.1999,
54 Vgl. Müller: Schiffsschicksale Ostsee 1945, S. 39.
55 Interview mit Heinz Albach im März 1999.
56 Interview mit Gustav Sturm am 26.12.1998.
57 Vgl. Fernschreiben (geheime Kommandosache) vom OKL Luftwaffen Organisationsstab vom 13.4.1945. In: Bundesarchiv-Militärarchiv Freiburg, RL 2 III 69.
58 Interview mit Edith Spiering am 11.10.1998.
59 Zit. nach Förster, Thomas: Das zertrümmerte Flugboot. In: Ostseezeitung vom 4.10. 1991.
60 Interview mit Edith Spiering am 11.10.1998.
61 Vgl. Born: Rettung zwischen den Fronten, S. 279.
62 Interview mit Karl Born am 29.5.1999.
63 Vgl. Born: Rettung zwischen den Fronten, S. 296 f.
64 Vgl. Benz, Wolfgang (Hg.): Enzyklopädie des Nationalsozialismus. München 1997, S. 554.
65 Interview mit Edith Spiering am 11.10.1998.
66 Zit. nach: Dransker Schulchronik 1867–1945, S. 122.

## Umsiedlungen und Demontage – Die Nachkriegsjahre am Bug

1 Interview mit Erdmann Schreiber am 12.10.1999.
2 Interview mit Ulrich Dunst im März 1999.
3 Ebenda.
4 Schreiben des Bauernhilfskomitees Dranskes an das Landratsamt in Bergen vom 20. März 1946.
5 Interview mit Edith Spiering am 11.10.1998.
6 Interview mit Erdmann Schreiber am 12.10.1999.
7 Vgl. Schreiben der Landesregierung Mecklenburg, Ministerium für innere Verwaltung, Referat für Projektierung, Ingenieur Grieshaber/Krause an den Minister, Herrn Warnke vom 9. April 1948. In: Landeshauptarchiv Schwerin, 6.11-11 MDI 1799.
8 Interview mit Conrad Schnur im März 1995.
9 Interview mit Karl Seitz im November 1998.
10 Vgl. Käning, Günter: Wiek/Rügen – Chronik eines Inseldorfes, Lauterbach 1994, S. 214.
11 Interview mit Immanuel Hülsen am 27. Juli 1999.
12 Vgl. Mattkay: Ortschronik Dranske [unveröffentlicht]. Dranske 1983, S. 201/205.
13 Vgl. ebenda, S. 246. Vgl. auch Ostseezeitung vom 16.3.1957.
14 Interview mit Horst Stengel am 21.07.2000.
15 Interviews mit Ingrid Zingrefe im Dezember 1995.
16 Gästebuch von Gutav Zingrefe im Besitz von Ingrid Zingrefe.
17 Zit. nach Mattkay: Ortschronik Dranske.
18 Interview mit Joachim Tietz im Januar 1996.

## Vorposten im Kalten Krieg – Der Stützpunkt der Volksmarine

1 Vgl. Wenzke, Rüdiger: Die Nationale Volksarmee (1956–1990). In: Diedrich, Torsten u. a. (Hg.): Im Dienste der Partei. Handbuch der bewaffneten Organe der DDR. Berlin 1998, S. 428 sowie S. 431.
2 Dienst der Volksmarine, der für die Vermessung und Betonnung, das heißt Auszeichnung der Fahrwasser, im Küstenbereich zuständig war.
3 Vgl. Interview mit Klaus Trepping am 29.01.1999 sowie Brief von Klaus Trepping vom 29.10.1999.
4 Vgl. Wenzke: Die Nationale Volksarmee (1956–1990). In: Diedrich u. a. (Hg.): Im Dienste der Partei, S. 447.
5 Interview mit Dieter Winter im Mai 1997.
6 Vgl. Interview mit Manfred Jochim am 22.12.1998.
7 Zit. nach Ostseezeitung vom 26.7.1966.

8 Interview mit Klaus Trepping am 29.01.1999. Vgl. auch Protokoll des Rates der Gemeinde Dranske betreffs Übernahme von 20 skelettierten Leichen vom 29.7.1966. In: Archiv der Kirchengemeinde Wiek.
9 Interview mit Michael Heese am 30.12.1998.
10 Interview mit Torsten Dabelstein im April 2000.
11 Vgl. Mehl, Hans; Schäfer, Knut: Die andere deutsche Marine. Stuttgart 1995, S. 64.
12 Interview mit Dieter Winter im Juni 1997.
13 Interview mit Eberhard Schmidt im Januar 1999.
14 Interview mit Torsten Dabelstein im April 2000.
15 Vgl. Handbuch allgemeine Ausbildung an Bord. (hrsg. im Auftrag des Ministeriums für Nationale Verteidigung der DDR). Berlin 1980, S. 34.
16 Vgl. Mehl u. a.: Die andere deutsche Marine. S. 58–61 und Interview mit Theodor Hoffmann am 15.05.1999.
17 Interview mit Jürgen Hoffmann am 9.10.1998.
18 Interview mit Mandred Weigand im Dezember 1998.
19 Die 1., 3. und 5. Brigade waren Raketen- und Torpedoschnellbootsbrigaden (RTSB), die 7. und 9. Brigade waren leichte Torpedoschnellboots/kleine Torpedoschnellbootsbrigaden (LTSB/KTSBB). Bis Mitte der achtziger Jahre war die Anzahl der LTS/KTS-Boote derart geschrumpft, daß nur noch eine Brigade (die 9. Brigade) mit diesen Bootstypen im Bestand war. Die 7. Brigade wurde mit Kleinen Raketenschiffen aufgefüllt, die 1984 beginnend von der Sowjetunion geliefert worden waren. Interview mit Theodor Hoffmann am 15.5.1999.
20 Vgl. Elchlepp, Friedrich; Jablonsky, Walter; Minow, Fritz; Röseberg, Manfred: Volksmarine der DDR. Hamburg. Berlin. Bonn, S. 237 bis 239.
21 Zit. nach ebenda, S. 237.
22 Interview mit Klaus Riedel am 28.1.1999.
23 Interview mit Eberhard Schmidt im Januar 1999.
24 Interview mit Peter Henke im Dezember 1998.
25 Vgl. Handbuch allgemeine Ausbildung an Bord, herausgegeben im Auftrag des Ministeriums für Nationale Verteidigung der DDR. Berlin 1980, S. 152 f.
26 Interview mit Peter Henke im Dezember 1998.
27 Vgl. Rostock, Jürgen; Zadnicek, Franz: Paradiesruinen. Das KdF-Seebad der Zwanzigtausend auf Rügen. Berlin 1992.
28 Vgl. Militärverlag der DDR: Armee für Frieden und Sozialismus. Berlin 1985, S. 390 f.
29 Interview mit Bernd Roßig am 27.3.1999.
30 Brief von Günter Müller vom 23.3.1999.
31 Interview mit Eberhard Schmidt im Januar 1999.
32 Interview mit Bernd Roßig am 27.3.1999.
33 Brief von Günter Müller vom 23.3.1999.
34 Interview mit Jürgen Hoffmann am 9.10.1998.
35 Vgl. Braune, Sonja; Flohr, Dieter; Rosentreter, Robert; Westphal, Horst: Bewährung auf See. Rostock 1978.
36 Ebenda.
37 Vgl. Wenzke: Die Nationale Volksarmee (1956–1990). In: Diedrich u. a. (Hg.): Im Dienste der Partei, S. 455 f.
38 Vgl. Hoffmann, Theodor: Kommando Ostsee. Hamburg 1995, S. 130.
39 Interview mit Peter Henke im Dezember 1998.
40 Vgl. Dieter Stübe: Geschichte der 3. Raketen-Torpedo-Schnellbootsbrigade (1956–1989). Dranske 1989, S. 39.
41 Vgl. ebenda, S. 44–52.
42 Politabteilung des Verbandes Murzynowski (Hg.): Schnellbootskräfte der Volksmarine – gefechtsbereit. Dranske 1988.
43 Interview mit Rolf-Dieter Eichhoff am 19.2.1999.
44 Vgl. Hoffmann: Kommando Ostsee, S. 79.
45 Interview mit Eberhard Schmidt im Januar 1999.
46 Interview mit Michael Heese am 30.12.1998.
47 Interview mit Dieter Stübe im Dezember 1998; Stübe, Dieter: Vor dem Raketengefechtsschießen das Training. In: Ausbilder 5/1989.
48 Interview mit Dieter Stübe im Dezember 1998.
49 Vgl. Stübe, Dieter: Vor dem Raketengefechtsschießen das Training. In: Ausbilder 5/1989.
50 Vgl. Hoffmann: Kommando Ostsee, S. 87.
51 Interview mit Dagobert Hörhager im Februar 1999. Vgl. auch Hoffmann: Kommando Ostsee, S. 139–146.
52 Vgl. Wenzke: Die Nationale Volksarmee (1956–1990). In: Diedrich u. a. (Hg.): Im Dienste der Partei, S. 483.
53 Bericht von Klaus Riedel vom 26.10.1999.
54 Interview mit Klaus Riedel am 28.1.1999 sowie mit Harry Marth am 7.3.1999.
55 Interview mit Eberhard Schmidt im Januar 1999.
56 Vgl. Ritter, Jürgen; Lapp, Peter Joachim: Die Grenze. Ein deutsches Bauwerk. Berlin 1997, S. 113.
57 Interview mit Peter Henke im Dezember 1998.
58 Interview mit Rolf-Dieter Eichhoff am 19.2.1999.
59 Ebenda.
60 Vgl. Hoffmann, Theodor: Kommando Ostsee. Hamburg 1995, S. 83.
61 Interview mit Eberhard Schmidt im Januar 1999.
62 Interview mit Theodor Hoffmann am 15.5.1999.
63 Interview mit Eberhard Schmidt im Januar 1999.
64 Ebenda.
65 Interview mit Bernd Roßig am 27.3.1999.
66 Vgl. Elchlepp u. a.: Volksmarine der DDR, S. 117.
67 Vgl. hierzu die Schilderung eines Kommandanten auf einem Schnellboot der Bundesmarine: Ciliax, Otto H.: Einsatz in der Ostsee. In: Thoß, Bruno (Hg.): Vom Kalten Krieg zur deutschen Einheit. Analysen und Zeitzeugenberichte zur deutschen Militärgeschichte 1945 bis 1995. München 1995, S. 621.
68 Vgl. ebenda, S. 623.
69 Vgl. Hoffmann: Kommando Ostsee, S. 111–129, sowie Vonberg, Holger: Seemannstod im dichten Nebel. In: Ostseezeitung vom 31.08.1993.
70 Interview mit Jürgen Hoffmann am 9.10.1998.
71 Interview mit Peter Henke im Dezember 1998.
72 Vgl. Kerzig, Horst, Öser, Reinhard: Volksmarine-Kampfschwimmer sichten das Torpedoschnellboot 844 Willi Bänsch. In: Blaue Jungs 8/99.
73 Interview mit Jürgen Hoffmann am 9.10.1998.
74 Ebenda.
75 Interview mit Dieter Stübe im Dezember 1998.
76 Vgl. Müller, Christine; Müller, Bodo: Über die Ostsee in die Freiheit. Dramatische Fluchtgeschichten. Bielefeld 1992, S. 52 sowie S. 59–71.
77 Vgl. Ritter u. a.: Die Grenze, S. 113.
78 Interview mit Eberhard Schmidt im Januar 1999.
79 Ebenda.
80 Bericht von Klaus Riedel vom 26.10.1999.

81 Interview mit Klaus Trepping am 29.1.1999.
82 Interview mit Klaus Riedel am 28.1.1999.
83 Interview mit Mathias Berndt im Mai 1999.
84 Interview mit Klaus Riedel am 18.12.1999.
85 Vgl. Verband Dönitz der Volksmarine: Schnellbootskräfte der Volksmarine – gefechtsbereit. Dranske 1983.
86 Treffen der Soldaten mit den Werktätigen. In: Ostseezeitung vom 26.2.1986.
87 Volksfest vor dem »Haus der Armee«, Chor und Orchester der NVA wirken mit. In: Ostseezeitung vom 30.4.1978.
88 Zu den kulturellen Aktivitäten siehe die schriftliche Mitteilung von Dietmar Herz vom 27.11.1999.
89 Interview mit Horst Schulze am 16.1.1999.
90 Interview mit Fritz-Otto Große im Dezember 1998.
91 Interview mit Horst Schulze am 16.1.1999.
92 Vgl. Fritzsche, Irmgard: Rügen, (k)ein Wintermärchen. Neubrandenburg 1995.
93 Vgl. ebenda.
94 Interview mit Lothar Weigel am 28.12.1998.
95 Interview mit Manfred Jochim am 22.12.1998.
96 Interview mit Dietrich Berndt am 21.2.1999.
97 Interview mit Rolf-Dieter Eichhoff am 19.2.1999.
98 Interview mit Hans Werner am 23.12.1998.
99 Interview mit Klaus Trepping am 29.1.1999.
100 Interview mit Dagobert Hörhager im Februar 1999.
101 Bericht von Klaus Riedel vom 26.10.1999.
102 Interview mit Bernd Roßig am 27.3.1999.
103 Die »Neustrelitz« (BG 22), ehemals »Saßnitz« und die »Bad Düben« (BG 23), ehemals »Ostseebad Binz«. Vgl. Hoffmann: Kommando Ostsee, S. 208f.
104 Vgl. Elchlepp u. a.: Die Volksmarine der DDR.
105 »Hiddensee« verschwand bei Nacht und Nebel. In: Kieler Nachrichten vom 28.11.1991.
106 Interview mit Hans-Jürgen Schulz im Oktober 1996.

## Zukunftsplanungen für den ehemaligen Militärstandort

1 Vgl. Graumann, Gert: Bug: Teil des Nationalparks. In: Ostseezeitung vom 27.8.1991.
2 Interview mit Peter Henke im Dezember 1998.
3 Interview mit Manfred Jochim am 22.12.1998.
4 Interview mit Peter Henke im Dezember 1998.
5 Vgl. Nestmann, Rico: Bohrer wühlen im Nationalpark. In: Ostseezeitung vom 25.2.1998.
6 Vgl. auch Nationalparkamt Mecklenburg-Vorpommern (Hg.): Nationalpark Vorpommersche Boddenlandschaft, Greifswald 1992.
7 Interview mit Rico Nestmann im März 1999; Vgl. auch Nestmann, Rico: Das Vogeljahr an der Küste. Putbus 1998, S. 31.
8 Interview mit Rico Nestmann im März 1999; Vgl. auch Nestmann: Das Vogeljahr an der Küste, S. 7.
9 Vgl. auch Projektgruppe Bug, Bug GmbH & Co. KG i.G. (Hg.): Konversion ehemalige Militärliegenschaft Halbinsel Bug (Gemeinde Dranske, Insel Rügen), Entwicklung einer Ferien- und Freizeitanlage; touristisches und städtebauliches Konzept. Dranske 1997.
10 Vgl. auch Nestmann, Rico: Albatros auf dem Wieker Bodden. In: Ostseeanzeiger vom 30.9.1998.
11 Vgl. auch Trettin, Maik: Bug-Projekt: Glowe fürchtet mehr Verkehr. In: Ostseezeitung vom 17.07.2001.
12 Vgl. auch Burwitz, Udo: Neue Naturschutzgebiete verunsichern Gemeinden. In: Ostseezeitung vom 28.12.2001.
13 Vgl. auch Projektgruppe Bug, Bug GmbH & Co. KG i.G. (Hg.): Konversion ehemalige Militärliegenschaft Halbinsel Bug, Vgl. Interview mit Uwe Ahlers vom 02.04.2002, Vgl. Interview mit Michael Heese vom 03.04.2002.
14 Vgl. auch Staack, Dieter: Segel für Olympia gesetzt. In: Ostseezeitung vom 02.11.2001.
15 Vgl. Entscheidung um die Kandidatur Olympia 2012. In: Der Rüganer vom 09.04.2003.
16 Vgl. Blaschke, Ronny: Olympia-Bewerber takeln auf. In: Ostseezeitung vom 16.03.2002.
17 Vgl. Woldt, Jens-Peter: Rügen und Stralsund sind fit für Olympia 2012. In: Ostseezeitung vom 17.05.2002.
18 Vgl. Stralsund träumt Olympia. In: Ostseezeitung vom 11.05.2002.
19 Vgl. Meyer, Michael und Kesselring, Doris: Freudentränen am Leuchtturm. In: Ostseezeitung vom 14.04.2003.
20 Vgl. Nestmann, Rico: Wellenreiter im Norden. In: Ostseezeitung vom 01.02.2003.
21 Vgl. Meyer, Michael: Die Surf-Welt reitet auf den Wellen vor Rügen. In: Ostseezeitung vom 01.10.2003.
22 Vgl. Vonberg, Holger: Beobachtungen bei der Windsurf-Weltmeisterschaft auf Wittow. In: Ostseezeitung vom 04.10.2003.
23 Vgl. Luczak, Th.: Schiffswracks sollen Platz machen für Hafen. In: Ostseezeitung vom 21.06.2017.
24 Vgl. Lenz, Dirk; Loew, Alexander: Bekannter Produzent setzt Historiendrama am Bug um. In: Ostseezeitung vom 10.09.2010.
25 Vgl. Burwitz, Udo: Bug-Forstarbeiter haben blauen Brief bekommen. In: Ostseezeitung vom 07.05.2002
26 Interview mit Uwe Ahlers am 01.11.2007.
27 Vgl. Ziebarth, Anne: Rügen: Für 680 Millionen Euro entsteht Mega-Resort. In: Ostseezeitung vom 22.05.2021.
28 Vgl. Urban, Wolfgang: Herrliche Natur und vergängliche Ruinen. In: Der Rüganer vom 30.04.2003.
29 Vgl. Vonberg, Holger: Vom Militärobjekt zum Wochenendhausgebiet. In: Ostseezeitung vom 18.08.2009.
30 Vgl. Wolfram, Virginie: Dranskes Herzstück neu eröffnet. In: Ostseezeitung vom 11.06.2012.
31 Vgl. Burwitz, Udo: Land hilft Dranske aus Schuldenfalle. In: Ostseezeitung vom 16.09.2007.

# Details zu den Lageplänen

## Zum Lageplan 1918 (Vgl. Bundesarchiv-Militärarchiv Freiburg: RM 45 Ost/ 1):

(Hinweise: 1, 41-44 - Gebäude des 1. Bauabschnittes, ab Dezember 1917; 45-63 - Bauten des 2. Bauabschnittes, abgeschlossen im November 1918; alle anderen Bauwerke - Bestand vor Beginn der Erweiterungsmaßnahmen)

1 - Wachgebäude, 2 - Munitionslager, 3 - Boots- und Wagenschuppen, 4 - Motorprüfstand, 5 - Transformatorenhaus, 6 - Halle Nr. 1 der Seeseite, 7 - Wetterhaus, 8 - Anlegebrücke, 9 - Ablaufbahn Nr. 1 der Boddenseite, 10 - Gleis, 11 - Benzinlager, 12 - Flachbrunnen, 13 - Ölkeller, 14 - Ablaufbahn Nr. 1 der Seeseite, 15 - Holzhalle Nr. 2 der Seeseite, 16 - Wasserleitung, 17 - Holzhalle Nr. 3 der Seeseite, 18 - Ablaufbahn Nr. 2 der Seeseite, 19 - Brunnen, 20 - Pumpenhaus, 21 - massive Flugzeughalle, 22 - Abwasserleitung, 23-26 - Floß Nr. 1-4, 27 - Kantine, 28 - Ablaufbahn Nr. 2 der Boddenseite, 29 - Ladebrücke, 30 - Zementschuppen, 31 - Gefangenenbaracke, 32 - Brunnen, 33 - Abort, 34 - Küchenbaracke, 35 - FT Station, 36 - Kesselhaus, 37 - Holz- und Kohlelager, 38 - Hydrant, 39 - Holzhalle Nr. 2 der Boddenseite , 40 - Holzhalle Nr. 3 der Boddenseite, 41 - Mannschaftsgebäude, 42 - Wirtschaftsgebäude, 43 - Unteroffiziers-Wohngebäude, 44 - Offiziers-Wohngebäude, 45 - Unterrichtsbaracke, 46 - Wirtschaftsbaracke, 47 - Kohlenschuppen, 48 - Mannschaftsbaracke, 49 - F.T. Schüler-Baracke, 50 - Abort-Baracke, 51 - Büro-Baracke, 52 - Flieger-Beobachter-Baracke, 53 - Flieger-Beobachter-Baracke, 54 - Offiziersbaracke, 55 - Offiziersbaracke, 56 - Isolierbaracke, 57 - Deck-Offizier-Baracke, 58 - Deck- Offizier-Wirtschafts-Baracke, 59 - Mannschaftsbaracke, 60 - Mannschaftsbaracke, 61 - Pferdestall-Baracke, 62 - Arbeiterbaracke, 63 - Abort-Baracke

Bei der Bauplanung galt es, viele Aspekte zu berücksichtigen. So bemerkten die Verantwortlichen, daß aufgrund der freien Lage des Buges dem häufig auftretenden Weststurm allein aus gesundheitlichen Gesichtspunkten durch den Einbau von Doppelfenstern in allen Wohn- und Unterrichtsräumen Rechnung getragen werden müsse. Außerdem erachtete man es als notwendig, die Keller gegen das Eindringen von Feuchtigkeit zu schützen, da die Keller der bereits 1917 vorhandenen Bauwerke ständig unter Wasser standen.

## Zum Lageplan Seefliegerhorst 18.November 1938 (Vgl. Bundesarchiv-Militärarchiv Freiburg: RL 6/ 44):

1 - Nordwache, 2 - Nebeltankanlage, 3 - Arbeiter-Ledigenheim, 4 - Werkdienstwohnung, 5 - Kompensationsscheibe, 6 - Funktionsplatte, 7 - Tankanlagen, 8 - Trafo Nord, 9 - Kraftwagenhalle (Grundfläche 40 x 9), 10 - Brückenwache, 11 - Bootshafen Nord, 12 - Nordbrücke, 13 - Flugzeughalle II (Stellfläche: 9 x 34), 14 - Flugzeughalle I (Stellfläche: 2 x 34), 15 - Startgebäude, 16 - Technisches Lager (Grundfläche 100 x 10), 17 - Kohlenhof, 18 - Ablaufbahn, 19 - Ablaufbahn, 20 - Anlaufbahn, 21 - Öl- und Farbenlager, 22 - Bereitschaftslager, 23 - alte Gebäude, jetzt Wohnungen, 23a - Stabsgebäude, 24 - Flugzeugkran, 25 - Trafo Seekran, 26 - Bauleitungsbaracke, 27 - Nachrichten-Betriebsstelle, 28 - Offiziers-Ledigenheim, 29 - Offiziersheim, 30 - Fernspr.-Vermittlung, 31 - Kinderspielplatz, 32 - Feuerwache und Garage (Stellfläche: 90 x 14), 33 - Flugzeughalle III (Stellfläche: 82 x 32 x 9), 34 - Funkmeisterei, 35 - Flugzeughalle IV (Stellfläche: 100 x 35 x 9), 36 - Anlaufbahn, 37 - Kohlenhof, 38 - Heizwerk, 39 - Sportplatz, 40 - Turn- und Schwimmhalle, 41 - Revier (26 Betten), 42 - Wirtschaftsgebäude I (300 Mann), 43 - Tank-Lager, 44 - Waffenmeisterei, 45 - Offiziershäuser, 46 - Kommandanten-Wohnhaus, 47 - Wasserwerk, 48 - Baracke-Betriebsdienststelle, 49 - Kläranlage, 50 - Schießstände, 51 - Kleinkaliber-Schießstand, 52 - Munitionsbunker, 53 - Enteisenungsanlage, 54 - Brunnenhäuschen, 55 - Packmittel-Schuppen, 56 - F-Arbeitshaus, 57 - Bombenbäckerei, 58 - Lehrgebäude, 59 - Kohlenschuppen, 60 - Heizwerk, 61 - Öl- und Farbenlager, 62 - Bildstelle und Heydehaus, 63 - Kegelbahnen, 64 - Unterkunfts-Gerätelager, 65 - 4 Kasernen (350 Mann), 66 - Waschhäuser, 67 - Heizwerk, 68 - Kohlenhof, 69 - Gasübungsraum, 70 - Kameradschaftsheim, 71 - Flugzeughalle V (Stellfläche 73 x 45 x 9), 72 - Trafo Försterhafen, 73 - Starth. Seekran, 74 - Starth. Blewser Haken, 75 - Flugzeughalle VI (Stellfläche: 70 x 45 x 9), 76 - Werfthalle (Stellfläche: 60 x 35 x 9), 77 - Trafo West, 78 - Technisches Lager, 79 - Flugzeughalle VII (Stellfläche: 140 x 45 x 9), 80 - Altmateriallager, 81 - Benzinwäsche, 82 - Ablaufbahn, 83 - Anlaufbahn, 84 - Löschbrücke mit Portalkran, 85 - Ablaufbahn, 86 - Anlaufbahn, 87 - Flugzeughalle VIII, 88 - Bootsschuppen, 89 - Bootshafen, 90 - Kompensationsscheibe, 91 - Arbeiterbaracken, 92 - Motorenprüfstand, 93 - Moböl-Lager, 94 - Tontaubenstand, 95 - Försterei, 96 - Arbeiterbaracken, 97 - Kläranlage, 98 - Garage-Waffenschule (Grundfläche: 60 x 9), 99 - Wirtschaftsgebäude II (450 Mann), 100 - 7 Kasernen (712 Mann), 100a - Appellplatz (100 x 150), 101 - Trafo Landflugplatz, 102 - Heizwerk, 103 - Kohlenhof, 104 - Landhalle I (Stellfläche: 100 x 30 x 7), 105 - Landhalle II, 106 - Neue Seebrücke, 107 - Peilhäuser, 107a - Bombenscheiben, 108 - Justier- und Funktionsstand (100 MG-Stände), 109 - Luftschutzturm, 110 - Schrottlager, 111 - Notstromaggregat, 112 - Pumpwerke

# Quellenverzeichnis

## Verwendete Literatur

Armee für Frieden und Sozialismus. Berlin 1985.

Benz, Wolfgang (Hg.): Enzyklopädie des Nationalsozialismus. München 1997.

Born, Karl: Rettung zwischen den Fronten. Hamburg, Berlin, Bonn 1996.

Braune, Sonja; Flohr, Dieter; Rosentreter, Robert; Westphal, Horst: Bewährung auf See. Rostock 1978.

Deutsches Marine Institut (Hg.): Von der Marineluftschiffabteilung zur Marinefliegerdivision. Bonn 1988.

Ciliax, Otto H.: Einsatz in der Ostsee. In: Thoß, Bruno (Hg.): Vom Kalten Krieg zur deutschen Einheit. Analysen und Zeitzeugenberichte zur deutschen Militärgeschichte 1945 bis 1995. München 1995.

Diedrich, Torsten; Ehlert, Hans; Wenzke, Rüdiger (Hg.): Im Dienste der Partei. Handbuch der bewaffneten Organe der DDR. Berlin 1998.

Dierich, Wolfgang: Die Verbände der Luftwaffe 1935– 1945. Gliederungen und Kurzchroniken. Eine Dokumentation. Stuttgart 1976.

Elchlepp, Friedrich; Jablonsky, Walter; Minow, Fritz; Röseberg, Manfred: Die Volksmarine der DDR. Hamburg; Berlin; Bonn 1999.

Eyermann, Karl-Heinz: Luftspionage (Band II). Berlin 1963.

Fritzsche, Irmgard: Rügen, (k)ein Wintermärchen. Neubrandenburg 1995.

Hoffmann, Theodor: Kommando Ostsee. Hamburg 1995.

Im Auftrag des Ministeriums für Nationale Verteidigung der DDR: Handbuch Allgemeine Ausbildung an Bord. Berlin 1980.

Israel, Ulrich: Flugboote des zweiten Weltkrieges. Berlin 1972.

Israel, Ulrich: Marineflieger einst und jetzt. Berlin 1991.

Käning, Günter: Wiek/Rügen – Chronik eines Inseldorfes. Lauterbach 1992.

Käning, Günter: Wieker und Wittower Geschichten. Lauterbach 1994.

Karlsch, Rainer: Hitlers Bombe. Die geheime Geschichte der deutschen Kernwaffenversuche. München 2005.

Kopenhagen, Wilfried; Neustädt, Rolf: Das große Flugzeugtypenbuch. Berlin 1977.

Krieg, Günter: Der Bug. Schriftenreihe des Wieker Heimatvereins 1995.

Krieg, Günter: Der Bug – Geschichte und Natur. Wieker Heimatverein 1996.

Knopf, Volker; Martens, Stefan: Görings Reich. Berlin 1999.

Lancken, Axel von der: Familiengeschichte von der Lancken. 1995 (unveröffentlicht).

Lange, Dieter: Postgeschichte der Stadt Stralsund. Stralsund 1987.

Mattkay, Heinz: Ortschronik Dranske. Dranske 1983 (unveröffentlicht).

Mehl, Hans; Schäfer, Knut: Die andere deutsche Marine. Stuttgart 1995.

Müller, Christine; Müller, Bodo: Über die Ostsee in die Freiheit. Dramatische Fluchtgeschichten. Bielefeld 1992.

Müller, Wolfgang; Kramer, Reinhard: Gesunken und verschollen. Herford 1994.

Müller, Wolfgang: Schiffsschicksale Ostsee 1945. Hamburg 1996.

Nationalparkamt Mecklenburg-Vorpommern: Nationalpark Vorpommersche Boddenlandschaft, August 1992.

Nestmann, Rico: Das Vogeljahr an der Küste. Putbus 1998.

Politabteilung des Verbandes Murzynowski (Hg.): Schnellbootsverband gefechtsbereit. Dranske/Bug 1988.

Politische Verwaltung der Volksmarine: Auftrag Tat, Erlebnis. Drei Jahrzehnte auf Posten zur See. Rostock 1979.

Politische Verwaltung der Volksmarine: Volksmarine – ein Ehrenname. Rostock 1985.

Projektgruppe Bug, Bug GmbH & Co. KG i. G.: Konversion ehemalige Militärliegenschaft Halbinsel Bug (Gemeinde Dranske, Insel Rügen), Entwicklung einer Ferien- und Freizeitanlage; touristisches und städtebauliches Konzept. Dranske 15. September 1997.

Püschel, Erich: Die Seenotverbände der deutschen Luftwaffe und ihr Sanitätsdienst 1939–1945. Düsseldorf 1978.

Reichsverkehrsministerium: Seewasserstraßenordnung. Berlin 1939.

Rieckhoff, Hans-Joachim: Trumpf oder Bluff. Genf 1945.

Ritter, Jürgen; Lapp, Peter Joachim: Die Grenze. Ein deutsches Bauwerk. Berlin 1997.

Rostock, Jürgen; Zadnicek, Franz: Paradiesruinen. Das KdF-Seebad der Zwanzigtausend auf Rügen. Berlin 1992

Rudolph, Wolfgang: Die Insel Rügen. Rostock 1958.

Rudolph, Wolfgang: Insel der Schiffer. Rostock 1962.

Scheibert, J.: Der Krieg zwischen Deutschland und Frankreich in den Jahren 1870/71. Leipzig 1900.

Schütze, Hans: Die Haken und Nehrungen der Außenküste von Rügen. Greifswald 1931.

Stephan, H.: Geschichte der Preußischen Post von ihrem Ursprunge bis auf die Gegenwart. Berlin 1859.

Stübe, Dieter: Geschichte der 3. Raketen-Torpedo-Schnellbootsbrigade (1956–1990). Dranske 1989 (unveröffentlicht).

Thoß, Bruno (Hg.): Vom Kalten Krieg zur deutschen Einheit. Analysen und Zeitzeugenberichte zur deutschen Militärgeschichte 1945 bis 1995. München 1995.

Ursinus, Oskar: Flugsport. Frankfurt/Main 1936.

Verband Dönitz der Volksmarine: Schnellbootskräfte der Volksmarine – gefechtsbereit. Dranske/Bug 1983.

Watzdorf, Anna Luise von (geb. von Platen): Watzdorf-Chronik. 1932 (unveröffentlicht).

Wieden, Helge bei der (Hg.): Handbuch der historischen Stätten Deutschlands. Mecklenburg, Pommern. Stuttgart 1996.

Zeidler, Manfred: Reichswehr und Rote Armee 1920– 1933. Wege und Stationen einer ungewöhnlichen Zusammenarbeit. München 1993.

## Zeitungsartikel und Beiträge in Zeitschriften

Auerbach, Horst: Die Seepostlinie Vorpommern-Schweden. In: Post- und Telekommunikationsgeschichte Heft 1/1997.

Borgwardt, Hans-Joachim: Als das Posthaus Wittow als kleine Festung galt. In: Ostseezeitung vom 22.12.1997.

Borgwardt, Hans-Joachim: Raketen als optisch-akustische Telegrafenlinien auf Rügen. In: Ostseezeitung vom 19.12.1997.

Farin, Andre: Als schwedische Briefe per Postyacht kamen. In: Ostseezeitung vom 26.4.1997.

Käning, Günter: Kleinste Schule ohne Klassenzimmer. In: Ostseezeitung vom 13.7.1993.

Kerzig, Horst; Öser, Reinhard: Volksmarine-Kampfschwimmer sichten das Torpedoschnellboot 844 Willi Bänsch. In: Blaue Jungs 8/1999.

Lange, Erwin: Zwischen Bodden und Meer. In: Hansebote Stralsund vom 12.7.; 26.7.; 20.9.; 2.11.; 13.12.1996.

Lichtnau, Bernfried: Militärsiedlungen in Dranske und Wiek auf Rügen. In: Rügen. Impressionen, Informationen, Visitenkarten. 7. Folge. Bergen 1998, S. 62–66.
Lichtnau, Bernfried: Siedlungen in Dranske und Wiek auf Rügen - Bauten des deutschen Nationalsozialismus. In: Blätter zur Kultur- und Landesgeschichte in Mecklenburg-Vorpommern »Stier und Greif«, Schwerin 1997.
Miltenberger, Walter: Übernahme und Integration aus der Sicht eines ehemaligen NVA-Offiziers. In: Informationen für die Truppe 5/1998.
Nestmann, Rico: Bohrer wühlen im Nationalpark. In: Ostseeanzeiger vom 25.2.1998.
Nestmann, Rico: Albatros auf dem Wieker Bodden. In: Ostseeanzeiger vom 30.9.1999.
Prager, Hans-Georg: Beitrag. In: Rugia Journal (Rügener Heimatkalender) 1995.
Prager, Hans-Georg: Naturgeschenk Halbinsel Bug, Bewahrung und Zukunft auf Rügen. In: Die Vorpommersche Zeitung 8.3.1999.
Stübe, Dieter: Vor dem Raketengefechtsschießen das Training. In: Ausbilder 5/1989.
Urban, Wolfgang: Inseln im Visier von KZ-Planern. In: Der Rüganer vom 13.11.1996.
Vonberg, Holger: Seemannstod im dichten Nebel. In: Ostseezeitung vom 31.8.1993.
Wackerhagen, Wolf: Gefechtsdienst. In: Schnellbootskräfte der Volksmarine - gefechtsbereit. Dranske 1983.
»Treffen der Soldaten mit den Werktätigen«. In: Ostseezeitung vom 26.2.1986.
»Volksfest vor dem ›Haus der Armee‹«, Chor und Orchester der NVA wirken mit. In: Ostseezeitung vom 30.4.1978.
»›Hiddensee‹ verschwand bei Nacht und Nebel«. In: Kieler Nachrichten vom 28.11.1991.

## Archive

Archiv des Dransker Heimatvereins
Bundesarchiv-Militärarchiv Freiburg
Stadtarchiv Stralsund
Vorpommersches Landesarchiv Greifswald

## Interviews

Ahlers, Uwe am 2.4.2002
Albach, Heinz im März 1999
Berndt, Dietrich am 21.2.1999
Berndt, Mathias im Mai 1999
Borgwardt, Hans-Joachim im September 1999
Born, Karl am 29.5.1999
Bruns, Hans-Friedrich im Februar 1999
Dabelstein, Torsten im April 2000
Dunst, Ulrich im März 1999
Eichhoff, Rolf-Dieter am 29.2.1999
Füssel, Inge im Februar 1999
Große, Fritz-Otto im Dezember 1998
Heckeroth, Helmut am 12.2.1999
Heese, Michael am 30.12.1998 und 3.4.2002
Henke, Peter im Januar 1999
Hörhager, Dagobert im Februar 1999
Hoffmann, Jürgen am 9.10.1998
Hoffmann, Theodor am 15.5.1999
Hülsen, Immanuel am 27.7.1999
Jochim, Manfred am 22.12.1998
Kühn, Walter am 21.12.1998
Kuhfuß, Andreas am 12.3.1999
Marquardt, Joachim am 4.3.1999
Marth, Harry am 7.3.1999
Nietert, Paul am 10.3.1999
Petersen, Thomas im April 1995
Riedel, Klaus am 28.1.1999
Roßig, Bernd am 27.3.1999
Schmidt, Eberhard im Januar 1999
Schmidt, Eva im Januar 1999
Schneider, Hans-Joachim am 29.12.1998
Schnur, Conrad im Februar 1995
Schoost, Manfred am 28.4. 2000
Schreiber, Erdmann am 12.10.1999
Schulz, Hans-Jürgen im Oktober 1996
Schulze, Horst am 16.1.1999
Seitz, Karl im November 1998
Spiering, Edith am 11.10.1998
Stengel, Horst am 21.7.2000
Stübe, Dieter im Dezember 1998
Sturm, Gustav am 26.12.1998
Trepping, Klaus am 29.1.1999
Winter, Dieter im April 1995, Mai 1997
Weigand, Manfred im Dezember 1998
Weigel, Lothar am 28.12.1998
Werner, Hans am 23.12.1998
Zimmer, Hans im Februar 1999
Zingrefe, Ingrid im Dezember 1995

# Danksagung


Ich möchte mich bei all jenen herzlich bedanken, die mir bei meiner Suche nach Informationen und Hintergrundwissen über den Bug behilflich waren. Durch die Gesprächsbereitschaft vieler Zeitzeugen wurde das Bild, das aus Büchern und Dokumenten gewonnen werden konnte, entscheidend ergänzt. Mein Dank gilt im einzelnen:

Uwe Ahlers, Dranske
Heinz Albach, Sehnde
Jürgen Alwert, Wiek
Horst Auerbach, Stralsund
Reiner Berg, Dranske
Dietrich Berndt, Dranske
Mathias Berndt, Bergen
Horst Blanke, Strausberg
Gabriele Blankenfeld, Dranske
Hans-Joachim Borgwardt, Stralsund
Karl Born, Oldenburg
Berndt Borrmann, Dranske
Hans-Friedrich Bruns, Hamm
Torsten Dabelstein, Greifswald
Ulrich Dunst, Dranske
Friedrich Elchlepp, Rostock
Rolf-Dieter Eichhoff, Stralsund
Bernd Elgeti, Göhren
Dieter Flohr, Rostock
Jutta Flohr, Dranske
Thomas Förster, Dranske
Franz Franetzki, Dranske
Irmgard Fritzsche, Glowe
Inge Füssel, Stralsund
Eberhard Grießbach, Rostock
Hans Gros, Eltville
Fritz-Otto Große, Dranske
Maria Habel, Dranske
Gerhard Harder, Wiek
Helmut Heckeroth, Bad Neuenahr
Michael Heese, Dranske
Ernst Heinemann, Fernlüttkevitz
Dietmar Herz, Dranske
Peter Henke, Dranske
Jürgen Hoffmann, Dranske
Theodor Hoffmann, Berlin
Dagobert Hörhager, Altenkirchen
Immanuel Hülsen, Hamburg
Ulrich Israel, Potsdam
Manfred Jochim, Dranske
Olaf Juhl, Dorum
Günter Käning, Lauterbach
Rudi Kampa, Braschwitz
Rainer Karlsch, Berlin
Volker Knopf, Endingen
Adalbert Koepke, Wiek
Ilse Kramer, Burladingen
Günter Krieg, Doberlug-Kirchhain
Andreas Kuhfuß, Garz
Walter Kühn, Bergen
Lothar Kuhn, Dranske
Dieter Lange, Stralsund
Erwin Lange, Stralsund
Axel von der Lancken, Lancken
Willi und Irmgard Lafrenz, Kiel
Uwe Leginski, Klausdorf
Willi Lösche, Altenhoven
Klaus-Peter Lüdtke, Wiek
Joachim Marquardt, Dranske
Harry Marth, Dranske
Heinz Mattkay, Strausberg
Karl-Heinz Mau, Bergen
Hans Mehl, Rostock
Günter Müller, Strausberg
Wolfgang Müller, Stralsund
Horst Näckel, Dranske
Holger Neidel, Sassnitz
Rico Nestmann, Wiek
Paul Nietert, Bergen
Thomas Petersen, Dranske
Bogislav von Platen, Bergen
Günter Poller, Berlin
Gerhard Riedel, Rostock
Klaus Riedel, Dranske
Bernd Roßig, Dranske
Harro Schack, Saßnitz
Eberhard Schmidt, Dranske
Eva Schmidt, Dranske
Hans-Joachim Schneider, Dranske
Conrad Schnur, Dranske
Hans-Jürgen Schulz, Dranske
Horst Schulze, Stralsund
Ingeborg Schöning, Bergen
Manfred Schost, Wiek
Erdmann Schreiber, Dranske
Siegfried Schrottge, Dranske
Karl Seitz, Wiek
Gisela Sperling, Dranske
Edith Spiering, Dranske
Horst Stengel, Dranske
Ursula Stimm
Dieter Stübe, Dranske
Gustav Sturm, Bad Münder
Gertraud Teschner, Dranske
Robert Teschner, Berlin
Joachim Tietz, Baabe
Kurt Tredup, Dranske
Klaus Trepping, Stralsund
Gisela Treptow, Schleswig
Arno Vetterick, Breege
Helmut Vormelker, Dranske
Günter Wartenberg, Blankenburg
Manfred Weigand, Dranske
Lothar Weigel, Dranske
Emma Werner, Dranske
Hans Werner, Dranske
Walter Werner, Wiek
Karl-Ludwig Winkler, Bergen
Dieter Winter, Neubrandenburg
Ines Wolfgramm, Altenkirchen
Hans Zimmer, Dranske
Ingrid Zingrefe, Dranske

Mein Dank gilt auch allen Mitarbeitern von Archiven und Vereinen, die mir eine reibungslose Arbeit ermöglichten und mir sehr hilfreich zur Seite standen:

Heimatverein Dranske
Ernst-Moritz-Arndt-Museum, Garz
Bundesarchiv-Militärarchiv, Freiburg
Deutsches Fernseharchiv, Berlin
Nationalparkamt Born
Pressezentrum Ost der Deutschen Marine, Rostock
Stadtarchiv Bergen
Stadtarchiv Stralsund
Vorpommersches Landesarchiv, Greifswald

# Register geographischer Namen und Orte

Kursive Seitenzahlen verweisen auf eine Bildunterschrift.

# Personenregister

Kursive Seitenzahlen verweisen auf eine Bildunterschrift.

## Zum Autor

**Marten Schmidt**
Jahrgang 1972, Diplomfinanzwirt (FH), seit 1995 Betriebsprüfer, ist in Dranske auf Rügen aufgewachsen. Er verbrachte viele Jahre in unmittelbarer Nachbarschaft zum Sperrgebiet auf dem Bug. Seit langer Zeit beschäftigt er sich intensiv mit der Geschichte der Halbinsel und gehörte zu den Gründungsmitgliedern der Bürgerinitiative Bug. Seit 2003 Autor kabarettistischer Texte, Bühnentätigkeit als Kabarettist und Parodist.

## Abbildungsnachweis

Archiv Museum Arkona, Ernst Heinemann: S. 18, 95 u., 123, 124, 129, 131, 132, 139, 140
Bundesarchiv Koblenz: S. 39 (Bild 146-1972-026-11)
Bundesarchiv - Militärarchiv Freiburg: S. 49 (RL 6/44)
Ch. Links Verlag: S. 6, 11, 19, 20, 21 o., 27, 28, 30, 60, 68, 69, 72, 73, 77, 79, 82, 87, 88 o., 126, 127
Deutsches Rundfunkarchiv, Standort Berlin: S. 136, 137
Christian Härtel: S. 81, 92 o., 134, 135, 147, 158
Helmut Heckeroth: S. 74
Michael Heese: S. 145
Heimatverein Dranske: S. 50 o., 96, 98, 100 u., 101, 102, 103, 107 u., 109 o., 110, 112, 117, 118, 122, 143
Olaf Juhl: S. 94, 116, 119, 121, 125
Klaus Knetsch, Lancken: S. 161 u., 163
Brigitte Krooß: S. 130
Walter Kühn: S. 45 o./M.
Landesarchiv Berlin - Bildarchiv: S. 36
Library of Congress, Washington D. C.: S. 45 u.
Militärgeschichtliches Forschungsamt Potsdam: S. 99
Rico Nestmann/Naturfotografie und Bildagentur, Wiek/Rügen: S. 8, 150/151, 152, 153, 155
Paul Nietert: S. 41 o., 54 u., 57 o.
Privatarchiv Jürgen Alwert: S. 21, 25, 31 o.
Privatarchiv Hans Joachim Borgwardt: S. 12, 13, 14
Privatarchiv Adalbert Koepke: S. 54 o.
Privatarchiv Ilse Kramer: S. 17 M./u., 31 M./u.
Privatarchiv Rico Nestmann: S. 23, 48 o., 57 u., 61, 64 o.
Privatarchiv Eberhardt Schmidt: S. 50 u., 51 M., 56 o., 88 u., 89, 91, 93, 95 o., 97, 100 o., 105, 106, 107 o., 109 u., 111, 113, 120, 132, 138, 144 und Foto Umschlagrückseite
Privatarchiv Marten Schmidt: S. 10, 15, 22, 26, 32, 48, 55 u., 56 o., 65 o., 71, 75, 142
Privatarchiv Ingeborg Schöning: S. 17 o., 24
Privatarchiv Gisela Sperling: S. 52
Privatarchiv Edith Spiering: S. 58, 76
Privatarchiv Emma Werner: S. 51 o.
Privatarchiv Karl Ludwig Winkler: Titelfoto, 41, 42, 43, 44, 56 u., 62, 64 u., 66, 80
Privatarchiv Dieter Winter: S. 90, 135, 141
Privatarchiv Ingrid Zingrefe: S. 33, 34, 35, 37, 40, 55 o., 83, 84, 85, 86
Marten Schmidt: S. 128, 148, 149, 155, 159, 161 o., 165, 169, 171
Robert Teschner, Berlin: S. 47, 51 u., 53, 92 u., 156
Walter Werner: S. 50 M., 59